Komplexität und Grammatikalität in der Lernersprache

Mehrsprachigkeit

herausgegeben von
Wilhelm Grießhaber und Jochen Rehbein

Band 42

Waxmann 2016
Münster • New York

Olga Fekete

Komplexität und Grammatikalität in der Lernersprache

Eine Längsschnittstudie zur Entwicklung
von Deutschkenntnissen ungarischer Muttersprachler

Waxmann 2016
Münster • New York

Diese Arbeit wurde 2014 von der Philosophischen Fakultät der Westfälischen
Wilhelms-Universität Münster als Dissertation angenommen.

Bibliografische Informationen der Deutschen Nationalbibliothek

Die Deutsche Nationalbibliothek verzeichnet diese Publikation in der Deutschen
Nationalbibliografie; detaillierte bibliografische Daten sind im Internet über
http://dnb.d-nb.de abrufbar

Mehrsprachigkeit, Bd. 42

ISSN 1433-0792
Print-ISBN 978-3-8309-3391-5
E-Book-ISBN 978-3-8309-8391-0

© Waxmann Verlag GmbH, 2016
Steinfurter Straße 555, 48159 Münster

www.waxmann.com
info@waxmann.com

Umschlaggestaltung: Pleßmann Design, Ascheberg
Idee Umschlag und Logo: Ivika Rehbein-Ots

Printed in Germany

Für meine Familie

Danksagung

Bei dieser Arbeit handelt es sich um eine gekürzte und leicht überarbeitete Version meiner Dissertation, die im Herbst 2014 an der Westfälischen Wilhelms-Universität Münster angenommen wurde.

Zur Entstehung der Arbeit haben eine Reihe von Personen beigetragen, denen ich zu Dank verpflichtet bin. Mein besonderer Dank gilt meinem Betreuer und Erstgutachter Prof. Dr. Wilhelm Grießhaber, da ich immer in die von mir erwünschte Richtung forschen konnte. Seine hilfreichen Impulse und kritischen Rückfragen haben diese Arbeit inhaltlich sehr bereichert. Prof. Dr. Heike Roll danke ich für die Übernahme des Zweitgutachtens und für ihre fachlichen Hinweise, die mich zur Weiterarbeit motivierten. Auch die intensiven Fachgespräche im Doktorandenkolloquium gaben mir wichtige Anregungen.

Herzlichen Dank möchte ich auch dem Paderborner DaZ-Team aussprechen, dank der guten Arbeitsatmosphäre und Eurer kollegialen Unterstützung war meine Abschlussphase unglaublich entspannt.

Mein Dank gilt auch den Lehrerinnen und Lehrern sowie den Schülerinnen und Schülern in Ungarn und Deutschland, die mir die Erstellung des Korpus für meine Untersuchung ermöglicht haben. Die Stunden in den Schulen werde ich in guter Erinnerung behalten.

Sehr dankbar bin ich Gergő für die Unterstützung bei den statistischen Verfahren, Cornelia für die erfrischenden Runden am Aasee, meiner ganzen Familie und allen Freundinnen und Freunden für die erwiesene Hilfe verschiedener Art.

Vor allem möchte ich meinem Mann, Holger, für seinen Zuspruch sowie seine vielfältige und liebevolle Unterstützung danken.

Summary

In Hungary, research into the stages of the language acquisition process with respect to learner language is still somewhat sketchy. Consequently, the order and sequence in which linguistic features are taught in the foreign language classroom is currently based on the teacher's instinct and experience as well as on knowledge of the frequency of these linguistic features.

The present empirical study makes an important contribution of learner language research to filling this research gap: it was conducted over three school years and investigates the language development in Hungarian pupils studying German as a Foreign Language. The corpus consists of written narrative texts by fifteen learners of German both in German and in their native Hungarian. These learner texts are contrasted with native German narrative texts that were collected using the same elicitation instruments. The data thus provides a sophisticated insight both into the native language competence of the Hungarian test persons and into the learner language features in their German L2 texts.

The research focuses on the subjects' active vocabulary and choice of cohesive devices, and also on their morphological and syntactic development, i.e., the sequence of acquisition. In order to gain as complete a picture as possible of the foreign language development, the learner language is investigated both in terms of complexity and grammaticality. By including a large amount of secondary data (such as language learning biographies, learning strategies, proficiency assessment tests, and the DaF teaching material used), it is possible to link the linguistic data to individual learner profiles.

The study reveals that the Hungarian DaF data exhibits a combination of two tendencies: on the one hand, there are individual development processes (different tendency types with respect to the length of segments and texts and to vocabulary development), and, on the other hand, there is a universal sequence of stages in grammar acquisition.

Results from different analytical methods are combined and integrated to arrive at a comprehensive view of learner language development and of possible didactic consequences. One of the overall results that become apparent is that Pienemann's *Teachability Hypothesis* should be applied more rigorously also to teaching German as a Foreign Language in Hungary.

Inhalt

Der Anhang F-H steht unter www.waxmann.com/buch3391 zur Verfügung.

1 Einleitung

Die Deutschdidaktik in Ungarn weist noch einen großen Bedarf an Forschungsarbeiten auf. Wie Bárdos (vgl. 2000: 63) die immer noch bestehende Lage der Sprachvermittlung in Ungarn beschreibt, sind für die Vermittlungsreihenfolge Lehrerinstinkt und -erfahrung sowie Kenntnisse über die Häufigkeit der jeweiligen sprachlichen Phänomene entscheidend. Dies bedeutet, dass die Lehrkräfte nicht auf Basis empirisch gesicherter Ergebnisse arbeiten können, da Untersuchungen zum Ablauf der Spracherwerbsprozesse im Bereich der Lernersprachenforschung in Ungarn bis heute eine große Forschungslücke aufweisen. Dieser Forschungsstand wird auch im Handbuch für Deutsch als Fremd- und Zweitsprache unter dem Punkt *Forschungslage zum Sprachvergleich Ungarisch-Deutsch* wie folgt konstatiert: „Unter den Forschungsdesideraten sind vor allem die fehlenden empirischen Untersuchungen im Bereich des Deutschen aus lernersprachlicher Sicht zu nennen." (Brdar-Szabó 2010: 732). Diese empirische Studie möchte diesem Desiderat in Form einer Langzeitstudie nachkommen, da durch eine longitudinal angelegte Studie die Erwerbsprozesse besser erfasst und beurteilt werden können (vgl. Rehbein & Grießhaber 1996).

Diese Arbeit greift die Ergebnisse bisher entstandener Studien auf, die einerseits zum ungesteuerten[1], andererseits zum gesteuerten[2] Deutscherwerb außerhalb Ungarns durchgeführt wurden und untersucht anhand deutschsprachiger Erzähltexte fünfzehn ungarischer Schülerinnen und Schüler, wie sich ihre Lernersprache entwickelt. In der Analyse der Entwicklung der deutschen Lernersprache ungarischer DaF-Lernender wird der Fokus des Forschungsinteresses neben dem aktiven Wortschatz und den Kohäsionsmitteln auf die Entwicklung der morphologisch-syntaktischen Sprachebene, d.h. auf die Erwerbssequenzen (vgl. u. a. Diehl et al. 2000) gelegt.

Um ein möglichst vollständiges Bild über die fremdsprachliche Entwicklung der ungarischen SuS zu erhalten, wird die Lernersprache sowohl unter dem Aspekt der Komplexität als auch der Grammatikalität untersucht. Der Begriff *Grammatikalität* kann auf das altgriechische Wort γράμμα (‚Buchstabe') zurückgeführt werden. Das hiervon abgeleitete Wort *Grammatik* verfügt über unterschiedliche Bedeutungen: Darunter wird einerseits das einer Sprache zugrunde liegende Regelsystem verstanden, andererseits werden damit auch die verschiedenen Sprachtheorien bezeichnet (vgl. Bußmann 2002).

---

1   Deutsch als Zweitsprache (DaZ)
2   Deutsch als Fremdsprache (DaF)

In der Spracherwerbsforschung erhält Grammatikalität in der erstgenannten
Wortbedeutung eine entscheidende Rolle bei der frühesten Methode der Lernersprachenanalyse, der sog. *Fehleranalyse*. Mit dieser Methode wird die Lernersprache auf ihre Korrektheit durch die Analyseschritte der Fehlerermittlung,
-analyse und -auswertung untersucht. Wie in Kapitel 3 und 4 gezeigt wird,
reicht jedoch die auf der Grammatikalität basierende Methode der Fehleranalyse für die Beschreibung von Lernersprache nicht aus. Aus diesem Grund werden in der vorliegenden Arbeit auch weitere ergänzende Analyseverfahren eingesetzt. Sie ermöglichen, dass neben der Frage, ob die Sprache richtig verwendet wird, auch die Komplexität der Lernersprache ermittelt werden kann. Ortega (2012: 127) stellt die Bedeutung der lernersprachlichen Komplexität[3] für
die Spracherwerbsforschung wie folgt dar: „At the core of the construct is the
claim that the ability to produce more linguistically complex oral or written
texts reflects increasingly more developed and mature capacities to use the
second language."
Weiterhin stellt sich die Frage nach dem Verhältnis von Komplexität und
Grammatikalität in der Lernersprache. Welche Erwerbsverläufe zeichnen sich
anhand der longitudinalen Daten ab und wie stehen diese zwei Analyseaspekte
während der dreijährigen Lernzeit der Probanden zueinander? Lässt sich eine
negative Korrelation (vgl. Skehan 1998, Robinson 2001) auch bei den schriftlichen Sprachprodukten der ungarischen DaF-Gruppe feststellen?
Ein weiteres Ziel dieser Studie besteht in der Untersuchung, wie sich die im
Rahmen der kognitiv ausgerichteten Zweitspracherwerbsforschung beschriebenen Erwerbssequenzen bei den ungarischen Deutsch-als-Fremdsprache-
(DaF-)Lernenden abbilden. Die Sequenzforschung geht davon aus, dass sich
die Lernersprache sequenziell, d.h. in aufeinander aufgebauten Phasen entwickelt und diese feste Phasenabfolge sich beim Spracherwerb auch durch In-
struktion nicht verändern lässt (vgl. Pienemann 1998). Diese Hypothese impli-
ziert didaktische Konsequenzen, die die Curricula und die Leistungsbeurteilung
betreffen.
Wie Aguado (2012) feststellt, wissen wir aktuell auch über die Auswirkung unterschiedlicher didaktischer Progressionen auf den tatsächlichen Erwerb der jeweiligen Strukturen noch wenig. Eine Verschränkung der ungarischen Analyseergebnisse mit der im schulischen Deutschunterricht durch die Lehrwerke vorgesehenen Grammatikprogression hilft in der vorliegenden Studie die Analyseergebnisse differenzierter zu betrachten. Dabei soll überprüft werden, wie sich
Grammatikvermittlung und Grammatikerwerb zueinander verhalten. Entspricht

---

3   Ortega (2012) verwendet den Begriff *interlanguage complexity*

die Grammatikverwendung der ungarischen DaF-Lernenden der schulischen Grammatikprogression oder weicht sie davon ab? Wenn Divergenzen vorliegen, an welchen Stellen können sie beobachtet werden?

Aus linguistischer Sicht sind zwei typologisch unterschiedliche Sprachen im Lernerkorpus vertreten. Mit dem Ungarischen liegt eine agglutinierende Sprache vor, das Deutsche lässt sich als flektierender Sprachtyp bestimmen. Grundlegende Unterschiede bei diesem Sprachenpaar lassen sich auf jeder Sprachebene finden. Zwar weist das Ungarische historisch und geografisch bedingt viele Entlehnungen aus dem Deutschen auf, ein etymologischer Bezug zwischen den deutschen und ungarischen Wörtern im Korpus ist jedoch wegen der ausgewählten Thematik nur an wenigen Stellen erkennbar. Bezüglich der Morphologie fällt ein Vergleich zwischen den zwei Sprachen aus sprachtypologischen Gründen nicht leicht, was sich z.B. bei der Beantwortung der Frage, wie viele Kasus das Ungarische hat, abzeichnet (vgl. Fekete 2009). Als typologisches Merkmal auf der syntaktischen Ebene lässt sich bei der deutschen Sprache festhalten, dass das Deutsche zwar verschiedene Wortfolgen kennt, die Wortfolge im Ungarischen aber wesentlich variabler und mehr durch die Informationsstruktur bestimmt ist. Unter anderem diese sprachlichen Unterschiede stellen ungarische DaF-Lerner immer wieder vor neue Erwerbsaufgaben beim Deutschlernen. Die Umstrukturierung der Lernersprache erfolgt aber nicht ausschließlich durch die typologischen Unterschiede wie dies bei der kontrastiven Spracherwerbshypothese angenommen wurde. Wesentlich für den Spracherwerb ist hinsichtlich der Transferleistung weniger, welche Unterschiede oder Ähnlichkeiten zwischen den zwei „Sprachsystemen" bestehen, sondern vielmehr, über welche Wissenskomponenten der Lerner verfügt: „[D]as, was er zu dieser Zeit von der Ausgangssprache weiss, wirkt sich auf das aus, was er zu dieser Zeit von der Zielsprache weiss oder vielmehr zu wissen glaubt." (Klein 2001: 607).

Die lernersprachliche Entwicklung ist durch zahlreiche Aspekte wie kognitive, soziologische, psycholinguistische und pädagogische Faktoren bestimmt. Erst durch deren Berücksichtigung kann die Sprachentwicklung als komplexes System besser verstanden werden. Der Wunsch nach einer besseren Erfassung der Sprachentwicklung in ihren zahlreichen Facetten fordert wie Eckerth, Schramm und Tschirner (2009: 48, 59) feststellen auch neue Forschungsdesigns:

To develop more comprehensive perspectives on L2 development, including cognitive, interactional, psychological and socio-cultural factors, and to situate them in an integrative theoretical framework, will constitute one of the major challenges for the years to come. [...] Therefore, we suggest, it is indispensable to integrate further cognitive, psychological, social, and pedagogical variables into the research design, and combine psychometric measurements with qualitative data that accounts for individual experience of contextualized L2 use and L2 learning.

In diesem Sinne werden in der vorliegenden Studie die lernersprachlichen Daten durch umfangreiche sekundäre Daten anhand eines Strategiefragebogens (SILL), eines Fragebogens zur Lernerbiographie und Sprachtests (C-Tests) ergänzt. Diese Hintergrunddaten ermöglichen die Erstellung von Lernerprofilen, die für zukünftige Studien bei der Erwägung der Vergleichbarkeit der Forschungsergebnisse genutzt werden können. Darüber hinaus werden die Auswertungen zu Lernerstrategien auch mit der Sprachentwicklung in Relation gesetzt.

Im Sinne der Datentriangulation werden neben den deutschsprachigen Erzähltexten ungarischer DaF-Lernenden auch muttersprachlich deutsche Schülererzählungen mit einbezogen. Des Weiteren umfasst das ungarische Lernerkorpus neben den deutschsprachigen Erzählungen auch Texte in L1 Ungarisch.
Das Datenmaterial erlaubt damit einerseits Einblicke in die muttersprachlichen Kompetenzen der ungarischen Probanden, andererseits eine differenzierte Betrachtung der lernersprachlichen Merkmale in den deutschen L2-Texten.

Diese Arbeit lässt sich in zwei Hauptteile gliedern: Im ersten theoretischen Teil werden die theoretischen Grundlagen dargestellt, im zweiten praktischen Teil wird die von mir durchgeführte empirische Untersuchung mit den Analyseergebnissen vorgestellt.
Das Kapitel 2 geht zunächst darauf ein, welche Rolle Fremdsprachen und darunter das Deutsche in Ungarn einerseits aus sozialer, wirtschaftlicher und sprachenpolitischer, andererseits aus bildungspolitischer Perspektive spielen. Hierzu wird der historische Hintergrund der 1980er und 1990er Jahre beschrieben sowie auf die aktuelle Forschungslage und Fremdsprachförderkonzepte im schulischen Bereich eingegangen. Da die Daten für die vorliegende Arbeit aus einem der jüngeren Sprachförderprogramme stammen, dient der erste Abschnitt nicht nur der Orientierung in dem Themenfeld „Fremdsprachen in Un-

garn", sondern liefert vielmehr auch relevante Informationen für die nachfolgenden Kapitel des empirischen Teils.

Das darauf folgende dritte Kapitel befasst sich mit den wichtigsten klassischen Theorien zum Zweitspracherwerb (Kontrastiv-, Identitäts- und *Interlanguage*-Hypothese) und stellt neuere Ansätze (*Processability Theory*, *Teachability Hypothesis*, *Trade-Off* und *Lexical Bootstrapping*) zusammenfassend dar.

Kapitel 4 befasst sich mit den relevanten Studien zum Deutscherwerb (DaZ und DaF). Dabei wird insbesondere auf die Forschungsergebnisse der Sequenzstudien im nominalen, verbalen und syntaktischen Bereich eingegangen. Des Weiteren werden Studienergebnisse dargestellt, die aus der Schreibentwicklungsforschung vorliegen und für die lernersprachliche Entwicklung auf der Textebene relevant sind. Zur Fundierung der empirischen Analyse werden die Vor- und Nachteile der in den vorgestellten Studien eingesetzten Forschungsmethoden in Kapitel 5 erörtert. Somit ermöglicht dieses Kapitel auch eine kritische Einschätzung der vorliegenden Forschungsergebnisse. Anhand der dargestellten Annahmen, welche Prinzipien den Spracherwerb in der L2 bestimmen, sowie der forschungsmethodologischen Fundierung werden in Kapitel 6 die für die empirische Untersuchung relevanten Forschungsfragen abgeleitet.

In Kapitel 7 werden die Probanden der ungarischen Ziel- und der deutschen Vergleichsgruppe, die Materialien und die Durchführung der Datenerhebung beschrieben. In Kapitel 8 werden die Lernermerkmale anhand der Fragebögen, der Lernerstrategiebögen und der C-Tests dargestellt. Damit der Sprachstand zu Beginn der Erhebungszeit und die sprachliche Entwicklung mit den im Unterricht vermittelten Kenntnissen in Relation gesetzt werden können, erfolgt in Kapitel 9 die Analyse der verwendeten DaF-Lehrwerke. Nach einer kurzen Einführung in die Charakteristika des jeweiligen Lehrwerkes wird die Grammatikprogression in den drei linguistischen Analysebereichen Verbalbereich, Satzmodelle sowie Kasus (vgl. Diehl et al. 2000) vorgestellt.

Die Analyse der Komplexität sowie der Grammatikalität der Lernersprache erfolgt in den Kapiteln 10 und 11 anhand der im ersten Teil ausgearbeiteten Forschungsfragen und -methoden.

Kapitel 12 schließt mit der Zusammenfassung der Ergebnisse sowie mit den daraus ableitbaren didaktischen und forschungsmethodologischen Konsequenzen.

Teil I: Grundlagen

2 Fremdsprachen in Ungarn

In diesem Kapitel wird kurz auf die Fremdsprachenkenntnisse der Bevölke-
rung, den Anteil verschiedener Fremdsprachen in der schulischen Bildung, auf
die Ursachen der bestehenden Probleme sowie auf die Erklärungen der jüngs-
ten Erfolge beim Fremdsprachenunterricht (FSU) eingegangen. Dieses Kapitel
gibt weiterhin einen Überblick zu neueren Studien im Bereich des FSU in Ungarn, der Fokus dabei liegt auf dem Deutschen als Fremdsprache. Im Abschnitt
über Förderbereiche und Förderkonzepte wird das NYEK-Programm vorgestellt, in dessen Rahmen auch die Daten für die vorliegende Studie erhoben
wurden.

2.1 Fremdsprachenunterricht heute: Eine schiefe Lage

Die schulische Sprachvermittlung gilt als Motor beim Erlernen der Fremdsprachen im gesamteuropäischen Kontext. Die Studie „The Europeans and their
Languages" (2006) ermittelte auf die Frage, wo die EU-Bürger_innen ihre erste
Fremdsprache erworben haben, folgende Durchschnittswerte: in der Grundschule 24%, in der Mittelschule 59% und in der Berufsausbildung 17%. Die
ungarischen Werte liegen in zwei von drei Kategorien unter diesen Ergebnissen
(34%, 45% und 8%), was nach Vágós Meinung als eindeutiger Hinweis einerseits auf das niedrigere Niveau der Schulbildung und andererseits auf die gra-
vierenden Probleme des Fremdsprachenunterrichts an Berufsschulen zurückgeführt werden könne (vgl. Vágó 2007). Die Gründe für diese niedrigen Quoten
liegen u. a. in der fehlenden guten Praxis für den FSU und in der sprachlich homogenen Umgebung, die die natürliche Entstehung der Mehrsprachigkeit nicht
begünstigt. Im Folgenden werden die neuesten Studien vorgestellt, die die aktuelle Lage des ungarischen FSU analysieren und die wichtigsten Merkmale
des FSU beschreiben.

2.1.1 Die Verteilung der Fremdsprachen

Seit der Wende besteht in Ungarn keine verpflichtende Fremdsprache mehr, das Sprachangebot wird vielmehr durch die Nachfrage geregelt. Es werden insgesamt etwa 16 Sprachen angeboten, unter denen das Englische die dominierende Fremdsprache ist. Die Ergebnisse des Forschungsprojekts „Lernwege im Fremdsprachenunterricht in Ungarn" zeigen, dass diejenigen Kinder, die 1995/96 eingeschult wurden, in der Grundschule überwiegend Deutsch lernten, ab der Sekundarstufe I, d.h. mit dem Beginn des obligatorischen FSU, laut Studie das Englische dominierte. Da aber in vielen Schulen den echten Nachfragen u. a. wegen Lehrermangels nicht nachgekommen werden konnte, wurde das Deutsche im Vergleich mit dem Englischen dreimal so oft als Zwangswahl unterrichtet. Die Aufschlüsselung der Schülerpopulation nach den Schulformen ergibt ein weiteres Merkmal der Fremdsprachenverteilung (Tab. 1).

Tabelle 1: Das Verhältnis der beiden am häufigsten gelernten Sprachen unter den Schülern, die in den Klassen 1–9 nach verschiedenen Curricula lernen, 1995/96 – 2003/04 in Prozenten (In: Vágó 2007: 16)

Klasse	Gymnasium		Fachmittelschule		Berufsschule	
	Englisch	Deutsch	Englisch	Deutsch	Englisch	Deutsch
1	18,7	17	13	15,2	7,2	12
2	24,2	20,8	17,3	19,2	9,6	15,1
3	36,1	29,3	26,8	28,2	15,5	24,7
4	52,2	41,9	45	45	31,3	46,7
5	56,9	44,2	49,6	48,2	35,4	51,4
6	57,4	44,3	50	48,3	35,5	51,3
7	59,2	44,7	50,6	48,4	35,7	51,2
8	59,8	45,2	50,7	48,4	35,8	51,4
9	90,2	68,9	58,2	41,3	35	55,5

In der Tabelle 1 werden die ersten und zweiten Fremdsprachen kumulativ dargestellt, deshalb übersteigen die Gesamtwerte pro Klasse im Gymnasium in manchen Fällen die 100%-Marke. Die ermittelten Zahlen zeigen insgesamt, dass neben der Bildungsstufe auch die Schulform für die Verteilung des Englischen und des Deutschen entscheidend ist. In Gymnasien wird auch in der unteren Stufe häufiger Englisch als Deutsch angeboten, in den Fachmittelschulen sind die beiden Fremdsprachen etwa gleich oft vertreten, wobei ab der Klasse 5 das Englische einen leichten Vorsprung bekommt. Im Gegensatz zu diesen Tendenzen behält das Deutsche in den Berufsschulen seine Dominanz von der ersten bis zur letzten Klasse. Dies führt Vágó (2007) zufolge zur Konsequenz, dass diejenigen, die in der Grundschule Englisch lernen, in einem höheren Anteil auf ein Gymnasium oder eine Fachmittelschule gehen als auf eine Berufsschule und vice versa.

Wie ungleich die Möglichkeit regional verteilt ist, eine Fremdsprache bereits im Kindergarten oder in der Grundschule lernen zu können, geht ebenfalls aus der oben genannten Studie hervor. Laut Vágó liege die Trennlinie nicht zwischen Stadt versus Land, sondern „zwischen Großstädten und Siedlungen mit weniger als 10000 Einwohnern" (Vágó 2007: 13). Im Letzteren setzt der Fremdsprachenunterricht öfters erst in der vierten Klasse ein, im Ersteren typischerweise bereits mit dem Schuleintritt. Für Schulen mit kleinerer Schülerzahl und niedriger Wochenstundenzahl in einer Fremdsprache bedeutet die Beschäftigung qualifizierter Fremdsprachenlehrer wegen der geringen staatlichen Finanzierungsmittel eine schwer überwindbare Hürde. Trotz großer Anstrengung der Kommunen können die erforderlichen Maßnahmen des Öfteren nicht gewährt werden, so dass 40% der bei der fremdsprachlichen Ausbildung benachteiligten Kinder aus sehr kleinen Ortschaften stammen.

2.1.2 Die Effektivität des FSU

Die Effektivität des Fremdsprachenunterrichts wird durch die Faktoren der Lehrerfluktuation und der Weiterführung des Fremdsprachenangebotes an der Schnittstelle der Sekundarstufe I. und Sek. II. mitbestimmt. Statistisch gesehen hatte jeder vierte Schüler, der die ersten acht Klassen zwischen 1995–2003 besuchte, jedes Jahr einen anderen Sprachlehrer. Besonders betroffen von dem häufigen Lehrerwechsel waren Englisch- und Spanischlernende, bei den Fremdsprachen Französisch und Italienisch zeichnete sich eine stabilere Situation ab[4]. Bei der Schnittstelle Sek. I. und Sek. II., die auch den Übergang von der Grundschule (Kl 1–8) zur Mittelschule (Kl 9–12) bedeutet, wird festgestellt, dass das Lernen der ersten Fremdsprache bei etwa zwei Drittel der Schüler in der Klasse 9 bei Null oder auf Anfängerniveau angesetzt wird. Die Inter-

---

4   Für Deutsch liegen keine expliziten Angaben zur Lehrerfluktuation vor (vgl. Vágó 2007).

pretation dieses Ergebnisses ist in zwei Richtungen möglich: entweder ist das ermittelte Ergebnis ein Hinweis auf die Ineffektivität des Fremdsprachenunterrichts in der Grundschule oder es zeigt eine falsche Einschätzung der mitgebrachten Sprachkenntnisse. Vágó (2007) zufolge meinen etwa 80% der Schüler, dass das Niveau richtig gewählt wurde. Bezüglich der falschen Einschätzung sagen die Lernenden in der Mittelschule, dass sie sich zweieinhalb Mal so oft unterfordert als überfordert fühlen.

Die Einflussfaktoren auf das Fremdsprachenlernen im schulischen Kontext werden im neuen Jahrtausend in Ungarn in zahlreichen Studien untersucht (Csapó 2001; Nikolov & Józsa 2003; Vágó 2007 u. a.). Für den dezentralisierten Fremdsprachenunterricht gilt das in 2005 eingeführte zweistufige Abitur als wesentliches Steuerungsinstrument, das sich nach den Zielen und Vorgaben des Gemeinsamen europäischen Referenzrahmens (GeR) richtet. Langfristig wird durch die Analysen der hierbei erzielten Ergebnisse erhofft, dass die Sprachkenntnisse unter den verschiedenen Fremdsprachen miteinander verglichen werden können. Die Untersuchung von Nikolov und Józsa (2003; 2005 und 2006) setzt sich im kleineren Rahmen ein ähnliches Ziel und analysiert die Sprachkompetenzen in Englisch und Deutsch bei den Fertigkeiten Lesen, Schreiben und Hören in den Klassen 6 und 10. Wie in diesem Kapitel gezeigt wurde, handelt es sich bei Englisch und Deutsch um die zwei meist gelernten Fremdsprachen in Ungarn. Die Ergebnisse der Vergleichsstudie von Nikolov und Józsa reflektieren die aktuelle Lage des Fremdsprachenunterrichts und werden aus diesem Grund an dieser Stelle kurz zusammengefasst.

Alle Durchschnittsergebnisse des Englischen in den Klassen 6 und 10 übertreffen in jedem Segment die deutschen Durchschnitte. Diese Werte spiegeln auch die Durchschnittsnoten in beiden Fächern, in beiden Klassen und in jeder Schulform (Gymnasium, Fachmittelschule, Berufsschule) wider. Dabei wurde eine große Streuung festgestellt und eine Korrelation zwischen der Siedlungsgröße, den Schulabschlüssen der Eltern sowie den Fremdsprachenkenntnissen ermittelt. Demnach sind bessere Ergebnisse in beiden Sprachen zu erwarten, je größer die Siedlung ist, in der sich die Schule befindet, und je höher der Bildungsgrad der Mutter ist. Es konnte aber kein eindeutiger Zusammenhang zwischen der Wochenstundenzahl und dem Sprachniveau nachgewiesen werden, da die Deutschergebnisse in der Klasse 10 bei den Schülern mit höherer Stundenzahl unter denjenigen Schülern liegen, die wöchentlich weniger Deutschunterricht erhalten. Bei Englisch ist eine Parallelität der zwei Werte zu erkennen. Grund für die bestehenden Unterschiede sei einerseits, dass die Sprachlernmotivation für Englisch das Fremdsprachenlernen mehr begünstige als es beim

Deutschlernen der Fall sei, andererseits verfügten die Englischlernenden im
Allgemeinen über bessere kognitive Fähigkeiten und sozioökonomischen Status. Das Testniveau lag bei der Klasse 6 auf A1, bei der Klasse 10 auf A2–B1
des GeR. Tabelle 2 fasst die Ergebnisse in beiden Sprachen und in allen drei
Fertigkeiten zusammen.

Tabelle 2: Mittelwerte der englischen und deutschen Tests in Ungarn (vgl. Nikolov &
Józsa 2003: 15)[5]

Jahrgang	Kl 6	Kl 10
Leseverstehen auf Englisch	51,4%	36,2%
Hörverstehen auf Englisch	59,5%	78,4%
Schreiben auf Englisch	62,1%	32,2%
Englischer Durchschnitt	57,7%	48,8%
Leseverstehen auf Deutsch	40,6%	32,9%
Hörverstehen auf Deutsch	44,6%	68,1%
Schreiben auf Deutsch	49,0%	16,9%
Deutscher Durchschnitt	44,7%	39,4%

Als schwierigste unter den erfassten Fertigkeiten wurde die Schreibaufgabe in
der Klasse 10 ermittelt, in der die Lernenden einen Brief auf Deutsch bzw.
Englisch über ihre Traumreise an die Redakteurin eines Jugendmagazins anhand einiger in der Fremdsprache angegebenen Fragestellungen schreiben sollten. Viele Probanden haben diese Aufgabe nicht oder nicht bewertbar gelöst,
besonders der deutsche Erfolgsquotient fiel sehr gering (16,9%) aus. Wie Nikolov und Józsa (2006) feststellen, besteht ein signifikanter Unterschied sowohl
bei Englisch als auch bei Deutsch unter den Schulformen, wobei die gymnasialen Schüler im Vergleich mit den Mittel- und Berufsschulen am besten ab-
schneiden. Auch ein genderspezifischer Unterschied konnte ermittelt werden.
Wie oben gesehen sind die erzielten Durchschnittswerte für die Fertigkeit
Schreiben im Deutschen sehr gering, die Jungen erreichten dabei nur 13%, die
Mädchen geringe 21%. Werden diese Ergebnisse mit den Ergebnissen früherer
groß angelegter Studien in Beziehung gesetzt, kann eine Ähnlichkeit festgestellt werden:

---

5   Übersetzung von der Autorin

„Comparing our findings with the results of the large-scale study on English and German in years 6, 8, and 10 in the year of 2000 (Csapó, 2001) the trends are consistent: girls outperformed boys on all skills and the largest differences were found in the writing skills." (Nikolov & Józsa 2006: 8).

Die Schüler mit DaF schätzten die Schreibaufgabe auf Deutsch schwieriger ein als die Schüler, die den Text auf Englisch verfassen mussten. Die tatsächlich ermittelten Ergebnisse entsprechen diesen Lernerbeurteilungen.

Bei dem Lernerfragebogen wurde weiterhin die Lernzeit der jeweiligen Fremdsprache erfasst. Die Studie konnte keinen engen Zusammenhang zwischen der Zahl der Lernjahre bzw. der wöchentlichen Sprachstunden und der erbrachten Leistung in einer der drei Fertigkeiten nachweisen. In der Klasse 10 schnitten die Deutschlernenden mit intensivem Sprachunterricht im Test schlechter ab als diejenigen aus der Klasse 10, die mit dem Deutschlernen schon in früheren Klassen begonnen hatten. Eine Erklärung für dieses Phänomen wurde in der Untersuchung nicht gegeben.

Da viele Jugendliche auch außerschulischen Sprachunterricht in Anspruch nehmen, kann angenommen werden, dass die Sprachkenntnisse positiv beeinflusst werden. Hierbei stellte sich heraus, dass etwa 23–30% der Schüler ihre Sprachkenntnisse durch externe Sprachkurse weiter ausbauen konnten. Diese Werte waren bei beiden Fremdsprachen und in beiden Jahrgängen ungefähr identisch. Die Befragung erfasste neben den Sprachkursen auch den Privatunterricht, der insbesondere bei den Zehntklässlern für Englisch (43%) dominierte. Grund dafür sei, dass die Privatstunden die individuellen Erwartungen besser erfüllen können; der schulische Fremdsprachenunterricht hingegen fokussiere sich mehr auf allgemeine Gruppenziele. Die wenigen und nur indirekt erhobenen Informationen über die Inhalte des schulischen Sprachunterrichts zeigen Nikolov (1993; 2003) zufolge, dass noch immer der Frontalunterricht dominiert, d.h. eine Differenzierung in der gleichen Stunde nur selten stattfindet.

Die Studie „Lernwege im Fremdsprachenunterricht in Ungarn" ermittelte eine starke Abhängigkeit zwischen dem Schulabschluss der Eltern und dem außerschulischen Fremdsprachenunterricht. Vágó (2007: 25) stellte dabei Folgendes fest: „(...) die Kinder von Eltern mit Hochschulabschluss

- besuchen zehnmal länger einen außerschulischen Fremdsprachenunterricht als Kinder von Eltern, die nicht einmal die achtklassige Grundschule absolviert haben;
- und zwar sechsmal länger als die Kinder, deren Eltern die achtklassige Grundschule absolviert haben;

- viermal länger, als die Kinder von Eltern, die eine Berufsschule absolviert haben;
- und zweimal länger, als Kinder von Eltern, die ein Gymnasium oder eine technische Mittelschule absolviert haben."

Als entscheidender Faktor für das außerschulische Fremdsprachenlernen gelten laut Vágó die Fremdsprachenkenntnisse der Eltern. Schüler, deren Eltern über Fremdsprachenkenntnisse verfügen, nehmen doppelt so lange den außerschulischen FSU wahr wie Schüler, deren Eltern keine Fremdsprache sprechen.
Weiterhin wurde von Vágó ermittelt, dass etwa 20% der Schüler in ihrer Freizeit nie die Möglichkeit nutzen, die Fremdsprachenkenntnisse eigeninitiativ z.B. durch neue Medien weiterzuentwickeln. Die Mehrheit der Lernenden versucht durch Musik, Kino- oder Fernsehfilme die Sprachkompetenzen zu verbessern. Die Internetnutzung stand erst auf dem vierten Platz, gefolgt von Büchern und Zeitungen.

Welche zentrale Rolle der Motivation bei dem Fremdsprachenlernen zukommt, untersuchten Dörnyei und Csizér (2002) in einer groß angelegten longitudinalen Studie von 1993–2004. Auch Nikolov und Józsa (2006) griffen den Aspekt der Sprachlernmotivation auf und befragten die ungarischen Schüler, mit welchem langfristig gesetzten Ziel sie die jeweilige Fremdsprache lernen. Die Probanden konnten unter sechs Optionen wählen, von denen nur eine negativ besetzt war. Tabelle 3 stellt die Antworten in Prozenten dar.

Tabelle 3: Student's distributions according to their plans to continue language study (In: Nikolov & Józsa 2006: 20)

Plans with language study	Year 6		Year 10	
	English	German	English	German
Give it up as soon as possible	10	16	10	18
Take school-leaving examination	18	25	19	26
Take proficiency exam at intermediate level	34	34	47	42
Take proficiency exam at advanced level	28	17	19	10
Get a college degree	4	4	2	2
Get a university degree	6	4	2	2

Bei der Analyse der Ergebnisse fällt auf, dass relativ viele Schüler (10–18%) mit dem Sprachenlernen aufhören möchten, wobei das Deutsche mehr betroffen ist als das Englische. Nikolov und Józsa (2006) weisen darauf hin, dass diese Schüler unter schulischen Bedingungen nicht die von der Europäischen Union formulierten Zielsetzungen erfüllen werden können, nach denen jeder EU-Bürger außer seiner eigenen Sprache zwei weitere Fremdsprachen beherrschen sollte. Gründe für die fehlende Motivation zum Weiterlernen der jeweiligen Fremdsprache wurden nicht erfasst. Die hohe Quote bei Deutsch könnte u. a. dadurch erklärt werden, dass unter diesen Probanden einige Schüler statt Deutsch lieber Englisch lernen wollten, was aber aus strukturellen Gründen im schulischen Rahmen nicht immer möglich war. In einem Vergleich mit der früheren Studie von Nikolov (2003) konnte festgestellt werden, dass die Zahl solcher Lernenden, die mit dem Fremdsprachenlernen aufhören wollten, zwar auch ein paar Jahre zuvor relativ groß war, sie sich aber dann innerhalb kurzer Zeit verdoppelte. Als zweite Tendenz konnte ermittelt werden, dass der Wunsch, an einer Hochschule Englisch oder Deutsch zu studieren, stark zurückging. Positiv erwiesen sich demgegenüber die Ergebnisse auf die Frage, ob die Schüler eine Sprachprüfung auf mittlerem oder oberem Sprachniveau ablegen wollten. Dies ist auch ein Zeichen dafür, dass die Wertschätzung solcher externen Sprachnachweise im letzten Jahrzehnt gestiegen ist. Dieses doppelte System von staatlichen und nicht staatlichen Instrumenten für die Anerkennung der Fremdsprachenkompetenzen wurde einerseits dadurch gestützt, dass die externen Sprachzeugnisse auf mittleren und oberen Sprachniveau bis 2005 für das Abitur angerechnet wurden, andererseits bedeuten sie bis dato durch Pluspunkte beim Weiterlernen einen großen Vorteil und sind u. a. Voraussetzung für den Erhalt eines Hochschulabschlusses (vgl. Vágó & Vass 2005).

Um den bestehenden ungleichen Chancen im schulischen Fremdsprachenunterricht entgegenzuwirken und die Sprachkenntnisse der Kinder, Jugendlichen und Erwachsenen weiter zu unterstützen, wurden vom Ungarischen Bildungsministerium in 2003 Förderbereiche und -konzepte ausgearbeitet und zahlreiche Förderprogramme ins Leben gerufen. Unter diesen Programmen ist das sogenannte „NYEK" (Nyelvi előkészítős képzés – Fremdsprachliches Propädeutikum für Schüler) für die vorliegende Studie relevant, da auch meine Probanden an diesem Programm beteiligt waren. Der Grund für die Auswahl dieser Lernergruppe bestand darin, dass die vorgesehene hohe Wochenstundenzahl im Fach Deutsch (15 Std. in der Klasse 9, 6 Std. in den Klassen 10 und 11) die Erfassung der lernersprachlichen Entwicklung zu ermöglichen schien.

Dreierlei Zielsetzungen verfolgt das NYEK-Programm:

1. Die Schüler in der Klasse 9 sollen eine intensive fremdsprachliche Förderung erhalten, die sie befähigt, am Ende ihrer Schulzeit das Abitur in einer Fremdsprache auf dem oberen Niveau absolvieren zu können.

2. Das NYEK-Programm soll die Herausbildung einer positiven Einstellung zur vermittelten Fremdsprache, der zielsprachlichen Kultur sowie dem Sprachenlernen an sich bei den Schülern unterstützen.

3. Es soll weiterhin durch angemessene Lehr- und Lernstrategien die Schüler befähigen, die erworbenen Sprachkompetenzen eigenständig zu pflegen und auszubauen.

Um diese Ziele erreichen zu können, wird die Schullaufbahn um ein Schuljahr verlängert, in dem die Schüler einen intensiven Sprachunterricht erhalten. 2004/2005 wurden hierfür 749 Sprachlerngruppen eingerichtet, in dem darauf folgenden Jahr nahm das Interesse weiter zu, so dass das Programm in 818 Gruppen durchgeführt werden konnte. Die Evaluation der ersten Projektjahre ergaben nach Nikolov, Öveges und Ottó (2009) folgende Ergebnisse: Das erste Ziel wurde nur von wenigen Schülern erreicht, da die meisten NYEK-Lerner das Abitur in der Fremdsprache auf dem mittleren Niveau absolvierten. Ihre Prüfungsergebnisse waren im Vergleich mit Schülern mit normalem Lehrplan im Durchschnitt 3–13% besser, was als kleiner Erfolg verbucht werden kann. Anders sieht es bei der Zahl und den Durchschnittsergebnissen auf der Oberstufe aus, die unter den Werten der Schüler mit normalem Lehrplan liegen. Eine bildungspolitische Schlussfolgerung ist aus diesem Grund, dass die mit dem Programm anvisierten Lernziele noch einmal in Erwägung gezogen werden sollten.

In der Umfrage wurde auch die Fremdsprachenlernmotivation erfasst. Hierbei stellte sich heraus, dass nur in 14% der Schulen eine zweite Fremdsprache unterrichtet wurde, während 51% aller befragten Schüler für die Aufnahme einer zweiten Fremdsprache gewesen wären (vgl. Nikolov et al. 2009). Ein weiteres Problem besteht darin, dass nachdem die erforderliche sprachliche Prüfung mit Erfolg absolviert wurde, die Motivation, das Fremdsprachenlernen fortzusetzen, sinkt. Aus diesen zwei Punkten wurde der Vorschlag abgeleitet, dass einerseits das Erlernen einer zweiten Fremdsprache in der gesetzlichen Regelung des NYEK-Programms explizit aufgenommen werden sollte, andererseits das Weiterlernen der Fremdsprache nach der erfolgreichen Prüfung auch in einem bestimmten Fach oder Beruf ermöglicht werden sollte.

Die dritte Zielsetzung des NYEK-Programms, die Chancengleichheit zu fördern, wies strukturelle und didaktische Probleme auf. Einige Schulen führten
für die Sprachlerngruppen eine Aufnahmeprüfung ein, die die Teilnahme am
NYEK nur den leistungsstärkeren Schülern gewährte. Diese Vorgehensweise
steht in Widerspruch zu dem globalen Ziel des Programms, so dass sie abge-
schafft werden sollte. Weiterhin wurde festgestellt, dass die Lehrer homogene
Lerngruppen bevorzugen und differenzierende Verfahren seltenst einsetzen.
Durch themenspezifische Weiterbildungsprogramme erhielten die NYEK-Leh-
rer Informationen über Verfahren und gute Beispiele, die ihnen bei der Umset-
zung eines differenzierten Unterrichts und bei der langfristigen Erhaltung der
Schülermotivation weiterhelfen konnten.

In diesem Kapitel wurde auch die Lage der Lehrbücher vor und nach der Wende betrachtet. Für ein Sonderprogramm für das schulische Fremdsprachenlernen wie NYEK wäre es m.E. unerlässlich, dass speziell auf das Programm zu-
geschnittene intensive Sprachlehrbücher vorhanden wären. Solche Lehrmaterialien und Medienpakete standen jedoch in den bisher durchgeführten Projekt-
jahren leider nicht zur Verfügung, so dass mit den üblichen Produkten gearbeitet wurde. In den didaktischen Empfehlungen wird zwar darauf hingewiesen,
dass „die jeweils gewählten Lehrbücher um authentische Materialien und an
sich interessante, motivierende Aufgaben zu ergänzen" wären (Nikolov et al.
2009: 11). Allerdings liegen keine Studien zu den tatsächlichen Inhalten und
dem Verlauf des Unterrichts in diesen NYEK-Sprachlerngruppen vor.

2.2 Stand der Fremdsprachenforschung in Ungarn

Wie die vorherige Darstellung zeigt, stehen mittlerweile Studien über die allgemeinen Fremdsprachenkenntnisse in Ungarn sowohl auf historischer Basis als
auch zum aktuellen Stand zur Verfügung. Darüber hinaus sind Studien zur Motivation zum Fremdsprachenlernen vorhanden (u. a. Csizér; Dörnyei & Németh
2004, Csizér & Lukács 2010). Zusammenfassend lässt sich jedoch sagen, dass
neben der Unterrichtsforschung auch die Erforschung der lernersprachlichen
Entwicklung als ein blinder Fleck in Ungarn erscheint. Es liegen bis heute keine sicheren Kenntnisse über den tatsächlichen Verlauf der Sprachentwicklung
in den Fremdsprachen vor. Diese Arbeit setzt an dieser Stelle an und ermittelt
im Rahmen einer longitudinalen Studie die Entwicklung und Veränderung der
deutschen Lernersprache ungarischer Schüler. Das nächste Kapitel liefert einen
Überblick der Theorien zum Zweitspracherwerb.

3 Theorien zum Zweitspracherwerb

Wie Larsen-Freemann und Long (1991) feststellen, wurden mehr als vierzig Theorien zum Zweitspracherwerb entwickelt. An dieser Stelle werden die drei wichtigsten oder wie Bausch und Kasper (1979) formulieren „großen" Hypothesen im Überblick vorgestellt: die Kontrastivhypothese, die Identitätshypothese und die Interlanguagehypothese. Die Beschreibung ihrer zentralen Annahmen erfolgt in Kapitel 3.1 durch die Benennung des jeweiligen linguistischen und lerntheoretischen Hintergrundes. Weiterhin werden relevante Studien, die Schwächen und auch die Stärken der Hypothesen genannt sowie fremdsprachendidaktische Konsequenzen aus ihnen abgeleitet.

Darauf aufbauend werden in Kapitel 3.2 die neueren zum Spracherwerb entwickelten Hypothesen (*Processability Theory* und *Teachability Hypothesis* von Pienemann, *Trade-Off* und *Lexical Bootstrapping*) dargestellt. Die Aufstellung eines umfassenden Theorierahmens, in dem das Begriffspaar *nature* und *nurture* ineinander greifend zu betrachten wäre, ist eine Aufgabe, die noch gelöst werden muss (vgl. Franceschini; Ziegler & Müller 2006). Kapitel 3.3 zeigt zusammenfassend die Stärken und die Schwächen der dargestellten Theorien.

3.1 Die klassischen Theorien

Kontrastivhypothese

In der stark auf Fehler ausgerichteten kontrastiven Zweitspracherwerbshypothese der 1950er und 1960er Jahre stand das Verhältnis von L1 und L2 beim Zweitspracherwerb im Fokus der Forschung. Auf der behavioristischen Lerntheorie basierend wurde angenommen, dass der Großteil der Fehler bei dem produktiven und rezeptiven Gebrauch der L2 durch die L1 verursacht wird, indem die Lernenden Elemente und Bedeutungen der L1 auf die L2 transferieren (vgl. Fries 1945; Lado 1957). Die Beschreibung der Unterschiede zwischen der gelernten und zu erlernenden Sprache und Kultur ermöglicht nach der starken Fassung dieser Spracherwerbstheorie eine Fehlerprognose. Aber auch in der revidierten Version wurde die Annahme vertreten, dass bei größeren Unterschieden zwischen den beiden Sprachen die Fehlerhäufigkeit in der L2 der Lernenden zunimmt. Was schwierig oder leicht zu erlernen ist, wäre nach dieser Auffassung durch sprachkontrastive Analysen zu ermitteln. Da nach behavioristischer Ansicht bei Übereinstimmungen zwischen L1 und L2 kein neues Lernen stattfindet, sollte in den Lehrmaterialien nach der kontrastiven Spracherwerbstheorie auf die Vermittlung der Ähnlichkeiten verzichtet werden (vgl. Gass & Selinker 2008: 96f.).

Spätere Studien wie z.B. Kufner 1962, Kuhberg 1990 zeigten, dass der muttersprachliche Transfer nicht immer stattfindet. Ein Phänomen, das mit der Kontrastivspracherwerbshypothese nicht zu erklären war. Weiterhin wurde festgestellt, dass es Fehler gibt, die sich nicht auf die L1 der Sprachlerner zurückführen lassen. Ein wichtiger Kritikpunkt an die Kontrastivhypothese ist, dass sie die linguistischen Strukturen mit psycholinguistischen Prozessen gleichsetzt. Wie aber Juhász (1970) zeigt, können nicht nur Unterschiede sondern auch strukturelle Ähnlichkeiten zwischen der L1 und der zu erlernenden Sprache zu Fehlern führen. Weiterhin wurde beobachtet, dass das Fehlerverhalten der Zweitsprachler situations- und aufgabenabhängig variieren kann. Da die Kontrastivhypothese außersprachliche Phänomene wie soziale und kulturelle Unterschiede beim Zweitspracherwerb systematisch ausklammert, erhebt sie auch keinen Erklärungsbedarf für den Einfluss außerlinguistischer Einflussfaktoren. Ein weiteres Problem ist, dass strikt kontrastive Analysen einen statischen Charakter haben und damit den Spracherwerb als Prozess nicht erfassen.

Zusammenfassend lässt sich sagen, dass der direkte Vergleich der L1 und der L2 die Komplexität des Zweitspracherwerbs nicht vollständig erklären kann, sondern hierbei auch andere nicht linguistische Faktoren berücksichtigt werden müssten.

Aus fremdsprachendidaktisch-methodischer Sicht ergeben sich folgende Merkmale und Konsequenzen, die aus den kontrastiven Studien abgeleitet werden:

- Für die „Direkte Methode", die auf Basis der kontrastiven Zweitspracherwerbshypothese entwickelt wurde, ist die Vermeidung der unerwünschten Interferenzfehler ein zentrales Anliegen. Dies sollte durch den einsprachigen Unterricht erreicht werden, in dem im Gegensatz zu der Grammatik-Übersetzungs-Methode Übersetzungen nicht vorgesehen sind. Aus diesem Grund werden in vielen Lehrwerken Beispiele, Erklärungen und spezielle Übungen für sprachkontrastiv problematische Bereiche angeboten.

- Typische Übungsformen in Fremdsprachenlehrbüchern oder in den damals entstandenen Sprachlaboren auf behavioristischer Basis sind die sog. *pattern drills*, die durch Einschleifung den Erwerb problematischer Strukturen ermöglichen sollen.

- Da keine sichere Schwierigkeitshierarchie im Rahmen der kontrastiven Analysen ermittelt werden konnte, ist eine Grammatikprogression auf Basis der L1- und L2- Unterschiede bzw. Ähnlichkeiten nicht möglich. Damit kommt der kontrastiven Zweitspracherwerbshypothese eine wesentlich geringere methodisch-didaktische Bedeutung zu als anfangs erwartet war.

Trotz vieler Kritiken hat die Kontrastivspracherwerbshypothese der nachfolgenden Forschung einen großen Dienst erwiesen. Die mit der Methode der Kontrastivanalyse durchgeführten Studien zeigten erstmals, wie unerlässlich eine empirische Fundierung theoretischer Arbeiten ist.

Identitätshypothese

Die chronologisch nächste Spracherwerbshypothese, die Identitätshypothese, entstand aus der Kritik der behavioristisch basierten Kontrastivhypothese. Chomskys Skinner-Rezension (1959) kann als Wendepunkt bezeichnet werden, wodurch die Spracherwerbsforschung eine kognitive Richtung nahm. Linguistische Fundierung erfährt die Identitätshypothese durch die generative Grammatik mit nativistischer Position. Hierbei wird angenommen, dass der Mensch über angeborene sprachspezifische kognitive Erwerbsmechanismen (*language acquisition device = LAD*) verfügt und die Sprachentwicklung nur durch die zielsprachlichen Strukturen bestimmt ist. Durch die Überprüfung der Regularitäten in der Zielsprache werden in dem sprachspezifischen Lernmodul zielsprachenspezifische Parameter gesetzt. Durch diese Mechanismen wird nach Chomskys Theorie ermöglicht, dass die Kinder eine Sprache trotz fehlerhaftem, unvollständigem und begrenztem Input erwerben können. Hierbei stellt sich aus Sicht der Zweit- und Fremdspracherwerbsforschung die Frage, ob die beim L1-Erwerb beschriebenen Gesetzmäßigkeiten auch für den L2-Erwerb gelten.

Die Studie von Dulay und Burt (1974a) mit zweisprachigen spanisch- und englischsprachigen Kindern ermittelte eine morphologische Regelerwerbssequenz im Englischen, die Ähnlichkeiten mit der monolingualen Entwicklung aufweist. In ihrer Arbeit mit chinesischen und spanischen Kindern haben Dulay und Burt (1974b) auch beschrieben, dass die Erwerbsreihenfolge der untersuchten englischen morphologischen Regeln von der Muttersprache unabhängig ist. Dabei zeigten sie, dass der L1-Transfer nur selten vertreten ist, stattdessen sind sprachentwicklungsspezifische und intralinguale Fehler häufiger. Diese Forschungsergebnisse werden auch als Kritik an der behavioristischen Lerntheorie gesehen. Dulay und Burt (1977) bezeichnen den Spracherwerbsprozess als „*creative construction*", weil der Lerner sein Bild über die zielsprachlichen Strukturen ständig modifiziert, indem er anhand fremdsprachlicher Inputs neue Hypothesen aufstellt und testet. Die Ähnlichkeit zwischen dem L1- und L2-

Erwerb erklären sie durch die hierbei verwendeten Erwerbsstrategien wie Reduzierung grammatischer Formen, Übergeneralisierung und doppelte Markierung. Damit wird der L1-Transfer aus der Erklärung für den zweitsprachlichen Erwerb ausgeklammert und die sprachliche Entwicklung durch die biologisch fundierten Erwerbssequenzen erklärt.

Neuere Arbeiten wie die von Dietrich und Weissenborn (2008) beschreiben sowohl Parallelen als auch Unterschiede zwischen dem L1- und L2-Erwerb, die nach Folgerung der Autoren zum Teil durch den Einfluss der Muttersprache zu erklären seien.

Aus der Identitätshypothese können folgende didaktisch-methodische Konsequenzen für die Fremdsprachenvermittlung abgeleitet werden:

1. Fehler sind nicht mehr auszumerzen wie in der Kontrastivhypothese, sondern werden im Rahmen der Identitätshypothese als Beweise für die kreative Sprachverwendung und Hypothesenüberprüfung der Lerner verstanden. Damit stehen sie auch in einem notwendigen Durchgangsstadium des Spracherwerbsprozesses.

2. Der Nachteil der behavioristischen *pattern drill*-Übungen, nämlich der durch die Monotonie eintretende Motivationsverlust der Lernenden, wurde in den Sprachlaboren früh erkannt. Der neuen Ansicht folgend sollten die Lernenden möglichst einem vielfältigen Input in der L2 ausgesetzt werden, damit sie die für ihren Kenntnisstand relevanten Informationen herausfiltern können. Dulay und Burt (1973: 257) fomulieren folgenderweise: „*We should leave the learning to the children.*"

Interlanguagehypothese

Die dritte große Hypothese geht auf Selinker (1969; 1972) zurück, mit dessen Namen der Begriff von *Interlanguage (IL)* eng verbunden ist. Die Lernersprache (IL) enthält Merkmale sowohl der Erst- als auch der Zweitsprache, und darüber hinaus auch solche, die von beiden unabhängig sind. Sie verfügt dabei sowohl über eine Systematik als auch über Variablen. Der Zweitspracherwerb wird wegen der Nichtverfügbarkeit der latenten Sprachstruktur vor allem von fünf psycholinguistischen Prozessen auf der Basis von *Native Language* und *Target Language* mitbestimmt, die in der latenten Psychostruktur (*latent psychological structure*) verankert sind. Im Folgenden werden diese fünf psycholinguistischen Prozesse und Strategien kurz erläutert:

1.   language transfer

Selinker bezieht sich hierbei auf die Übertragung aus der L1. Auch bei der neueren Tertiärsprachenforschung findet sich diese Sichtweise in erweiterter Form wieder, indem Transfer aus weiteren Sprachen der Lerner angenommen wird (vgl. Dentler; Hufeisen & Lindemann 2000).

2.   transfer of training

Auch der Fremdsprachenunterricht kann zum negativen Transfer, d.h. zu Fehlern beim Spracherwerb führen. Ursache dafür können ungeeignete Lehrmaterialien, falsch aufgestellte Progression, konzeptionell nicht passende oder überrepräsentierte Übungen etc. sein.

3.   strategies of second language learning

Durch die Lernstrategien werden von den Lernern Hypothesen über die Zielsprache   gebildet, getestet und ggf. revidiert.

4.   strategies of second language communication

Diese psycholinguistischen Prozesse treten dann auf, wenn Lerner etwas sagen oder in Kommunikationssituationen etwas verstehen wollen, ihnen aber die benötigten sprachlichen Mittel fehlen. Zur Bewältigung solcher Situationen werden verschiedene Kommunikationsstrategien eingesetzt.

5.   overgeneralisation of target language material

Diese Prozesse zeichnen sich dadurch aus, dass bisherige Kenntnisse über die Zielsprache durch Anwendung falscher Analogien auch dort eingesetzt werden, wo sie nicht geeignet sind.

Der folgende Abschnitt stellt neuere Hypothesen zum Spracherwerb in den Fokus.

3.2 Neuere Hypothesen zum Spracherwerb

Auch in der heutigen Forschung setzt sich die Theorieentwicklung zum Spracherwerb fort. Die grundlegende Frage, was für den Spracherwerb maßgeblich entscheidend ist, nämlich ein angeborenes Wissen (Nativismus) oder die Interaktion mit der Umgebung (Konnektionismus), wird in den zahlreich vorhandenen Spracherwerbsmodellen unterschiedlich beantwortet. So gibt es Vertreter beider Positionen und auch Modelle, die zwischen den zwei Grundpositionen angesiedelt sind. Auch die Reichweite der entwickelten Modelle ist unterschiedlich. Oft wurden Modelle zur Defizitbehebung der bisherigen Theorien entwickelt, daher können sie eher als Ansätze oder Hypothesen und nicht als komplexe Theorien bezeichnet werden. Die Aufstellung einer endgültigen und alles erklärenden Theorie ist eine weiter bestehende Aufgabe der Spracherwerbsforschung.

Im Folgenden werden neuere Ansätze und Hypothesen kurz vorgestellt, die für die vorliegende Studie von größerer Relevanz sind.

Processability Theory

Eine psychologisch plausible Erklärung für den Entwicklungsverlauf liefert Pienemanns (1998; 2005) *Processability Theory*, die einerseits auf Levelts (1989) Modell der Sprachproduktion und andererseits auf der *Lexical-Functional-Grammar* von Kaplan und Bresnan (1982) basiert und Folgendes besagt: „the learner cannot acquire what he/she cannot process" (Pienemann 1998: 87). Die implikative Hierarchie der Sprachverarbeitungsmechanismen ist der Grund dafür, dass der/die Lernende nur diejenigen Strukturen erwerben kann, die er/sie auch verarbeiten kann. Die Studienergebnisse von Pienemann werden im nächsten Kapitel näher erläutert und durch neue Forschungsergebnisse ergänzt.

Teachability Hypothesis

Kann man die universalen Erwerbsstufen durch den Unterricht ändern? Mit dieser Frage befasst sich Pienemann (1984; 1998) im Rahmen der *Teachability Hypothesis,* deren Ergebnisse zeigen, dass die Stufen nicht übersprungen werden können, der Unterricht aber den Übergang zur nächsten Stufe beschleunigen kann. Voraussetzung für den erfolgreichen Erwerb neuer Strukturen ist, dass der Unterrichtsstoff etwas über dem Niveau der Lernenden liegen muss. Für die Fremdsprachenlehrer_innen bedeutet dieses, dass diejenigen Strukturen, die kurz nach dem Unterricht bei den Lernenden „sitzen", zum richtigen Zeitpunkt vermittelt wurden; diejenigen Strukturen, die immer wieder vergessen werden, wurden aber zu früh vermittelt (vgl. Kwakernaak 2002).

Trade-Off

Zur Messung der Sprachentwicklung wurden von der Angewandten Linguistik drei Analyseaspekte aufgestellt: *complexity, accuracy, fluency* (kurz: CAF)[6]. Unter dem Begriff *Trade-Off* wird verstanden, dass der Lerner während der Sprachproduktion nicht auf alle drei gleich fokussieren kann, d.h. ein Wettstreit oder Zusammenspiel stattfindet. Eine Erklärung für dieses Phänomen gibt es

---

6   Housen & Kuiken (2009) geben einen guten Überblick zu *CAF.*

im Rahmen des netzwerktheoretischen Ansatzes, in dem die Verarbeitungskapazität des neuronalen Netzwerks und die neuronale Plastizität Berücksichtigung finden.

Die eingeschränkte Verarbeitungskapazität wird im Modell von Skehan (2009)
sowie in dem dynamischen Systemtheorie-Modell von de Bot, Lowie und Verspoor (2007) mit einbezogen. Nach dem letztgenannten Modell verläuft die
Sprachentwicklung nicht über feste Erwerbsstufen, sondern ist durch große In-
stabilität und lernersprachliche Variationen gekennzeichnet. Daraus wird die
Schlussfolgerung gezogen, dass keine Voraussage bezüglich der lernersprachlichen Entwicklung machbar sei. Damit steht diese Position kontrovers zu der
Processability Theory und der *Teachability Hypothesis*.

Lexical Bootstrapping

Eine weitere Frage, die in der vorliegenden Studie nur sekundär behandelt
wird, bezieht sich auf den Zusammenhang vom lexikalischen und syntaktischen Wissen. In der Erstspracherwerbsforschung blickt die Annahme von *Lexical Bootstrapping* auf eine über 20 Jahre alte Forschungsgeschichte (vgl.
Bittner & Ruhlig 2013) zurück. Bei dieser Hypothese wird angenommen, dass
eine enge Beziehung zwischen der lexikalischen und grammatischen Entwicklung besteht und das lexikalische Wissen dem grammatischen Wissen voraus-
geht. Auch in der *Usage-based Theory* von Tomasello (2003) findet sich diese
Annahme wieder.

3.3 Fazit

Zusammenfassend lässt sich sagen, dass die Interlanguagehypothese für lernersprachliche Fehler verschiedene grundlegende psycholinguistische Prozesse er-
kennt, und damit die Auffassung der Kontrastivhypothese erweitert. Die von
Selinker postulierten psycholinguistischen Prozesse werden in der aktuellen
Forschung modifiziert betrachtet. Dennoch bleibt das große Verdienst dieser
Hypothese bestehen, dass der Spracherwerb als dynamischer Prozess angesehen wird, in dem individuelle Variablen neben der systematischen Sprachentwicklung ihren Platz erhalten. Im Fokus dieser Spracherwerbstheorie steht damit die Lernersprache (IL) selbst. Auch die Sichtweise, welche Rolle Fehler
beim Spracherwerb spielen, unterscheidet sich von den früheren Hypothesen.
In der IL-Hypothese gehören die lernersprachlichen Fehler ganz selbstver-

ständlich zum Lernprozess. Sie liefern sogar wertvolle Hinweise über den Sprachstand der Lerner.

Für die Fremdsprachenvermittlung wird nicht mehr die sprachliche Richtigkeit als höchstes Ziel angesehen, sondern die Lerner sollten über kommunikative Kompetenz verfügen. Fehler werden somit als Teil des Spracherwerbs betrachtet und im Fremdsprachenunterricht werden dementsprechend kommunikative Übungen zur Unterstützung des Lernprozesses eingesetzt. Eine Methode, die die Lerner u. a. durch Rollenspiele versucht zu aktivieren, ist die Suggestopädie (vgl. Baur 1980).

Bezüglich der neueren theoretischen Ansätze kann festgehalten werden, dass sie die Sprachaneignung aus speziellen Teilaspekten beleuchten, d.h. sie blenden gleichzeitig viele andere Aspekte aus. Einige Erwerbstheorien sind, wie aus den Darstellungen klar wird, auf Basis bestimmter Grammatiktheorien entwickelt, andere Modelle wiederum verzichten sogar auf eine linguistische Fundierung.

Im nächsten Kapitel wird auf die Forschungsergebnisse eingegangen, die seit den 1970er Jahren zur lernersprachlichen Entwicklung im DaZ- und DaF-Bereich erzielt wurden.

4 Studien zum Deutscherwerb

Der größere Teil der Untersuchungen ist zum monolingualen Deutscherwerb (z.B. Clahsen 1984, Mills 1985, Meisel 1986, Tracy 1986, Parodi 1990) vorhanden, die sich zu einem Teil mit dem normalen zum anderen Teil mit dem gestörten Erwerb auseinandersetzen. Auch zum bilingualen Spracherwerb erscheinen im Rahmen der Mehrsprachigkeitsforschung neuere Arbeiten. Da diese Arbeiten nur im indirekten Bezug mit der vorliegenden Studie stehen, werden im Folgenden nur die relevanten Studien zum Zweit- und Fremdspracherwerb mit Fokus auf den Erwerb der Syntax und der Morphologie im Überblick dargestellt.

4.1 Zur Komplexität der Lernersprache: Die Erwerbsreihenfolgen

Im Folgenden werden die wichtigsten Studien dargestellt, die syntaktische oder morphologische Entwicklungsphasen für Deutsch als Zweit- oder Fremdsprache analysiert haben. Ihnen liegen mündliche und/oder schriftliche Daten zugrunde. Den Ausgangspunkt bilden die DaZ-Studien, darauf folgend werden Ergebnisse der DaF-Studienergebnisse zur syntaktischen und verbalmorphologischen Entwicklung sowie zum Kasuserwerb zusammengefasst.

4.1.1 Morphosyntaktische Entwicklungsfolgen in Deutsch als Zweitsprache

Das Wuppertaler Forschungsprojekt ist unter der Abkürzung ZISA[7] bekannt geworden. Die Forschungsgruppe wurde 1974 mit dem Ziel gegründet, den Zweitspracherwerb italienischer, portugiesischer und spanischer Gastarbeiter zu untersuchen. Clahsen et al. (1983: 33) formulieren wie folgt:

> „Die zentrale These des hier diskutierten Ansatzes ist die, daß der Zweitspracherwerb beschrieben werden kann als *eine Folge von Erwerbsstadien*, die streng geordnet sind, d.h. daß kein Lerner diese Phasen in anderer als der angegebenen Reihenfolge durchlaufen kann. (...) Diese Folge von Erwerbsphasen wird als Entwicklungssequenz (oder Erwerbssequenz) bezeichnet."

Die These konnte im Rahmen der Studie Bestätigung finden. Die auf mündlichen Daten basierenden Forschungsergebnisse zeigen eine feste Abfolge von Erwerbsstufen in der Lernersprache, welche auch mit den Begriffen ‚Erwerbs-‘ bzw. Entwicklungsphasen bezeichnet werden. Hierbei werden u. a. die Entwicklung der Wortstellung (Meisel; Clahsen & Pienemann 1981, Pienemann

---

7   ZISA: Zweitspracherwerb italienischer (portugiesischer) und spanischer Arbeiter

1980), der Negation und der Interrogation (Clahsen et al. 1983) wie auch der Personalflexive (vgl. Köpcke 1987) beschrieben, aber neben den innersprachlichen finden auch außersprachliche Variablen Berücksichtigung (vgl. Clahsen et al. 1983). Hierbei wird eine kognitivistische Position vertreten.

Für die vorliegende Studie sind hiervon die Ergebnisse zum Syntaxerwerb relevant. Die Erwerbsstufen werden im Folgenden zur besseren Übersicht in tabellarischer Form auf der Grundlage von Clahsen, Meisel und Pienemann (1983: 158) dargestellt (s. Tab. 4), die Ergänzungen sind kursiv gedruckt.

Tabelle 4: Erwerbsstufen nach Clahsen, Meisel und Pienemann (1983: 158)

Stufe	Benennung
I.	Einkonstituentenstufe
II.	Mehrkonstituentenstufe (feste Wortstellung)
III.	*Voranstellung von Adverbialen:* ADV-VOR
IV.	*Stellung zusammengesetzter verbaler Elemente:* PARTIKEL
V.	*S-V INVERSION, Interrogation, Negation und Nebensatz:* INVERSION
VI.	*Satzinterne Stellung von Adverbialen:* ADV-VP
VII.	*Verbstellung in Nebensätzen:* V-ENDE

Clahsens Theorie liefert für die Erwerbsreihenfolgen einen kognitivistischen Erklärungsansatz (vgl. Clahsen 1984, 1988). Hierbei werden drei Sprachverarbeitungsstrategien u. a. aufgrund Bevers Studie von 1970 angenommen:

1. Canonical Order Strategy (COS)
Canonical Order Strategy (COS) allows only direct mappings of underlying structure to surface form due to the ease of processing.

2. Initialization-Finalization Strategy (IFS)
The Initialization-Finalization Strategy (IFS) allows sentence-initial and sentence-final permutation of underlying form.

3. Subordinate Clause Strategy (SCS)
The Subordinate Clause Strategy (SCS) prohibits any sort of permutation in embeddings.
(Clahsen 1988: 58)

Weitere Arbeiten u. a. auch über den Erwerbsverlauf des gesteuerten Deutscherwerbs (Pienemann 1987, Jansen 1991) machten deutlich, dass es eine feste Abfolge von insgesamt fünf Stufen gibt, welche mit Hilfe Clahsens Strategien Erklärung finden (s. Tab. 5).

Tabelle 5: German word order rules and associated strategies (vgl. Pienemann 1998: 45–46)

Stage	Rule	Example	Strategies		
x	canonical order (=SVO)	die kinder spielen mim ball (Concetta)		+COS	+SCS
x+1	adverb preposing (ADV)	da kinder spielen (Concetta)	+IFS	+COS	+SCS
x+2	verb separation (SEP)	alle kinder muss die pause machen (Concetta)	+IFS	-COS	+SCS
x+3	inversion (INV)	dann hat sie wieder die knoch gebringt (Eva)	-IFS	-COS	+SCS
x+4	verb final (V-END)	er sagt, daß er nach hause kommt	-IFS	-COS	-SCS

Tabelle 5 verdeutlicht, dass ein Lerner, der die Stufen von x bis x+4 durchläuft, sich nacheinander der drei Strategien entledigt und hierdurch immer komplexere Strukturen verwenden kann: „learners gradually divest themselves of one strategy after another as they produce more complex structures" (Pienemann 1998: 47). Die Komplexität der Lernersprache nimmt mit jeder Stufe zu, d.h. die einzelnen Spracherwerbsstufen bauen aufeinander auf, sie können weder in beliebiger Reihenfolge gelernt noch übersprungen werden.

Kritik an processing strategy wurden wegen der Unklarheit über den Erwerbsprozess und der grammatischen Repräsentation beim Lerner sowie wegen der Beschränkung auf die syntaktische Sprachentwicklung formuliert (vgl. Pienemann 1998). Diese Kritikpunkte führten zur Entwicklung der *Processability Theory (PT)* von Manfred Pienemann, in der die Hierarchie der Entwicklungsstufen durch den Sprachverarbeitungsprozessor eine Erklärung findet. Die *Processability Theory* wurde unter Einbeziehung des Sprachproduktionsmodells von Levelt (1989) und der Grammatiktheorie *Lexical-Functional Grammar* von Bresnan und Kaplan (1982) entwickelt. Pienemann (1998: 4) erklärt den Grundgedanken der PT folgenderweise:

„the basic logic underlying Processability Theory is this: Structural options that may be formally possible, will be produced by the language learner only if the necessary processing procedures are available."

Die hierarchisch angeordneten Verarbeitungsmechanismen für das Deutsche werden sowohl für den syntaktischen als auch für den morphologischen Bereich in Tabelle 6 dargestellt.

Tabelle 6: Processing procedures applied to German morphosyntax (Pienemann 2002: 14)

Processing	Procedure	L2 process	Morphology syntax
6 • subord. cl. procedure	main and sub clause		V-final
5 • S-procedure	inter-phrasal information exchange	inter-phrasal morphene: SV-agreement	Subject-verb inversion (=INV)
4 • phrasal procedure VP	information exchange in VP	phrasal morpheme: Aux+V tense	split verb (SEP)
3 • phrasal procedure NP	information exchange in VP	phrasal morpheme: NP agreement	adverb fronting (=ADV)
2 • category procedure	no information exchange	lexical morpheme: past tense	canonical order SVO
1 • word / lemma	"words"	Invariant forms	single constituent

Worin besteht der Unterschied außer der morphosyntaktischen Reichweite zwischen dem von Clahsen formulierten *strategies* und Pienemanns *PT*? Die *PT* sagt aus, dass der Lerner bestimmte Strukturen nicht wegen ihrer Einfachheit bzw. Komplexität *per se* nicht produzieren kann, sondern deswegen, weil ihm die geeigneten Verarbeitungsmechanismen nicht zur Verfügung stehen.
Die Probanden der o.g. Forschungsarbeiten waren Erwachsene. Haberzettl (2005) untersucht den Erwerb der Wortstellungsregeln bei vier Kindern mit Deutsch als Zweitsprache vom 6. bis 31. Kontaktmonat. Beim Vergleich der Erwerbsdaten von zwei russisch- und zwei türkischsprachigen Kindern kommt

Haberzettl (2005: 164) zu folgender Schlussfolgerung: „Aus den Daten geht hervor, dass das L1-Wissen beim L2-Erwerb eine entscheidende Rolle spielt. Bei den beobachteten Transfer-Phänomenen muss es sich aber nicht um Automatismen handeln. Die Lerner produzieren keine *calques* (vgl. Odlin 1989: 37), keine direkten Übertragungen von L1-Strukturen ungeachtet der Verhältnisse in ihrem L2-Input, sondern sie versuchen, den Input mit den Mitteln ihrer L1-Grammatik zu analysieren. Für alle in der vorliegenden Arbeit dokumentierten, auf L1-Strukturen beziehbaren IL-Strukturen können die Lerner im L2-Input Evidenzen finden, die sie in ihrer Hypothese, die L2-Grammatik funktioniere ebenso wie ihre L1-Grammatik, bestärken. Den Lernern kann also beim Transfer ein aktiver Part zugewiesen werden. Die Lerner sind dem Transfer nicht als einem Automatismus unterworfen."

Im Rahmen des Projektes „Deutsch & PC" wurde von Grießhaber (2002–2007, 2006a) ein Diagnoseinstrument zur Ermittlung des Sprachstandes, die sog. Profilanalyse entwickelt. Die ursprünglichen Stufen der Profilanalyse (0–4) konnten durch nachfolgende Arbeiten mit den Stufen 5 (NS: eingeschobener Nebensatz) und 6 (EPA: Erweitertes Partizipialattribut) ergänzt werden (vgl. Grießhaber 2010a, 2010b, 2011 sowie 2012). Danach lassen sich folgende Erwerbsstufen im Deutschen als Zweitsprache erkennen (vgl. Tab. 7):

Tabelle 7: Erwerbsstufen nach Grießhaber (vgl. Grießhaber 2010a: 26)

Stufe	Benennung	Beispiel
6	Integration	Sie hat das [EPA] Buch gelesen.
5	Insertion	Sie hat das Buch, [NS], gelesen.
4	NS-Endstellung	…, dass er so schwarz ist.
3	Inversion	Dann brennt die
2	Separation	Und ich habe dann geweint
1	Finitum	Ich vesteh
0	Bruchstücke	anziehn Ge

Neben der sprachstandsdiagnostischen Funktion dienen die Projektergebnisse von „Deutsch & PC" auch der theoretischen Weiterentwicklung der Zweitspracherwerbsforschung, da in der Profilanalyse die Entwicklung der deutschen Lernersprache als L2 beschrieben wird. Dabei geht Grießhaber nicht nur auf die Wortstellungsregeln basierenden Erwerbsstufen, sondern auch auf die Entwicklungsstufen des Wortschatzes, der Verben, der (textuellen) Verkettung und sonstiger Merkmale ein. Tabelle 8 stellt die Profilstufen und die entsprechenden sprachlichen Merkmale zusammenfassend dar.

Tabelle 8: Profilstufen und sprachliche Mittel (Grießhaber 2005) (In: Grießhaber 2012: 187)

Stufe	Wortschatz	Verben	Verkettung	sonst
4–6	differenziert		dichtes Netz mit Anaphern	Partikel zur Hörersteuerung
3	ausreichend, Wortbildung	Präfixverben	Anaphern, Deiktika im Vorfeld: *Und dann …*	selbstständig
2	ausreichend, Lücken, Genus unsicher	Perfekt, Modalverben	Anaphern gering: *sie, er, …*	Hörerhilfe
1	eingeschränkt, Lücken, Genus unsicher	wenige, Finitum	kaum Anaphern	Hörerhilfe
0	sehr große Lücken	sehr wenige, oft fehlend, einige irgendwie flektiert	keine Anaphern	Hörerhilfe, essentiell, Mimik, Gestik

Auf der jeweiligen Stufe liegen Grießhaber zufolge korrespondierende Entwicklungen in den unterschiedlichen sprachlichen Bereichen vor.

> „Dazu zählen Mittel des operativen Feldes (insbesondere Anaphern, Artikel, bei der Kasusmophologie vor allem die Dative) und der Wortschatz, der sich sowohl nach Umfang als auch Differenziertheit parallel mit den Profilstufen entwickelt. Auch abstrakte Bereiche der Sprachverwendung im Bereich der Literalität zeigen Korrespondenzen mit den Profilstufen (Grießhaber 2009)" (Grießhaber 2012: 186–187).

Die Profilanalyse als Instrument erfasst die Wortstellung in der Lernersprache (vgl. Grießhaber 2006b), ihre Leistungen darüber hinaus sind Folgende (Grießhaber 2013: 1):

- „die Verteilung der Strukturen bildet das Profil
- anhand des Profils lässt sich die Erwerbsstufe bestimmen

- das Verfahren ist für schriftliche und mündliche Lerneräußerungen geeignet
- das Verfahren eignet sich für deutschsprachige und mehrsprachige Schüler
- das Profil kann für Lehr- und Lernmaterialien ermittelt werden
- die Erwerbsstufe korrespondiert mit weiteren Merkmalen der Lernersprache: der Quantität, der grammatischen Korrektheit und dem Grad der Literalität."

4.1.2 Exkurs: Sprachdiagnostik

Das im DaZ-Bereich angesiedelte bundesweite Modellprogramm FörMig[8] (2004–2013) fokussierte zwar nicht die Sprachentwicklung (*linguistic development*) selbst, sondern entwickelte u. a. Instrumente für die Bestimmung des erreichten Sprachstands im Deutschen (*linguistic proficiency*). Das Diagnoseinstrument „Niveaubeschreibungen Deutsch als Zweitsprache in der Sekundarstufe I." von Döll und Reich (2009) ist ein Beobachtungsverfahren mit Profilcharakter. Es ist auf vier Stufen mit Zwischenstufen angelegt, die aufeinander bauen und zwischen denen ein Inklusionsverhältnis besteht. Neben dem Bereich „Grammatik – Mündlich und schriftlich" werden auch die „Weite der sprachlichen Handlungs- und Verstehensfähigkeit", „Wortschatz", „Aussprache", „Lesen" und „Schreiben" sowie die „Dispositionen des Schülers" erfasst. Es wird nicht wie bei Grießhaber oder Diehl et al. von parallelen bzw. miteinander korrespondierenden Erwerbsständen in den o.g. Bereichen ausgegangen, wie folgendes Zitat zeigt: „Ein Schüler, der im Bereich der privaten Gespräche bereits den höchsten beschriebenen Erwerbsstand erreicht hat, muss in anderen Bereichen, wie beispielsweise bei der Bildung der Formen des Nomens, nicht zwangsläufig auf demselben Niveau sein" (Döll & Reich 2009: 4).
Für die Feststellung des Sprachstandes sollen folgende Grammatikkenntnisse auf dem Beobachtungsbogen erfasst werden: Verbstellung, Satzverbindungen, Präpositionen, Formen des Verbs, Formen des Nomens.
Die Stufen der Verbstellung entsprechen den Stufen 1–4 bei Grießhaber (vgl. Tab. 7). Bei den Satzverbindungen stehen auf der ersten Stufe die Aussagen ohne explizite Verbindung nebeneinander. Auf der zweiten Stufe werden einfache Konjunktionen als Verknüpfungsmittel zwischen zwei Hauptsätzen verwendet. Hierzu werden neben *und*, auch *dann*, *und* + Adverb sowie *weil* koor-

---

8   FörMig steht für „Förderung von Kindern und Jugendlichen mit Migrationshintergrund".

dinierend gezählt. Die entsprechenden syntaktischen Regeln müssen hier mit den Satzverbindungen noch nicht einhergehen. Beispielhaft dafür ist auf dieser Stufe die Konjunktion *weil* koordinierend.

Stufe drei kennzeichnet sich durch seltener vorkommende Konjunktionen. Hierzu zählen *aber, oder* und *denn*. Die seltener vorkommenden unterordnenden Konjunktionen (*wenn, ob, damit*) sowie die Relativsätze sind auf der letzten Stufe angesiedelt.

Bei den Präpositionen wird auch die grammatikalische Korrektheit der Artikel mit einbezogen. Wenn die SuS einige wenige einfache Präpositionen (*in, auf*) ohne Artikel verwenden, werden sie der Stufe I zugeordnet. Mit größerer Varianz der Präpositionen aber noch mit fehlerhaftem Artikel stehen die SuS auf der Stufe II. Der korrekte Gebrauch vom Artikel bei Präpositionalgruppen und Wechselpräpositionen kommt auf der dritten Stufe, wo auch die ersten Präpositionalobjekte erscheinen. Bei korrekter Bildung von Präpositionalobjekten werden die SuS der vierten Stufe zugeordnet. Wie auch diese Stufenbeschreibung zeigt, sind Grammatikalität und Komplexität in diesem Sprachstandsdiagnoseinstrument entscheidende Kriterien für die Feststellung der Stufenzugehörigkeit.

Unter „Formen des Verbs" werden Tempus, Konjunktiv und Passiv als Beschreibungskategorien für die Stufen verwendet. Bezüglich des Tempus kann festgestellt werden, dass die gleiche Reihenfolge (Perfekt $\rightarrow$ Präteritum) auch als Erwerbsreihenfolge bei den Schweizer DaF-SuS im Rahmen der DiGS-Studie ermittelt wurde, wobei die Erwerbssequenzen der Verbalmorphologie in der DiGS-Studie sechs Stufen umfasst (s. u.).

„Formen des Nomens" bilden den letzten Grammatikbereich der Niveaustufen. Hierbei lassen sich Gemeinsamkeiten bei den Kasusabfolgen feststellen. Nominativformen bilden in beiden Studien den Ausgangspunkt. Akkusativ und Dativ erscheinen zunächst beliebig, die zielsprachlich korrekte Verwendung ist erst auf der dritten bzw. vierten Stufe angesiedelt. Die Verwendung des Genitivs gilt als höchste Stufe, die jedoch durch die Schweizer Probanden nicht erreicht werden konnte. In den Niveaustufen wird des Weiteren die normkorrekte Pluralbildung der Stufe III. zugeordnet.

Im nächsten Abschnitt werden die Forschungsergebnisse über die Sprachentwicklung in DaF vorgestellt.

4.1.3 Morphosyntaktische Entwicklung in Deutsch als Fremdsprache

Für die Entwicklung der Lernersprache in Deutsch als Fremdsprache werden im Folgenden Studienergebnisse aus drei Ländern vorgestellt. Die erste relevante Großstudie wurde in der Schweiz unter dem Projektnamen „Grammatikerwerb im Fremdsprachenunterricht untersucht am Beispiel Deutsch als Fremdsprache" (später „DiGS" = Deutsch in Genfer Schulen) durchgeführt, die zweiten Studienergebnisse stammen aus Italien und wurden von Ballestracci ermittelt. Nach einer kurzen Projektvorstellung werden die Forschungsergebnisse dieser zwei Studien zur Syntax- und Morphologieentwicklung zusammengefasst und mit den Studienergebnissen zum Erwerb des deutschen Kasussystems bei niederländischen DaF-Lernenden von Baten (2013) und Baten und Lochtmann (2014) verglichen.

4.1.3.1 Erwerbssequenzen in der DiGS-Studie

Die zum Deutscherwerb frankophoner Schüler in der Schweiz durchgeführte Studie von Diehl et al. (2000) beschreibt eine Entwicklungsreihenfolge im Verbalbereich, bei den Satzmodellen und beim Kasusgebrauch in den zweitsprachlichen Nominalphrasen von der Primarstufe (Klasse 4) bis zur Matura im Querschnitt. Für den Genus- und Numeruserwerb konnten keine Reihenfolgen festgestellt werden.
Tabelle 9 stellt die Forschungsergebnisse der DiGS-Studie im Überblick dar.

Tabelle 9: Erwerbssequenzen im Grammatikerwerb DaF (L1: Französisch). (Diehl et al. 2000: 364; 2002: 153)

A Verbalbereich	B Satzmodelle	C Kasus (ohne Präposition)
I Präkonjugale Phase *(Infinitive; Personalformen nur als chunks)*	**I** Hauptsatz (Subjekt-Verb)	
II regelmässige Konjugation der Verben im Präsens	**II** Koordinierte Hauptsätze W-Fragen Ja/Nein-Fragen	**I** Ein-Kasus-System *(nur N-Formen)*
III Konjugation der unregel-mässigen Verben im Präsens Modalverb + Infinitiv	**III** Distanzstellung *(Verbalklammer)*	.... **II** Ein-Kasus-System *(beliebig verteilte N-, A-, D-Formen)*
IV Auxiliar + Partizip	**IV** Nebensatz	....
.... **V** Präteritum	**V** Inversion *(X-Verb-Subjekt)*	**III** Zwei-Kasus-System: No-minativ + Objektkasus *(N-Formen + beliebig verteilte A- und D-For-men)* ....
VI übrige Formen	*Erwerb der Satzmodelle I – V abgeschlossen*	**IV** Drei-Kasus-System Nominativ + Akkusativ + Dativ *(N-Formen + A-Formen + D-Formen)*

Satzmodelle

Der Tabelle 9 kann entnommen werden, dass ein großer Unterschied zwischen den bisher beschriebenen Daz-Erwerbsstufen und der in der DiGS-Studie ermittelten syntaktischen Erwerbsreihenfolge besteht. Wie die Genfer Studie zeigt, erwerben die frankophonen Schülerinnen und Schüler die Inversion als letzte Stufe nach der Verbendstellung. Diese u. a. von den Ergebnissen der ZISA-Studie abweichende Reihenfolge kann an den unterschiedlichen Forschungsdesigns (wie mündlich vs. schriftliche Daten, Produktionsbedingungen) oder an den Merkmalen der Probandengruppen (Alter, sozioökonomischer Status, Sprachkenntnisse) liegen (vgl. Diehl 2000: 114 f.).

Erwerb der Verbalmorphologie

Die DiGS-Studie von Erika Diehl et al. kommt auf folgende Ergebnisse bei dem Erwerb der deutschen Verbalflexion von frankophonen Lernern: Im Verbalbereich zeichnen sich sechs Phasen ab, die aufeinander aufbauen, d.h. die einzelnen Phasen können von den Lernenden nicht übersprungen werden. In der ersten Phase, die auch als „Vorphase" des eigentlichen Flexionserwerbs gilt (vgl. Diehl, E. et al. 2000: 133), erhalten die Verben oft keine Flexion oder werden ganz elidiert. Bei den wenigen, auf stereotyper Weise gebildeten Verben handelt es sich um Chunks, d.h. um memorisierte Wendungen. Erst in der zweiten Phase setzen sich die Lernenden mit der Bildung der verbalen Formen in Präsens aktiv auseinander, wovon die ersten nicht von normkonformen Verbalflexionen zeugen. Sie kennzeichnen auch die ersten Versuche der Primarschüler, die Subjekt-Verb-Kongruenz am verbalen Teil zu markieren. Dabei kommen generalisierte Formen der regelmäßigen Verben vor. Unter ihnen lassen sich auch solche unregelmäßigen Verben beobachten, die in der vorangegangenen Phase als unanalysierte Formen richtig verwendet wurden, z.B. *er lese, du esst* etc. Wie Helen Christen feststellt, können die irregulären Verbformen wie die Modalverben u. a. erst in der darauf folgenden Phase „zur Kenntnis genommen und bearbeitet werden" (Diehl et al. 2000: 141). In dieser dritten Phase sind nicht nur im Bereich des Flexionserwerbs Fortschritte zu erkennen, sondern es wird auch durch die Verwendung der Modalverben die Verwendung der analytischen Verbformen ausgebaut. Die Aneignung der ersten analytischen Tempusform ist in der vierten Erwerbsphase anzusiedeln, in der sich die Genfer Schülerinnen und Schüler mit dem Regelkomplex der Perfektbildung aktiv auseinandersetzen. In der fünften Phase geht es um den Erwerb des Präteritums. Bei der Bildung des Präteritums werden die Personalform und die Tempusmarkierung in einer synthetischen Form verschmolzen. Der Erwerb des Präteritums ist durch Normverstöße und zunehmende Verbvarianz in der Lernersprache gekennzeichnet. Der produktive Umgang mit der Präteritumsmorphologie verläuft ähnlich wie in den vorangegangenen Phasen über memorisierte Formen und ihr Aufbrechen wird begleitet durch Vereinfachungen und Generalisierungen. In der letzten Erwerbsphase wird die Varianz der verwendeten Tempora (Futur, Plusquamperfekt) und Modi (Konjunktiv I. und II.) erweitert und die Passivbildung ausgebaut. Neben der produktiven Verwendung dieser neuen Verbalmorphologie lässt sich auch eine zunehmende Konsolidierung durch die Weiterverarbeitung irregulärer Verben und den immer geringeren Anteil abweichender Formen beobachten. Die folgende Abbildung (vgl. Diehl et al. 2000: 160) gibt die Ergebnisse der Genfer Studie nach der Verteilung der insgesamt 132 Testpersonen auf die Phasen des Verbalerwerbs in kompakter Form wieder. Dabei wird deutlich, dass die Phase III. am stärksten ausgeprägt ist, sie umfasst mit 27,27% die meisten Schüler.

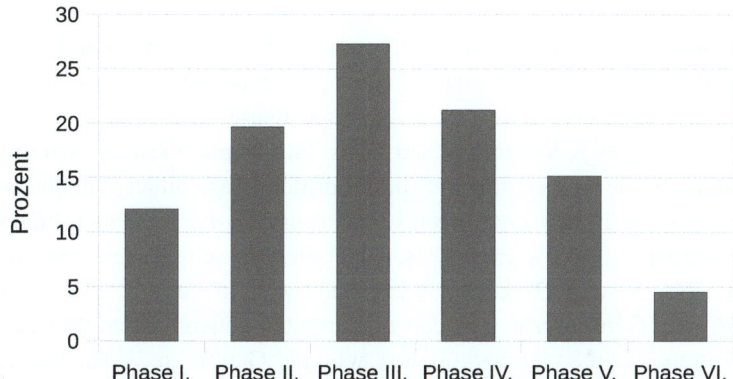

Abbildung 1: Einstufung der Genfer Testpersonen in die Verbalphasen (vgl. Diehl et al. 2000: 160)

Eine weitere Analyse, bezogen auf die Verteilung der verbalen Phasen auf die Klassen, zeigt in der DiGS-Studie eine Streuung, die sich „mit steigender Klassenstufe immer breiter auffächert" (Diehl et al. 2000: 160)[9]. Nur in den letzten zwei Erwerbsphasen liegen die klassenbezogenen Ergebnisse dichter aneinander, wo sich ausschließlich Gymnasiasten aus den höheren Klassen befinden. Das Schweizerische Datenmaterial weist insbesondere in der Phase III. eine große Spannbreite auf, die sich über fünf Klassenstufen (Klasse 7 – Maturität) erstreckt. Damit zeichnet sich eine unübersehbare Kluft zwischen Erwerbsni-

---

9   Ebd. ist auch die klassenbezogene Zuordnung der frankophonen Lerner zu den sechs verbalen Phasen zu entnehmen.

veau und Klassenstufe ab. Laut der Schlussfolgerung der Autorinnen der DiGS-Studie werden die einzelnen Bereiche der Verbalflexion im DaF-Unterricht zwar der Erwerbsreihenfolge entsprechend vermittelt, der Grammatikstoff lässt sich aber wegen der zu steilen Grammatikprogression von vielen Lernenden erst in späteren Klassen verarbeiten (vgl. Diehl, E. 1999: 24).

Kasuserwerb

Folgende Hypothese wurde zum Kasuserwerb von Studer anhand der Daten der DiGS-Studie aufgestellt:

„Der Kasuserwerb erfolgt auch im gesteuerten Deutscherwerb in natürlichen Phasen, die von den Lernenden nacheinander durchlaufen werden müssen. Der Unterricht hat auf die Abfolge der Phasen keinen Einfluss – ebenso wenig wie auf den Moment, wo die echte Auseinandersetzung mit dem Kasus beginnt." (In: Diehl et al. 2000: 226).

Ihr Analyseergebnis zeigt, dass der Kasuserwerb der Testpersonen in vier großen Phasen abläuft. In der ersten Erwerbsphase (Ein-Kasus-System) kommen nur Nominativformen vor, in der zweiten Phase erscheinen zwar neben den Nominativen auch Akkusativ- und Dativ-Morpheme, diese weisen jedoch keine systematische Anwendung auf. In der dritten Phase bildet sich ein Zwei-Kasus-System aus, in dem *casus rectus* und *casus obliquus* systematisch unterschieden werden. Mit der vierten Phase endet die ermittelte Kasusverwendung. Hier „sind N-, A- und D-Formen weitgehend korrekt verteilt" (Diehl et al. 2000: 236). Da Genitivformen in den Lernertexten äußerst selten und nur bei fortgeschrittenen Lernenden vorkommen, wird der Genitiv in die Analyse nicht mit einbezogen. Das Gesamtergebnis zeigt, dass der Kasuserwerb erst dann einsetzt, wenn die Lernenden im Verbalbereich und in der Syntax weit fortgeschritten sind.

Daraus wird geschlussfolgert, dass die explizite Behandlung der Kasus im Fremdsprachunterricht erst später beginnen sollte. Dies würde für die Lernenden eine Erleichterung bedeuten und den Spracherwerb beschleunigen, da sich die Lernenden der natürlichen Abfolge entsprechend mit der großen Anzahl der grammatischen Strukturen nicht gleichzeitig auseinandersetzen müssten. Zwei weitere positive Effekte wären, wie Studer schreibt, dass „mehr Zeit für andere lustvollere Arten der Beschäftigung mit der fremden Sprache frei wird; [und] dass die Motivation der Lernenden zunimmt, weil Misserfolge und Sanktionen abnehmen" (Diehl et al. 2000: 264).

4.1.3.2 Erwerbsphasen nach Ballestracci

Auch die Studien von Ballestracci (2007; 2010) setzen sich mit der Entwicklung der deutschen Lernersprache in mindestens einem der drei grammatikalischen Analysebereiche, d.h. Verbalmorphologie, Satzgliedstellung und Kasus-Deklination der Nominalphrasen auseinander. Ihre Probandengruppe besteht aus italophonen Studierenden. Das Projekt wurde zwischen 2000–2006 an der Universität Pisa im Grundstudium durchgeführt. Ballestracci (2007: 4–5) formuliert die Zielsetzung des Forschungsprojektes folgendermaßen:

> „Ziel der Untersuchung war es, festzustellen, ob der Erwerb der deutschen Grammatik bei den italophonen Lernern wie bei den frankophonen Schülern des Genfer Projektes in einer bestimmten Phasenabfolge verläuft, die weder durch den Unterricht geändert, noch durch äußerliche Variablen beeinflusst werden kann."

Syntaktische Entwicklung

In der Studie zum Deutscherwerb italienischer Studierenden von Ballestracci (2010) wurden vier Erwerbsphasen im syntaktischen Bereich ermittelt. Diese lassen sich wie folgt beschreiben:

In der Phase I. verwenden die italienischen DaF-Lerner überwiegend die SVX-Wortfolge. Deklarativsätze mit der Wortstellung XVS kommen laut Ballestracci nur selten vor. In den meisten Fällen lassen sie sich auf Chunk-Learning oder Normabweichungen zurückführen.

In der Phase II. konnte die Dominanz des negativen muttersprachlichen Transfers in der Zielsprache ermittelt werden. Hierbei handelt sich um die Phase der bewussten Auseinandersetzung mit den deutschen syntaktischen Regeln, die jedoch noch nicht verarbeitet werden können. Auch die L1 typischen Phänomene wie die Weglassung des Subjekts und die Positionierung des finiten Verbs auf der dritten Stelle zeigen, dass die Deklarativsätze mit adverbialer Voranstellung noch nicht realisiert werden können.

In der nachfolgenden dritten Phase handelt es sich Ballestracci zufolge um die Verwechslung der XVS-Ordnung und der Verbendstellung in den Nebensätzen. Ob dabei die inversive Wortfolge oder die Verbendstellung früher erworben wird, konnte in der Untersuchung nicht beantwortet werden.

Die Phase IV. steht für den Ausbau und die Konsolidierung der deutschen Satzmodelle in der Lernersprache. Diese höchste Stufe wurde jedoch von den italienischen Probanden nicht erreicht.

Ballestracci kommt zur Schlussfolgerung, dass der Grammatikerwerb der italophonen Studenten ähnlich wie der Deutscherwerb frankophoner Schüler „inne-
ren Gesetzmäßigkeiten gehorcht" (2007: 29), was jedoch nicht zur gleichen Er-
werbsabfolge führt. Folgende Unterschiede wurden in der Pisaner Studie festgestellt:

–   Die Inversion bei den Ja-/Nein-Fragen bereitet den italienischen Mut-
    tersprachlern ein größeres Problem im Vergleich mit den französi-
    schen DaF-Lernenden. Ballestraccis Meinung nach lässt sich dieses
    Phänomen durch die Interferenz zwischen L1-Italienisch und L2-
    Deutsch erklären. Ihrer Meinung nach liefert die französische Sprache
    mehr mit der deutschen Inversion vergleichbare Strukturen als das Ita-
    lienische, wo die Subjekte oft weggelassen werden.

–   Der zweite Unterschied wurde auch bei dem Erwerb der Wortstellung
    festgestellt. Hierbei zeigte sich, dass die italienischen Studenten die
    Verbendstellung und die Inversion in der gleichen Phase erwerben. Im
    Gegensatz dazu wurde in der DiGS-Studie konstatiert, dass die fran-
    kophonen DaF-Lerner die Nebensatzwortfolge bereits vor der Inversi-
    on beherrschen. Ballestracci nimmt an, dass die italienischen Mutter-
    sprachler die Inversion vor der Verbendstellung erwerben, welche
    Phase aber in ihrer Studie nicht belegt werden konnte. Diese Annahme
    würde aber einerseits die im ZISA-Projekt aufgestellte Erwerbsreihen-
    folge stützen, andererseits die Rolle der L1 beim Zweit- und Fremd-
    spracherwerb noch stärker betonen.

–   Insgesamt zeichneten sich in dem italienischen DaF-Korpus kürzere
    Erwerbsphasen in jedem grammatischen Bereich als im DiGS-Projekt
    ab.

–   Bezüglich der Fossilisierung und der Regression ließ sich jedoch eine
    größere Anfälligkeit bei den italienischen als bei den frankophonen
    Probanden erkennen.

Kasuserwerb
Ballestracci stellt fünf Phasen bei dem Erwerb der Kasus-Deklination der Nominalphrasen fest.
In der ersten Phase ist eine unsystematische Flexion zu erkennen, welche durch
eine „beschränkte Kenntnis der deutschen Lexik und der deutschen Nominalflexion sowie durch lexikalische und morphosyntaktische Interferenzen aus der
italienischen L1" gekennzeichnet ist (2007: 21). Die Verwendung der Personalpronomina dominiert in dieser Anfangsphase im Vergleich zu den nominalen

Strukturen. Bei der zweiten Phase erfolgt die bewusste Bearbeitung der Nominativ-Verwendung in N-Sätzen und N-N-Sätzen. Dabei lassen sich jedoch Normwidrigkeiten feststellen, in dem die Determinanten öfters übergeneralisiert werden. Der Erwerb der N-A-Sätze ist in der dritten Phase angesiedelt, welcher sich in zwei Schritten vollzieht: In dem ersten Stadium „wird der Akkusativ auf alle im Mittelfeld auftretenden Nominalphrasen generalisiert, unabhängig davon, welche Rolle diese im Satz spielen" (Ballestracci 2007: 22). Bei dem zweiten Stadium werden sehr oft pronominale Dative verwendet. Kennzeichen für diesen Sprachstand sind Nominalphrasen mit Artikelwort + Adjektiv + Nomen. Erst in der darauf folgenden Phase IV. findet der Erwerb des Dativs in N-D-Sätzen sowie in N-A-D-Sätzen statt. Die fünfte Phase steht für den Ausbau und Konsolidierung der Kasus-Deklination, die durch einen umfangreicheren Wortschatz vorangetrieben wird. In dieser Phase wird der Genuserwerb und der Pluralmarkierung in NPs abgeschlossen, was auf die Wahl der korrekten Artikelform einen positiven Effekt ausübt.

Die beschriebenen fünf Phasen schließen jedoch keine individuellen Tendenzen aus und führen nicht zu der didaktischen Schlussfolgerung, nach der der Unterricht diese Reihenfolge in der Vermittlung verfolgen sollte (vgl. 2007: 34). Grund dafür ist, dass es sich Ballestraccis Meinung nach um zwei Lernertypen handelt, welche sich auch bei Verwendung der Kasusformen niederschlagen. Lerner, die mehr auf die kommunikative Funktion des Textes achten, verwenden auch grammatische Formen, die im DaF-Unterricht noch nicht entsprechend behandelt wurden. Bei ihnen sind mehr fehlerhafte Formen zu erkennen. Demgegenüber weisen die Lernertexte des zweiten Lernertyps viele Selbstkorrekturen auf, da diese Studenten in erster Linie solche grammatischen Strukturen versuchen zu verwenden, die sie sicher beherrschen.

Dementsprechend sollte die Phasenabfolge nur für die Feststellung des Sprachstandes und nicht für curriculare Zwecke verwendet werden. Ballestracci plädiert für einen reichen Input auch im Anfängerunterricht, der „alle natürlichen Strukturen der deutschen Sprache" beinhaltet (2007: 35). Hierbei spielen authentische Sprachmaterialien aus der Gegenwartssprache eine besonders wichtige Rolle, da sie sich stimulierend auf die Verarbeitung auswirken können.

4.1.3.3 Fazit

Zusammenfassend lässt sich sagen, dass die zwei Studien unterschiedliche aber miteinander eng verwandte L1 (Französisch bzw. Italienisch) als Basis haben. Ein weiteres Merkmal, welches bei den Probanden unterschiedlich ausfällt, ist das Alter. Gemeinsamkeit bei den Ergebnissen liegt in der Sichtweise, wonach der Kasuserwerb in Phasen verläuft. Hierbei wird der Erwerb von Genitiv in beiden Studien nur am Rande behandelt, da die Daten für eine tiefer gehende Analyse nicht ausreichend sind. Beide Studien zeigen jedoch, dass der Erwerb des Genitivs erst am Ende des Kasuserwerbs anzusiedeln ist.

Bei den zwei Forschungsarbeiten lassen sich jedoch auch Unterschiede erkennen:

– Die italienischen DaF-Lerner verfügen bereits in der ersten Phase über Nominalflexionen, die aber unsystematisch aufgebaut sind. Demgegenüber kennzeichnet sich die deutsche Lernersprache der frankophonen Lerngruppe in der ersten Phase ausschließlich durch Nominative.

– In der zweiten Phase verwenden die Schüler in der Schweiz neben dem Nominativ auch Akkusativ und Dativ, wobei sie keine systematische Anwendung finden. Im Vergleich dazu setzen sich die italienischen Probanden in der zweiten Phase bewusst mit dem deutschen Kasussystem auseinander, indem sie sich auf die Nominative konzentrieren.

– Nach der DiGS-Studie können die Lerner ab der dritten Phase die Nominativ-Formen von den anderen Kasusformen (A, D) auseinander halten. Darauf folgend entwickelt sich die Lernersprache in der Phase IV. zu einem Drei-Kasus-System. Ballestracci beschreibt einen anderen Erwerbsweg, wobei die Kasus (N, A, D) nacheinander jeweils in einer eigenen Phase erworben werden.

Der Erwerb des deutschen Kasussystems bildet eine der zentralen Fragestellungen auch in der neueren Forschungsliteratur zur *PT*. Baten (2013) sowie Baten und Lochtmann (2014) untersuchen den deutschen Kasuserwerb niederländischer DaF-SuS und geben den Erwerbssequenzen eine theoretische Fundierung. Dabei halten sie fest, dass „ein gewisser Konsens [...] allerdings über die folgende Erwerbssequenz [besteht]:

1. Nur Nominativ
2. *Mapping* in durch Verben und durch Präpositionen regierten Phrasen: Nominativ vs. Nicht-Nominativ
3. Akkusativ-Dativ-Opposition in Präpositionalphrasen
4. Akkusativ-Dativ-Opposition in Nominalphrasen: Markierung der kanonischen Position
5. Markierung der grammatischen Funktion" (Baten & Lochtmann 2014: 17).

Damit erhält die PP beim Erwerb des deutschen Kasussystems eine wichtige Rolle, die in der dritten Erwerbssequenz deutlich wird. Sie fungiert als Wegbereiter für den Erwerb des Akkusativs und des Dativs in den Nominalphrasen. Die o.g. Erwerbssequenzen beziehen sich jedoch nicht auf den Erwerb des Genitivs. Baten und Lochtmann (2014: 17) heben insgesamt hervor, dass eine klare Unterscheidung zwischen Kasusformen und -funktionen notwendig sei und „Kasus nur als Opposition erworben werden kann". Dieser letztgenannte Standpunkt zur Rolle der Kasusopposition erscheint aus sprachkontrastiver Sicht interessant. Bei DaF-SuS mit einer L1 mit Kasus könnte eine Transferleistung beim Lernen des deutschen Kasussystems angenommen werden, d.h. im Fall des Ungarischen als L1 kann auf Basis der Muttersprache die Funktion des Akkusativs als verbale Rektion auch ohne die Opposition mit dem Dativ vermittelt werden. Damit stellt sich für die vorliegende Studie die Frage, was die ungarischen longitudinalen DaF-Daten bezüglich der Akkusativ- und Dativ-Formen zeigen. Das Kapitel 10 befasst sich u.a. mit dieser Fragestellung.

4.1.4 Zur Problematik der Erwerbskriterien

Da die Festlegung der Erwerbskriterien in der Spracherwerbsforschung zur Falsifizierung einer Theorie, zu korpuslinguistischen Vergleichen und zu diagnostischen Zwecken notwendig ist, soll als nächstes kurz auf die Problematik der Erwerbskriterien eingegangen werden.

Bezüglich der Spracherwerbsstufen kann festgehalten werden, dass sich die Erwerbskriterien in den jeweiligen Studien unterscheiden, was jedoch die Existenz der Erwerbsreihenfolgen nicht in Frage stellt. So stellt Pienemann das sog. *emergence criterion* auf, wonach das einmalige Vorkommen in mindestens fünf obligatorischen Kontexten als Erwerbskriterium gilt. In anderen Studien wie z.B. in Grießhaber (2012) wird der Erwerb durch das dreimalige Vorkommen der entsprechenden Form sichergestellt, es gibt wiederum auch Studien, denen eine Korrektheitsrate von 75% oder 80% selten sogar 90% richtiger Formverwendung als Erwerbskriterium zugrunde gelegt wurde. Damit liegen wie auch Boss (2005) feststellt teilweise uneinheitliche und undurchsichtige Erwerbskriterien vor. Diese Tatsache erschwert den Vergleich der Forschungsergebnisse. Forschungsmethodologisch problematisch bei dem Klauselkriterium ist zum einen die Willkürlichkeit der Klausel, zum anderen die Tatsache, dass die Lernerdaten nach diesem Kriterium die Lernfortschritte nicht mehr abbilden können (vgl. Meisel et al. 1981, Pienemann 1998). Entscheidend für die Feststel-

lung der Erwerbsstufe ist, ob die Wortformen zielsprachlichen Regularitäten
folgen, daher sollten die Lerneräußerungen einer Distributionsanalyse unterzogen werden. Weiterhin sollte bei der Analyse bedacht werden, dass die Lernersprache auch unanalysierte Formen beinhaltet, wofür in der Terminologie zahlreiche Begriffe wie Routinenformeln, *chunks*, *formulas*, *prefabricated routines
and patterns*, *lexicalised items*, *frozen phrases*, etc. in Gebrauch sind (vgl.
Aguado 2002: 30). Diese können unterschiedliche sprachliche Ebenen betreffen und werden in der Konstruktionsgrammatik unter dem Begriff „Konstruktion" subsumiert.

4.1.5 Zur Problematik der Erwerbsreihenfolgen

Dimroth (2009) setzt sich mit den Stufenmodellen des Deutschen kritisch auseinander. Sie beschreibt dabei drei Probleme des im Rahmen der ZISA-Studie
erstellten Modells der Erwerbsreihenfolgen des deutschen Satzbaus: Zum ersten besteht ihrer Meinung nach eine Schwierigkeit bei der Zuordnung der Lerner zu den Erwerbsstufen, da sie „oft Äußerungen produzieren, deren Eigen-
schaften einem solchen Schema zufolge in mehrere verschiedene Erwerbsstufen fallen" (Dimroth 2009: 9). Die Überlappungen solcher Studien deuten
Dimroth zufolge auf graduelle Veränderungen in der Lernersprache hin. Zum
zweiten weist Dimroth auf die Problematik des *chunk-learning* für die Feststellung der erreichten Stufen hin, wobei Strukturen in der Lernersprache nicht
produktiv sondern durch unanalysierte lexikalische Einheiten gebildet werden.
Ein Indiz für solche Fälle kann die häufige Verwendung eines festen Musters
mit geringer lexikalischer Variation sein. Zum dritten übt Dimroth Kritik an der
Verwendung des o.g. Modells, weil bestimmte Strukturen wie die Adverbien
bei der Bestimmung der Erwerbsstufen nicht kontextgebunden analysiert und
auch nicht funktional berücksichtigt werden.
Trotz dieser Kritikpunkte vertritt sie die Meinung, dass „neue sprachliche
Strukturen nicht zu jedem beliebigen Zeitpunkt in eine sich entwickelnde Lernersprache integriert werden können, denn sonst würden die Entwicklungsverläufe ungesteuert erworbener Lernersprachen wohl sehr viel stärker voneinander abweichen." (Dimroth 2009: 68–69).
Das Konzept der stufenweisen syntaktischen Entwicklung in DaF konnte bei
den niederländischen Muttersprachlern von Klein Gunnewiek (2000: 191) nicht
bestätigt werden: „Anstatt von Entwicklungsstadien zeigen sich in unseren Daten eher geschichtete Entwicklungslinien."

4.1.6 Sprachentwicklung auf der Textebene

Wie u. a. Boueke et al. (1995) in ihrer Studie zum Erzählerwerb deutschsprachiger Kinder zeigen, bilden die Verkettung der Ereignisse und die Realisierung temporaler sowie kausaler Abfolgen in einer Geschichte interessante Analysebereiche. Das Bielefelder Forschungsteam fokussiert hierzu die Verwendung der Konnektoren.

Auch bei Bachmann (2002) bilden die Verknüpfungsmittel einen wichtigen Analysebereich neben den Verweismitteln und den textstrukturierenden Mitteln zur Untersuchung der Kohäsionsmittel in den deutschen L1-Lernertexten. Wie Bachmanns Querschnittsstudie vom vierten, achten und zehnten Schuljahr zeigt, machen die koordinierenden und subordinierenden Konjunktionen 90% aller Verknüpfungsmittel in den muttersprachlichen Schülertexten aus, die anderen drei Kategorien (disjunktive Konjunktionen, Konjunktionaladverbien und komplexere Formen) sind lediglich mit 10% in dem Gesamtkorpus vertreten. Bachmann konnte zwei Entwicklungstendenzen bei der Verwendung der koordinierenden und subordinierenden Konjunktionen feststellen und hielt diese Ergebnisse zusammenfassend folgendermaßen fest: „Die Bedeutung der koordinierenden Konjunktionen nimmt also mit zunehmendem Alter ab, diejenige der subordinierenden Konjunktionen ebenso eindeutig zu." (2002: 199). Bei der Interpretation dieser Ergebnisse sieht Bachmann eine Bestätigung für die von Augst und Faigel 1986 veröffentlichten Studienergebnisse zur Schreibentwicklung. Damit wird ein qualitativer Unterschied zwischen den koordinierenden und den subordinierenden Konjunktionen in beiden Studien festgehalten, indem die subordinierenden Konjunktionen als komplexere Verknüpfungsmittel bezeichnet werden. Die Komplexität der Konjunktionen weist bei Anwendung auch eine Entwicklung nach dem Alter der Probanden auf.
Aufgrund der o.g. Forschungsergebnisse werden zwei Fragen für die vorliegende Studie formuliert. Zum ersten stellt sich die Frage, wie die ungarischen DaF-Lernenden durch den Einsatz koordinierender und subordinierender Konjunktionen die Textkohäsion in den L2-Erzählungen erstellen. Verwenden sie in den deutschen Texten tendenziell immer mehr komplexere Verknüpfungsmittel? Diese Frage wird sowohl longitudinal als auch anhand der drei Niveaugruppen im Querschnitt untersucht werden.
Zum zweiten ist ein kontrastiver Vergleich der zwei deutschen Subkorpora (L1 und L2) interessant: Welche Besonderheiten lassen sich bei dem Vergleich der L1 und L2 deutschen Texte erkennen? Geht man davon aus, dass die deutschen

Probanden komplexere Strukturen verwenden, sollten ihre Daten im Vergleich mit den L2 deutschen Texten mehr subordinierende Konjunktionen beinhalten. Trifft diese Annahme im Fall der ungarischen Lernertexte zu? Um dieser Frage nachzugehen, werden in Kapitel 10.2.2 die Satzverknüpfungen im ungarischen DaF-Subkorpus untersucht.

4.2 Grammatikalität

In den oben beschriebenen Studien zu den Erwerbssequenzen wird die sprachliche Komplexität fokussiert. Wie unterschiedlich jedoch die grammatikalische Korrektheit in der Forschung gesehen wird, zeichnet sich auch bei der Festlegung des Erwerbskriteriums ab. Das Klauselkriterium und die Aufstellung der Korrektheitsrangfolge für morphologische oder syntaktische Formen zur Beschreibung des Spracherwerbs erwiesen sich in der Forschungsgeschichte als problematische Verfahren. So räumt Pienemann (1998: 143) den Messverfahren, die anhand der lernersprachlichen Grammatikalität die Sprachentwicklung beschreiben, mangelnde Validität ein: *„accuracy measures lack validity as measures of development"*.

Die Funktionalität der einzelnen Formen wird in den Sequenzstudien u. a. bei der Ausdifferenzierung des morphologischen Inventars mit einbezogen. Die DiGS-Studie analysiert z.B. den Kasuserwerb in der Lernersprache durch die Berücksichtigung sowohl der Kasusform als auch der Kasusfunktion im Kontext. Als Ergebnis stellt das Forschungsteam aus der Schweiz einen schrittweisen Kasusausbau fest, wobei die Kasusformen in aufeinander folgenden Phasen systematische Anwendungen aufweisen.

Zusammenfassend lässt sich sagen, dass die zur Lernersprachenanalyse angewandten Verfahren auch bestimmte Grenzen und Möglichkeiten mit sich bringen. Aus diesem Grund fasst Kapitel 5 die Verfahren zur Erforschung der Lernersprache zusammen und zeigt, dass die Fehleranalyse auch in den neueren korpuslinguistischen Arbeiten Anwendung findet. Darüber hinaus sind die CAF-Studien[10] diejenigen, die auch Forschungsverfahren zur lernersprachlichen Grammatikalität anwenden und die Relation zwischen lernersprachlicher Grammatikalität und Komplexität erforschen.

---

10 CAF: *complexity, accuracy and fluency*

5 Verfahren zur Erforschung der Lernersprache

Dieses Kapitel gibt einen Überblick zu den für die vorliegende Studie relevanten Forschungsmethoden. Hierbei werden die jeweiligen Methoden mit Einbeziehung der aktuellen Forschungsliteratur kurz vorgestellt. Dabei wird nicht nur der Frage nachgegangen, was diese Methoden jeweils leisten können, sondern es werden auch ihre Schwächen sowie deren mögliche Lösungen kurz skizziert.

Da sich der Anfang der Zweitspracherwerbsforschung etwa auf die 1950er Jahre datieren lässt, wurden die ersten hier beschriebenen Methoden erst ab jener Zeit in systematischer Erforschung der Lernersprache im Forschungsbereich der *Second Language Acquisition* (SLA) angewandt. Das Forschungsziel von SLA besteht darin, die Lernerkompetenz in der Zweitsprache (L2) zu beschreiben und zu erklären (vgl. Ellis 2008). Dabei handelt es sich um ein multidisziplinäres Forschungsfeld, das sich durch sehr viele Berührungspunkte mit der Linguistik, Soziologie, Soziolinguistik, Psychologie, Psycholinguistik und Pädagogik auszeichnet. Damit umfasst die SLA nicht nur unterschiedliche Disziplinen, sondern auch unterschiedliche theoretische Orientierungen und Methoden.

Für SLA stellt sich aus methodologischer Sicht die Frage, wie Sprachkenntnisse erfasst werden können. Eine Antwort darauf fällt jedoch wegen des indirekten Zuganges zur Lernerkompetenz über die Lernerperformanz nicht leicht. Ellis und Barkhuizen (2005: 21) vertreten diesbezüglich folgende Position: „From our perspective, then, the primary data for investigating L2 acquisition should be samples of learner language. (...) Ultimately, what learners know is best reflected in their comprehension of input and in the language they produce."

Im Fokus dieser Arbeit steht die Analyse morphologischer und syntaktischer Strukturen in der schriftlichen Lernersprache. Im folgenden Abschnitt werden die relevanten Methoden zur Erforschung dieser Bereiche mit ihren Stärken und Schwächen dargestellt. Faktoren wie Motivation oder Lernstil werden somit an dieser Stelle nicht mit einbezogen. Die zwei ausgewählten Instrumente[11], die zur Erfassung dieser Bereiche verwendet wurden, werden direkt in dem praktischen Teil der vorliegenden Arbeit vorgestellt.

---

11 Fragebögen zur Sprachlernbiographie und zu Lernstrategien (SILL) können kostenlos unter www.waxmann.com/buch3391 heruntergeladen werden.

5.1 Die Fehleranalyse (FA)

Die grammatische Korrektheit stand schon früh im Fokus des Forschungsinteresses. Sie wurde ab den 1960er Jahren im Rahmen der Methode der Fehleranalyse an zielsprachlichen Normen gemessen und sie sollte anhand der Analyseschritte der Fehleridentifikation, -beschreibung, -erklärung und -evaluation die Erfassung der lernersprachlichen Charakteristika ermöglichen (vgl. Fekete 2009: 165 ff.).

Höchst problematisch erscheint jedoch aus methodologischer Sicht, dass die FA die Lernersprache nicht vollständig erfasst, sondern sich auf diejenigen Phänomene konzentriert, die fehlerhaft sind. Dabei wäre es unerlässlich, über die Fehler hinaus sowohl die korrekten Lerneräußerungen zu erfassen, als auch diejenigen Formen zu ermitteln, die in den Lernertexten nicht vorkommen. Der Grund dafür ist, dass nicht nur die vorhandenen sondern auch die nicht vorhandenen sprachlichen Formen über eine Systematik in der Lernersprache verfügen können.

Trotz dieser Schwächen findet die FA bis heute ihre Anwendung, obwohl sie nicht mehr die meist präferierte Methode ist. Wie Corder bereits 1967 feststellte, sind Fehler in drei Hinsichten interessant: Zum ersten gäben Fehler einen Hinweis darauf, was die Lernenden bereits gelernt haben und was sie noch nicht können. Damit könnten sie eine pädagogische Funktion erfüllen. Zum Zweiten seien Fehler auch für die Beschreibung des Spracherwerbs, d.h. für Forschungsarbeiten, relevant. Zum Dritten könnten die Fehler auch für die Sprachlerner selbst Hinweise über den eigenen Spracherwerb liefern. Aus diesem Grund bietet die Fehleranalyse in modernen korpusbasierten Forschungsarbeiten des Öfteren einen Ausgangspunkt der Lernersprachenforschung[12].

5.2 Obligatory occasion analysis (OOA)

Auch bei der Methode von *obligatory occasion analysis* von Brown (1973) spielt die grammatische Korrektheit beim Erstspracherwerb eine zentrale Rolle. Bei dieser Analyse wird die Lernersprache mit den Normen der Zielsprache verglichen und der Erwerbsgrad verschiedener grammatischer Formen einander gegenüber gestellt. In zahlreichen Longitudinal- und Querschnittstudien (z.B. bei Dulay et al. 1974a; Bailey et al. 1974; Rosansky 1976), die unter dem Namen *morpheme studies* zusammengefasst werden, wurde mit diesem Analyse-

---

12   s. Abschnitt „Korpuslinguistische Arbeiten zur Spracherwerbsforschung"

verfahren gearbeitet. Motiviert durch die Erstspracherwerbsforschung war eine der grundlegenden Fragen dieser Studien, ob es eine universale Erwerbsreihenfolge in der L2 gibt. Weiterhin sollten Parallelen sowie Unterschiede in den erst- und zweitsprachlichen Erwerbsabläufen ausgearbeitet werden. Krashens (1977) Studie zeigte, dass die lernersprachliche Morphemverwendung nach ihrer Richtigkeit eine hierarchische Reihenfolge, die sog. *Natural Order* ergibt. Krashen zufolge ist die ermittelte Morphemerwerbsreihenfolge nur von der Datenerhebungsart abhängig, d.h. weder die Muttersprache noch das Alter der Lernenden können sie beeinflussen.

Da sich die *morphem studies* sehr stark an den zielsprachlichen Normen orientieren, wurden sie wegen der Ausblendung der lernersprachlichen Merkmale auch des Öfteren kritisch hinterfragt (vgl. Wode 1988; Larsen-Freeman & Long 1991).

Weiterhin ist es problematisch, dass die auf Grund der sprachlichen Richtigkeit aufgestellte Reihenfolge (*order of accuracy*) mit der Erwerbsreihenfolge (*order of acquisition*) gleichgesetzt wird. Diese Vorgehensweise nimmt eine lineare Sprachentwicklung an, in der mögliche Rückschritte auf vorherige Stufen nicht vorgesehen sind. In der Forschungsliteratur wurde jedoch öfters belegt, dass sowohl der Erst- als auch der Zweitspracherwerb einen u-förmigen Verlauf aufzeigen kann. Dies kann z.B. bei dem Erwerb der irregulären Präteritumsformen beobachtet werden, wo die Lerner anfangs die richtigen Verbformen (z.B. *bekam*) verwenden, worauf dann eine übergeneralisierte Verwendung der regulären Endungen (*bekommte*) folgt. Erst in der anschließenden Phase werden die entsprechenden irregulären Formen („bekam") verwendet. Die Vorschläge von Ellis und Barkhuizen (2005: 79) könnten dieses Problem lösen: „- undertaking more longitudinal studies; - grouping learners according to their proficiency so that it is possible to examine the accuracy of morphemes produced by learners at a similar stage of development".

Der nächste Kritikpunkt bezieht sich auf die starke Fokussierung der formalen Seite. In der Analyse wird nicht erfasst, was die Lerner über die Funktion der jeweiligen Morpheme tatsächlich wissen. In die klassische Zählweise von OOA werden nämlich die funktional nicht richtig gebrauchten Formen in die Analyse nicht einbezogen, sondern es wird nur erfasst, ob die entsprechende Form an der erforderlichen Stelle realisiert wurde. Trotz inkorrekter Verwendungen kann das Analyseergebnis auf diese Weise einen 100% richtigen Sprachgebrauch zeigen. Um dieses Problem zu lösen, wäre nach Ellis und Barkhuizen (2005: 79) folgendes notwendig: „adopting a method of analysis that takes into account overuse of morphemes as well as correct suppliance". Pica (1984) liefert eine verbesserte Berechnung, die unter dem Namen „target-like use analysis" bekannt geworden ist und ermöglicht die Berücksichtigung der zu häufig verwendeten Formen eines bestimmten Morphems:

$$\frac{n\ correct\ suppliance\ in\ contexts}{n\ obligatory\ contexts\ +\ n\ suppliance\ in\ non\text{-}obligatory\ contexts} * 100 = per\ cent\ accuracy$$

Eine differenzierte Fehlerbewertung ermöglicht das Verfahren von Dulay und Burt (1980), welches nicht zwischen korrekten und fehlerhaften Formen unterscheidet, sondern das Fehlen eines Morphems (0 Punkte), die falsche Morphemwahl (1 Punkt) sowie die richtige Morphemverwendung (2 Punkte) als Analysekategorien vorsieht. Damit wird der falschen Morphemverwendung ein höherer Wert als der Weglassung der Morpheme zugeordnet. Dies zeigt die Annahme, nach der die Erwerbsreihenfolge von Weglassung → falsche Morphemwahl → richtige Morphemwahl verläuft. Dieses Bewertungssystem ist jedoch problematisch, da es dem oben beschriebenen u-förmigen Verlauf beim Spracherwerb nicht entspricht und die Vorwegnahme des Entwicklungsverlaufs im schlimmsten Fall sogar zur falschen Interpretation der Analyseergebnisse führen kann.

5.3 Interlanguage-Analyse (ILA)

Die Methode der Interlanguage-Analyse (oder auch *Frequency Analysis* genannt) ermöglicht die Beschreibung der entwicklungsbedingten Phänomene in der Lernersprache. Anders als bei der FA oder der OOA wird hier die Lernersprache nicht mit der Zielsprache verglichen, sondern steht selber im Mittelpunkt der Analyse. Dabei werden alle Formen erfasst, die ein Sprachlerner ggf. alternierend für einen bestimmten grammatischen Zweck verwendet, d.h. auch diejenigen, die bei Muttersprachlern nicht vorkommen. Damit entgeht dieses Verfahren dem Problem von *comparative fallacy* (Bley-Vroman 1983) und ermöglicht die Analyse der Lernersequenzen einer bestimmten linguistischen Struktur.

Wie die Studie von Cancino et al. (1978) gezeigt hat, verläuft der Erwerb der Negation im Englischen als Zweitsprache bei spanischen Muttersprachlern über verschiedene Zwischenschritte (1: *no + V*; 2: *don't + V*; 3: *aux-neg*; 4: *no*

+ *V*-Konstruktionen kommen immer seltener vor, stattdessen dominiert *don't* + *V* als analysierte Form). Es wird angenommen, dass nicht nur bei der Negation, sondern auch bei allen anderen Konstruktionen Übergänge beobachtet werden können. Für die Überprüfung dieser Annahme eignet sich das Verfahren der ILA. Selinker (1984: 338) fasste den Stand der Sequenzanalyse folgenderweise in Worte: „What is nice and clear, and most collegues now accept this as fact, is that there exist patterns of regularity in IL data." Ellis und Barkhuizen (2005: 96) fügen hinzu: „It was frequency analysis that revealed these patterns of regularity."

Weitere Studien, in denen diese Methode verwendet wurden sind u. a. die von Ellis (1984) sowie Klein und Perdue (1992). Diese ermittelten nicht nur beim Zweit- sondern auch bei dem Fremdsprachenerwerb bestimmte voneinander gut abgrenzbare Entwicklungsphasen, die aufeinander folgen. Die daran anschließenden experimentell konzipierten Untersuchungen (Pienemann 1984; Spada & Lightbown 1999) dienten der Überprüfung der aufgestellten festen Reihenfolge. Sie gingen der Frage nach, ob der Unterricht die Sequenzabfolgen ändern kann und kamen zu dem Ergebnis, dass die Modifizierung der Sequenzabfolgen auch unter gesteuerten Bedingungen nicht möglich ist. Ein didaktisch gut konzipierter Unterricht, der die Lernenden auf die nächste Stufe vorbereitet, kann sich jedoch auf den Spracherwerb positiv auswirken.

Nach dem kurzen Überblick über die ILA-Studien und deren Ergebnissen werden an dieser Stelle die forschungsmethodologischen Nachteile der ILA zusammengefasst. Hierbei kann lt. Ellis und Barkhuizen (2005) festgehalten werden, dass dieses Verfahren äußerst zeitaufwändig ist, da es optimalerweise bei Langzeituntersuchungen eingesetzt werden sollte. Eine Notlösung bedeuten die pseudo-longitudinalen Studien, die mit nach Sprachniveaus aufgestellten Gruppen arbeiten. Da es aber an einem allgemeingültigen Sprachstandsinstrument nach wie vor mangelt, ist einerseits die Vergleichbarkeit der Forschungsergebnisse andererseits der Nachweis deren Validität problematisch.

Das zweite Problem zeichnet sich bei der Definition dessen ab, was als erworben gilt. Hierbei kann entweder die am häufigsten gebrauchte Form als erworben definiert werden, oder man geht davon aus, dass eine Form bereits ab der ersten (selbständigen) Verwendung (*onset*) als erworben gilt (vgl. Pienemann 1985). Die Feststellung, ob die jeweilige Konstruktion eine formelhafte oder eine analysierte und eigenständig gebildete Form ist, bereitet den Forschern oft Schwierigkeiten. Aus diesem Grund erscheint der mehrmalige Gebrauch ein abgesichertes Zeichen für den Erwerb zu sein, besonders wenn die ausgewählte grammatische Form größere Verwendungsvariation aufweist und kontextuell gut eingebettet ist.

Auch die Frage, wie die einzelnen Erwerbsstufen voneinander abgegrenzt werden können, ist bis heute nicht eindeutig geklärt. Die von Young und Bayley (1996) oder von Berdan (1996) entwickelten statistischen Verfahren beruhen letztendlich auch auf der Häufigkeitsanalyse.

Die ILA kann bei der Beschreibung der Lernersprache hilfreich sein, sie liefert aber keine Erklärung dafür, welche Faktoren zu den ermittelten Ergebnissen beigetragen haben und auf welche Art und Weise die Sprachentwicklung vonstatten geht. Damit bleibt diese Methode ähnlich wie die OOA auf der deskriptiven Forschungsebene. Ein Verdienst dieser Methode ist, dass sie die Entdeckung und den Beweis ermöglichte, dass der Zweit- und Fremdspracherwerb sequenziell geordnet ist.

5.4 Die Funktionale Analyse

Nach der Fokussierung der formalen Seite in der Lernersprache wurde ein neuer Aspekt in der Spracherwerbsforschung entdeckt: die Relation zwischen Form und Funktion bzw. Funktion und Form. In der erstgenannten Analyse wurden neben der Frequenz der jeweiligen Formen auch ihre funktionale Verwendungen erfasst.

5.4.1 Form-Funktion-Analyse

Das Verfahren der Form-Funktion-Analyse wurde von Huebner (1979, 1985) in einer longitudinal angelegten Studie zum Englischerwerb durchgeführt, in der er alle lernersprachlichen Belegstellen für die Artikelverwendung „da" (*the*) markierte und sie auf ihren funktionalen Gebrauch hin analysierte[13]. Dabei konnten verschiedene Stufen festgestellt werden: anfangs diente die Form „da" zur Kennzeichnung der Definitheit. Später wurde ihre Verwendung auf andere Funktionen übergeneralisiert. Dieser Phase folgte die immer mehr der Zielsprache entsprechende Verwendung des bestimmten Artikels, d.h. die Artikelwahl erfolgte in Abhängigkeit davon, welche der vier Funktionen (generische, definite, indefinite oder nicht referentielle) realisiert werden sollten.

---

13 Als Grundlage für die Analyse dienten die vier von Bickerton (1981) aufgestellten Typen der Nominalphrasen.

Youngs (1996) Studie führte zu dem gleichen Ergebnis, wobei auch er zeigen konnte, dass bestimmte Formen für eine Funktion in der Lernersprache tendenziell bevorzugt wurden und gleichzeitig sporadisch auch alternative Formen zu erkennen waren.

5.4.2 Funktion-Form-Analyse

Die zweite Analysemethode basiert auf der theoretischen Annahme, dass die Sprachentwicklung in erster Linie von dem kommunikativen Bedarf der Lernenden vorangetrieben wird (vgl. Ellis & Barkhuizen 2005). Dabei wird anhand Givons Modell (1979) eine Progression vom pragmatischen zum syntaktischen Modus angenommen. Der erste Modus zeichnet sich durch Topikalisation, parataktische Verbindungen, Wiederholungen, morphologische Simplifizierungen und Reduktionen sowie kurze Sätze, d.h. durch den verbalen Stil aus. Diese Formen lassen sich typischerweise bei ungeplanten Diskursen feststellen. Demgegenüber kann im späteren Verlauf des Spracherwerbs der sog. syntaktische Modus beobachtet werden. Merkmale für diesen Modus sind komplexe morphologische Formen, Subordinationen sowie der nominale Stil, in dem die Verben mehrere nominale Ergänzungen aufweisen. In geplanten Diskursen kommen diese Formen häufiger vor und ermöglichen eine Loslösung von dem räumlichen und zeitlichen Hier-und-Jetzt-Origo.

Für die Überprüfung des theoretischen Hintergrundes wurden u. a. folgende Studien durch die Methode der Funktion-Form-Analyse durchgeführt: Sato (1988), Klein und Perdue (1997) sowie Perdue (2000). Diese zeigten, dass die Entwicklung der Zweitsprache allgemeine Muster (*pattern*) aufweist und dass das kommunikative Bedürfnis den Spracherwerb vorantreibt.

Eine andere Forschungsrichtung, in der diese Analysemethode häufig eingesetzt wurde, ist die Studie der Illokution. Die Untersuchung der pragmatischen Kenntnisse der Zweitsprachlerner trug auch zur Erforschung der Rolle des muttersprachlichen Transfers bei. In diesen Arbeiten wurde die Funktion-Form-Analyse mit anderen Methoden (wie Einsatz von Fragebögen) kombiniert.

Zusammenfassend lässt sich mit Ellis und Barkhuizen (2005: 120) sagen: „Functional analyses, then, currently occupy a pivotal position in empirical enquiry and have significantly advanced the evolution of SLA."

Die Grenzen der Funktionalen Analyse können in folgenden drei Punkten zusammengefasst werden:

- Mangelnde psycholinguistische Fundierung des Spracherwerbs;
- Mit Ausnahme der Illokutionsforschung wurden kaum Studien zum gesteuerten Spracherwerb durchgeführt.
- Zur Bildung leicht überprüfbarer Hypothesen konnte die Funktionale Analyse nicht beitragen.

5.5 Accuracy, complexity and fluency (CAF)

Skehan (1996) nimmt an, dass die Lernenden bei der Sprachproduktion unterschiedliche Ziele verfolgen, welche in der englischsprachigen Fachliteratur mit folgenden Begriffen bezeichnet werden: *accuracy*, *complexity* und *fluency*. Die bisher beschriebenen Analysemethoden erfassen diese sprachübergreifenden Phänomene nicht oder nur partiell, weil sie ausgewählte linguistische Formen fokussieren.

Skehan (1996: 23) versteht unter *accuracy* Folgendes: „how well the target language is produced in relation to the rule system of the target language". Die zweite Kategorie (*complexity*) zeigt, wie elaboriert die Fremd- oder Zweitsprache verwendet wurde. Der letzte Begriff (*fluency)* stellt die Sprachproduktion mit der dafür benötigten Zeit in Relation, indem Pausen und Verzögerungen ermittelt werden.

Wie bei den vorherigen Messverfahren gezeigt wurde, ist der Vergleich der Lernersprache mit den zielsprachlichen Normen nicht unproblematisch. Wolfe-Quintero, Inagaki und Kim (1998: 33) beziehen diesbezüglich folgende Position:

> „We feel, that grammatical and lexical complexity measures do analyse the interlanguage system, and that the purpose of accuracy measures is precisely the comparison with target-like use. Whether that comparison reveals or obscures something about language development is another question."

Einer psycholinguistischen Annahme zufolge werden diese drei Aspekte sowohl bei der Sprachrezeption als auch bei der Sprachproduktion von den Lernenden nicht im gleichen Maße bevorzugt. Skehan (1998) erklärt dieses Phänomen durch die begrenzte Input-/ Output-Kapazität in der L2. Bei der Output-Seite, die auch für die vorliegende Studie relevant ist, spielt nach Levelt (1989) das Kurzzeitgedächtnis eine zentrale Rolle bei der Arbeit des Konzeptualisierers, des Formulators und des Artikulators. Das vom Langzeitgedächtnis abgerufene enzyklopädische Wissen sowie die aktivierten L2-Kenntnisse müssen im Kurzzeitgedächtnis der Sprachabsicht entsprechend grammatikalisch richtig zusammengefügt werden. Diese Belastung führt dazu, dass die Lernenden entweder mehr die linguistische Norm beachten oder auf den Inhalt der Aussage fokussieren.

Im Folgenden werden die für die Analyse der schriftlichen Daten bisher häufig verwendeten Verfahren dargestellt. Wie korrekt ein Lerner die Sprache verwendet, kann anhand verschiedener Verfahren gemessen werden. Ellis und Barkhuizen (2005: 150) nennen Folgende:

1. Die Zahl der Selbstkorrekturen bestimmen
2. Den Anteil der fehlerfreien Sätze ermitteln
3. Berechnen, wie viele Fehler auf 100 Wörter fallen
4. Berechnen, wie viel Prozent der finiten Verben morphologisch richtig realisiert wurden
5. Die Relation zwischen den richtig verwendeten Pluralformen und der Zahl der obligatorischen Pluralverwendungen ermitteln
6. Auf der lexikalischen Ebene: die Relation zwischen den lexikalischen Fehlern und der gesamten Wörterzahl im Text berechnen

Bei der Analyse der Selbstkorrekturen kann unter syntaktischen und lexikalischen Fehlern unterschieden werden. Kommen in der Zielsprache syntaktische Selbstkorrekturen häufig vor, kann dies laut Ellis und Barkhuizen (2005) als Zeichen für den integrativ orientierten Sprachlernertyp verstanden werden (vgl. Meisel, Clahsen, Pienemann 1981). Lexikalische Selbstkorrekturen werden demgegenüber den segregativ orientierten Lernertypen zugeordnet, da diese Lerner statt der sprachlichen Korrektheit und Komplexität mehr auf die Übermittlung der Inhalte achten.

Bei der Berechnung der fehlerfreien Sätze stellen sich folgende Probleme: einerseits muss die Berechnungsgrundlage „Satz" definiert werden, andererseits ist eine Fehlerdefinition erforderlich. Der erste Punkt weist insbesondere bei mündlichen Interaktionen mit Übernahmen und Wiederholungen Probleme auf. Welche Probleme es bei der Fehlerdefinition geben kann, wurde bereits in Kapitel 5.1 dargestellt. An dieser Stelle soll darauf hingewiesen werden, dass die Behandlung der Selbstkorrekturen besonders überlegt werden soll und stark von der Forschungsfrage abhängt.

Eine andere Möglichkeit ist die Ermittlung der Fehleranzahl, wobei z.B. die auf 100 Wörter fallenden Fehler berechnet werden. Bei diesem Vorgehen nimmt man als Berechnungsgrundlage nicht den Satz sondern das Wort als Grundeinheit. In Hinblick auf die deutsche Sprache, die sowohl synthetische als auch analytische Formen kennt, ist eine Definition für die Einheit „Wort" notwendig.

Andere Analyseverfahren fokussieren ausgewählte grammatische Phänomene z.B. aus dem verbalen oder nominalen Bereich und untersuchen, in wieweit sie in der Lernersprache korrekt verwendet werden. Hierbei wird angenommen, dass auch die Verwendung nicht analysierter Formen ähnlich aussieht. Da aber diese Annahme aus Sicht der *Processability Theory* und in Relation mit der L1 strittig ist, wird diese Analysemethode meistens nur in Kombination mit anderen Methoden angewandt.

Auf der lexikalischen Ebene wird die richtige Sprachverwendung in vielen Studien (z.B. Skehan & Foster 1997) anhand der Fehlerzahl im gesamten Text prozentual berechnet.

Wie Ellis und Barkhuizen (2005) zeigen, korrelieren die anhand dieser verschiedenen Analysemethoden ermittelten Werte zur Sprachkorrektheit in der Lernersprache miteinander und können als Hinweis auf die Validität der Verfahren gesehen werden.

Welche Messverfahren werden zur Ermittlung der Komplexität in der Lernersprache angewandt? Die entsprechenden Methoden können nach fünf Aspekten eingruppiert werden:

1. Interaktion (nur bei mündlichen Daten)
2. Proposition
3. Funktion
4. Grammatik
5. Lexik

Da der erste Aspekt nur für Diskurse relevant ist, die dialogisch stattfinden, wird auf ihn an dieser Stelle nicht näher eingegangen (vgl. Ellis und Barkhuizen 2005).

Bei der Erzählung von Bildergeschichten ist die Berechnung der versprachlichten Ideen eine hilfreiche Methode zur Erfassung der Komplexität in den Lernertexten. Dabei kann zwischen Haupt- und Nebenideen unterschieden werden, davon abhängig, ob sie zum Grundverständnis der Geschichte beitragen oder die Geschichte mit Details ausschmücken. Einen guten Vergleich zum Elaboriertheitsgrad dieser zwei Kategorien bietet die Einbeziehung muttersprachlicher Daten in die Analyse. Diese Methode wurde u. a. in der Studie von Zaki und Ellis (1999) angewandt.

Unter funktionalen Aspekten dient z.B. die Häufigkeit der vom Erzähler zuge-
fügten Kommentare als Kennzeichen für die Komplexität der Erzählung.
In der Erstspracherwerbsforschung werden häufig die durchschnittliche Äußerungslänge (*Mean Length of Utterance, MLU*) oder die insbesondere in den
schriftlichen Daten verwendete Methode der *T-units* als Analyseinstrumente für
die sprachliche Komplexität eingesetzt. Problematisch erscheint das erste Verfahren jedoch wegen der in der Lernersprache gebrauchten unanalysierten festen Formeln (*chunks*). Die Definition von *T-units* geht auf Hunt (1965) zurück.
Er versteht unter *T-units* Folgendes: *„a main clause with all subordinate clauses attached to it"* (1965: 20). Bei der Berechnung der T-units werden demnach
die Hauptsätze mit ihren Nebensätzen erfasst, wobei die sprachliche Korrektheit kein Analysekriterium ist. Ein erweitertes Verfahren ermöglicht jedoch
auch die Berücksichtigung der korrekten *T-units*, die unter dem Begriff e*rror-
free T-units* gefasst werden. In diesem Fall können die *T-units* auch Informationen über die sprachliche Korrektheit liefern. Wie Wolfe-Quintero et al. (1998)
feststellen, sind die folgenden drei Messverfahren die besten Methoden um die
Grammatikalität (*accuracy*) der Lerneräußerungen zu messen:
– die Zahl der fehlerfreien *T-units*,
– der Quotient von fehlerfreien *T-units* und *T-units* sowie
– der Quotient der Fehlerzahl und der *T-units*.

Problematisch dabei ist, dass die quantitative Erfassung der Fehler keinen Hinweis auf die Fehlerart liefert. Für die Berechnung der grammatikalischen Komplexität eines Lernertextes kann u. a. auch entweder der Quotient von den Nebensätzen und den *T-units* oder der Quotient der Nebensätze und der gesamten
Segmente ermittelt werden.
Auch andere grammatikbezogene Bereiche können als Messlatte der Komplexität dienen. Wigglesworth (1997) ermittelt das Verhältnis zwischen dem Vorkommen der indefiniten und definiten Artikel. Da der unbestimmte Artikel
nach dem bestimmten erworben wird, ist ein hoher Quotient für fortgeschrittene Lerner typisch. Auch im verbalen Bereich kann die Komplexität erfasst werden. Hierbei werden die verschiedenen Verbformen ermittelt. Ein weiteres Verfahren ist die Untersuchung der Lernerdaten nach ihrem verbalen oder nominalen Stil. Kommen anteilsmäßig viele verbale Ergänzungen in den Sätzen vor,
liegt der im Vergleich zum verbalen Stil komplexere nominale Stil vor.
Auch auf der Ebene der Lexik kann die Lernersprache nach ihrer Komplexität
analysiert werden: bspw. kann die Relation zwischen den Inhalts- und Funkti-

onswörtern, das Spektrum der Wortarten oder das Verhältnis zwischen den lexikalischen Verben versus Kopulaverben beschrieben werden.

Wie Ellis und Barkhuizen (2005) feststellen, zeigen die anhand der hier beschriebenen Verfahren ermittelten Analyseergebnisse zur Komplexität nicht immer ein einheitliches Bild, so dass der Einsatz einer einzigen Methode für die Erfassung der Komplexität nicht ausreichend ist.

Die Ermittlung, wie fließend ein Lerner die Sprache beherrscht, wird anhand schriftlicher Daten selten vollzogen. Hierbei entfällt die für mündliche Daten relevante Zeitkategorie im großen Teil. Es ist nicht möglich, die Länge oder die Anzahl der Pausen anhand der Schreibprodukte zu analysieren. Eine Zeitmessung während der Textproduktion und ihre Relation zu der geschriebenen Silbenzahl kann jedoch das Tempo der Sprachproduktion widerspiegeln.
Die Phänomene, die zur Unterbrechung der Textproduktion führen, geben einen weiteren Hinweis über die Sprechflüssigkeit. Ausschlaggebend für diese Analyse sind die Selbstkorrekturen in den Lernertexten. Die Korrekturen können z.b. die Lexik, bestimmte grammatische Formen, die Wortfolge oder die Textstruktur in der schriftlichen Textproduktion betreffen. Krashen (1977) zufolge lassen sich jedoch zwei Lernertypen nach dem Monitoring der eigenen Textproduktion feststellen: einige Lerner überwachen ihre Performanz sehr genau, andere tun dies aber nicht.
Zusammenfassend lässt sich sagen, dass die Messung der Sprechflüssigkeit anhand schriftlicher Texte im Vergleich zu mündlicher Textproduktion weniger Kriterien bietet und deren Interpretation sich deutlich schwieriger gestaltet.

Welche Messverfahren weisen die größte Validität und Reliabilität auf? Mit dieser Fragestellung setzen sich Wolfe-Quintero, Inagaki und Kim in ihrer Publikation von 1998 auseinander. Bei der Metaanalyse der damals vorliegenden Studien zum CAF ermittelten sie über 100 Verfahren zur Lernersprachenanalyse, von denen einige oben vorgestellt und zum Teil auch kritisch beleuchtet wurden. Die AutorInnen der Metastudie geben auch eine Bewertung der Messverfahren an und zeigen, welche von ihnen am meisten reliabel und valide sind. Für die Sprachentwicklung im Bereich der grammatikalischen Komplexität konnten für das Englische *T-unit complexity ratio* (C/T) und der Quotient DC/C (*depedent clauses per clause*) als beste Verfahren ermittelt werden. Für die Grammatikalität gelten die Relationen von *T-units* und *error-free T-units* (efTu/T) sowie Fehler per *T-unit* (E/T) als meist empfohlen. Im Bereich von *fluency* konnte die Berechnung der Wörterzahl auf der Ebene von *T-unit*, *clause* sowie *efTu* (W/T, W/C, W/efTu) als beste Messungen gezeigt werden.

In einer Metaanalyse von 25 Studien ermittelt Ortega (2003) vier Werte für die syntaktische Komplexität beim Englisch als L2, die als Indikatoren für Niveauunterschiede gelten:

- min. 4, 5 Wörter / Satz
- min. 2 Wörter / *T-unit*
- min. 1 Wort / *clause*
- (+/-) 0.20 *clause* / *T-unit*

Für die vorliegende Studie sollen an dieser Stelle zwei wichtige Punkte angemerkt sein: Zum einen gelten diese Ergebnisse nur für das Englische und lassen sich u. a. wegen typologischer Unterschiede zwischen dem Deutschen und dem Englischen nicht direkt auf das Deutsche übertragen. Zum anderen liegt mit der Wortstellung für das Deutsche ein ziemlich stabiles Instrument zur Beurteilung der Lernersprache und ihrer Komplexität vor (vgl. Kap. 4).

5.6 Korpuslinguistische Arbeiten zum Spracherwerb

Eine neuere forschungsmethodologische Richtung ist die korpusbasierte Analyse der Lernersprache, deren Einordnung in die Zweitspracherwerbsforschung nicht ganz leicht fällt, da viele Verfahren (vor allem die FA und die Häufigkeitsanalyse) auch in früheren Studien angewandt wurden (vgl. Lüdeling & Walter 2009; Ellis & Barkhuizen 2005). Zwar sind korpusbasierte Studien schon in früheren Zeiten der Spracherwerbsforschung vorzufinden, d.h. in den Tagebüchern der Erstspracherwerbsforschung von z.B. Stern und Stern, die systematische Bearbeitung größerer schriftlicher oder mündlicher Datenmengen in elektronischer Form ist erst durch die rasante technische Entwicklung ab den 1960/70er Jahren möglich. Kindersprachliche Daten werden seit dieser Zeit auf Kassetten und Videos festgehalten und anschließend transkribiert. Neuere Messverfahren wie z.B. *Mean Length of Utterance* (MLU) wurden anhand longitudinaler Daten von Brown (1973) ausgearbeitet und Transkriptionskonventionen von Ochs (1979) als Analysegrundlage entwickelt. Auf diesen wichtigen Fortschritten basiert das heute vielleicht größte Korpus der Kindersprache, das sog. CHILDES (CHIld Language Data Exchange System), dessen Idee von Snow und MacWhinney 1983 ins Leben gerufen wurde (vgl. Behrens 2008). Ende der 1980er Jahre etablierte sich die anglistische Lernerkorpuslinguistik als ein selbständiges Gebiet der Linguistik auf der Schnittstelle der Korpuslinguistik und der Zweit-/ Fremdsprachenerwerbsforschung. Wie Granger (2002) feststellt, liefert die Korpuslinguistik dabei keine neue Grammatiktheorie sondern eine leistungsstarke Methode durch ihre computergestützten Verfahren, die unsere Sicht auf die Sprache und auf den Spracherwerb verändern kann.

Was versteht man aber unter computerbasierten Lernerkorpora? Granger (2008a: 338) definiert *Computer Learner Corpora* (im Weiteren CLC) folgenderweise: „Computer Learner Corpora are electronic collections of (near-)natural foreign or second language learner texts assembled according to explicit design criteria.". Anschließend fokussiert Granger folgende Begriffe ihrer Definition, auf die auch hier kurz eingegangen wird:

(1) near-natural (authentische Daten[14]); (2) foreign language learners/second language learners; (3) texts; (4) explicit design criteria.

Zum Punkt 1 (Authentizität): Die Sammlung authentischer Lerneräußerungen bedeutet oft ein großes methodologisches Problem. Eines der ersten Lernerkorpora, *the European Science Foundation European Database (ESF)*, versucht die Authentizität der Lernerdaten durch Erhebung spontaner Lerneräußerungen zu gewährleisten (vgl. Perdue 1993). Demgegenüber werden aber in vielen Forschungsarbeiten elizitierte Daten verwendet, um diese möglichst einheitlich zu halten und unerwünschte Einflussfaktoren zu vermeiden. Wie Granger (2002) feststellt, sind Datenerhebungen von Fremdsprachenlernern kontextbedingt meistens etwas „künstlicher", d.h. vollkommen authentische Daten sind nur selten vorzufinden. Aus diesem Grund können typische Aktivitäten wie z.B. *essay writing* oder lautes Vorlesen, die im Fremdsprachenunterricht üblicherweise ausgeführt werden, als authentische Datenerhebungsverfahren betrachtet werden.

Zum Punkt 2 (Zweit-/ Fremdsprache): Die oben erwähnte ESF-Datenbank umfasst zweitsprachliche Lernerdaten. Laut Granger zeichnet sich mittlerweile eine stärkere Tendenz zur Erforschung der fremdsprachlichen Lernervarietäten ab.

Zum Punkt 3 (Texte): Bei computerbasierten Lernerkorpora wird darauf geachtet, dass nicht dekontextualisierte Segmente, sondern möglichst zusammenhängende schriftliche Texte oder mündliche Diskurse erfasst werden.

---

14 Zur Diskussion über das qualitative Merkmal der Korpora durch die Authentizität der Daten: Selinker (1972), Sinlclair (1996)

Zum Punkt 4 (explizite Designkriterien): Da die Lernerdaten von verschiedenen lerner- oder aufgabenbedingten Faktoren wie z.b. vom Alter, Sprachniveau und Muttersprache der Probanden, aber auch von der Länge oder vom Thema der Erhebung etc. beeinflusst werden, sollte das Forschungsdesign einheitlich und auf die Forschungsfragen zugeschnitten sein. Auf die vom *International Corpus of Learner English (ICLE)* entwickelten Designkriterien werde ich bezüglich meiner Arbeit in Kapitel 7 näher eingehen.

Die auf diese Art kompilierten Lernerkorpora weisen drei große Vorteile im Vergleich mit losen Fehlersammlungen auf (vgl. Lüdeling und Walter 2009):
a) die Lerneräußerungen kommen kontextualisiert vor
b) nicht nur „abweichende" sondern auch „zielsprachliche" Äußerungen desselben Lernenden werden mit erfasst
c) die quantitativen Analyseergebnisse eines Lernerkorpus mit einer bestimmten L1 können mit den Analyseergebnissen eines muttersprachlichen oder eines anderen Lernerkorpus (z.B. mit einer anderen L1) in Relation gesetzt werden.

Eine Voraussetzung dabei ist, dass die Lernerkorpora systematisch erstellt und gründlich dokumentiert sind. Erst dann können sie ihre doppelte Verwendung finden: Sie können einerseits zur Theorieentwicklung der Zweit- und Fremdspracherwerbsforschung, andererseits zu pädagogischen Zwecken genutzt werden (vgl. Granger 2008b, Lüdeling und Walter 2009). Im Ersten wird u. a. die Rolle des muttersprachlichen Transfers untersucht, im Zweiten werden mit Hilfe der aus Lernerkorpora erzielten Ergebnisse Wörterbücher (wie *Longmann Dictionary of Contemporary English*, 2003) und elektronische Lehrinstrumente (z.B. das *ESL Tutor*-Programm von Cowan; Choi & Kim, 2003) entwickelt. Weiterhin sollten die aus CLC gewonnenen Ergebnisse in die Curricula- und Lehrplangestaltung einfließen sowie für die Sprachtestentwicklung nutzbar gemacht werden. Nach Seidlhofer (2002) sollte die Fremdsprachenpädagogik lokal verankert sein. Hierbei können lokale Lernerkorpora Hilfe leisten, da sie den Lehrern ermöglichen, den Output eigener Schülerinnen und Schüler zu analysieren (vgl. Mukherjee 2009). Im Rahmen des Projektes *Giessen-Göttingen Local Learner Corpus of English (GGLLC)* wird gezeigt, wie ein Lernerkorpus von englischen Klausuren mit Korrekturmarkierungen der Lehrperson erstellt werden kann (vgl. Mukherjee und Rohrbach 2006). Lokale Lernerkorpora wie GGLLC können nicht nur individuelle Rückmeldungen zum Lernstand liefern, sondern auch die Lernprogression des/der Lernenden durch eine longitudinale Analyse erfassen. Die Analyseschwerpunkte können auf dem

Wortschatz, der Grammatik oder anderen Bereichen liegen. Anwender von lokalen Lernerkorpora können nicht nur Lehrpersonen sondern auch die Lernenden selbst sein. Diese Nutzungsart von Lernerkorpora befindet sich noch in ihren Anfängen, bietet aber interessante pädagogische Möglichkeiten, von denen
die am Fremdsprachenunterricht Beteiligten in der Zukunft stark profitieren
können.

Die Typologie der Lernerkorpora kann Granger (2008b) zufolge durch folgende sechs Dichotomien aufgestellt werden (vgl. Pravec 2002; Granger 2002; Lüdeling und Walter 2009):

1. Kommerzielle vs. Akademische Lernerkorpora
Zur Produktentwicklung stellen größere Verlage umfangreiche Korpora zusammen, die aber nur einem bestimmten Benutzerkreis zur Verfügung stehen. Neben dem *Longman Learners' Corpus* ist das *Cambridge Learner Corpus* hier
einzuordnen. Beide umfassen Lernerdaten von zahlreichen muttersprachlich
unterschiedlichen Lernern. Demgegenüber sind die sog. Akademischen Lernerkorpora meistens kleiner und nur von einer bestimmten L1-Gruppe erhoben.
Das englische *International Corpus of Learner English* (ICLE)[15] und das deutsche fehlerannotierte Lernerkorpus FALKO[16] sind jedoch breiter angelegt und
(evtl. nach einer einmaligen Registrierung) frei zugänglich (vgl. Siemen et al.
2006; Lüdeling 2008).

2. Große vs. Kleine Lernerkorpora
Wie groß ein Korpus für zuverlässige Analyseergebnisse sein muss, hängt in
erster Linie von den Forschungsfragen ab. Wie Demuth (2008: 200) feststellt,
sind für die Analyse frequenter sprachlicher Formen wie Auslaut im Deutschen
weniger Daten als für seltener verwendete Strukturen (z.B. Passiv) ausreichend. Damit kann auch die von Rowland et al. (2008) gestellte Frage „How
big is enough?" nicht pauschal beantwortet werden. Für Deutsch als Zweitsprache wurden im Rahmen des Forschungsprojektes „Deutsch und PC" von Grießhaber über 1900 Lernertexte erhoben und liegen knapp 21.000 annotierte minimale satzwertige Einheiten vor (vgl. Grießhaber 2011).

3. Englischsprachige vs. Nicht-Englischsprachige Lernerkorpora

---

15 http://www.uclouvain.be/en-cecl-icle.html [Zugriff am 29.12.2015]
16 http://www.linguistik.hu-berlin.de/institut/professuren/korpuslinguistik/forschung/falko
    [Zugriff am 29.12.2015]

Unter den Lernerkorpora machen die englischsprachigen Sammlungen den größten Teil aus. Davon ragt das *Hong Kong University of Science and Technology Learner Corpus* von chinesischen Muttersprachlern mit seiner Größe von 25 Millionen Wörtern als mächtigstes englischsprachiges Lernerkorpus heraus. Die Zahl der zielsprachlich anderen Korpora (wie von Spanisch, Norwegisch, Deutsch etc.) zeigt jedoch in der letzten Dekade einen großen Zuwachs.

4. Geschriebene vs. Gesprochene Lernerkorpora

Schaut man auf die Verteilung der Lernerkorpora von schriftlicher vs. mündlicher Basis, so muss der eindeutige Vorrang schriftlicher Korpora festgestellt werden. Dies liegt daran, dass die Erhebung und die Transkription mündlicher Daten trotz großer technischer Fortschritte einen großen Aufwand bedeutet. Erfreulicherweise nimmt aber die Zahl mündlicher Lernerkorpora tendenziell zu. Als „klassisches" Beispiel gilt das 1995 begonnene *The Louvain International Database of Spoken English Interlanguage* (LINDSEI)[17]. Es umfasst mündliche Lernerdaten aus Interviews und Erzählungen von Bildergeschichten.

Ein neuerer Weg ist die Verlinkung der Lernertexte mit Audio-Video-Aufnahmen, deren Vorteile von Reder, Harris und Setzler (2003: 55) wie folgt zusammengefasst werden:

> „MAELC provides a new and perhaps unique view of low-level L2 development and the pedagogical context within which it occurs. The recording environment makes it possible to focus on emerging language in student-student interaction within classroom (as opposed to experimental) settings over time. A set of coding and transcription tools along with specialized software permits the project team to analyze the corpus in conducting research in SLA and pedagogy. Because the corpus and software will be accessible to researchers via the World Wide Web, we hope the corpus will grow to include additional codes, transcripts, and other types of annotation provided by a community of researchers."

5. Langzeit- vs. Querschnittsstudien

Die meisten Lernerkorpora ermöglichen eine Querschnittsanalyse, d.h. die Lernerdaten wurden zu einem einzigen Zeitpunkt erhoben. Einige Studien beziehen Lernende mit ein, die sich bezüglich ihrer Lerndauer oder ihres Sprachniveaus unterscheiden. Durch diese Differenzierungen können Unterschiede bzw. Entwicklungslinien in der Lernersprache aufgezeigt werden.

Wie Ellis und Barkhuizen (2005: 349) feststellen, besteht ein enormer Forschungsbedarf an echten Langzeitstudien: „In order to fully understand the

---

17 http://www.uclouvain.be/en-cecl-lindsei.html [Zugriff am 29.12.2015]

process of second language acquisition, it is necessary to trace the interlanguage of individual learners over time."

6. Direkte vs. spätere pädagogische Anwendung

Bei der direkten pädagogischen Anwendung sind Lernende im doppelten Sinne Akteure: Einerseits verwenden sie die Zielsprache und ihre Daten werden anschließend in einem Lernerkorpus erfasst, andererseits arbeiten sie mit den eigenen Daten im Fremdsprachenunterricht weiter. Demgegenüber beinhalten Lernerkorpora, die spätere pädagogische Anwendung finden, meist größere Datenmengen, die auf eine spezielle Fragestellung der Spracherwerbsforschung hin analysiert werden können.

Im Folgenden werden ausgewählte Lernerkorpora und die zwei bei korpusbasierten Lernersprachenanalysen verwendeten Forschungsmethoden, die Kontrastive Interlanguage-Analyse (KIA) und die computergestützte Fehleranalyse (cFA), vorgestellt. Die Methode der cFA fokussiert die lernersprachlichen Fehler ähnlich wie die in Kapitel 5.1 beschriebene FA. Dabei erfolgt die Erfassung der Fehler computergestützt durch sog. *error tags*, die das Wiederfinden und die Analyse der markierten Stellen erleichtern.

Bei KIA können unterschiedliche lernersprachliche Daten (*non native*, NNS) miteinander oder mit muttersprachlichen Daten (*native*, N) verglichen werden. Granger (2002: 12) illustriert diese zwei kontrastiven Vorgehensarten folgenderweise[18]:

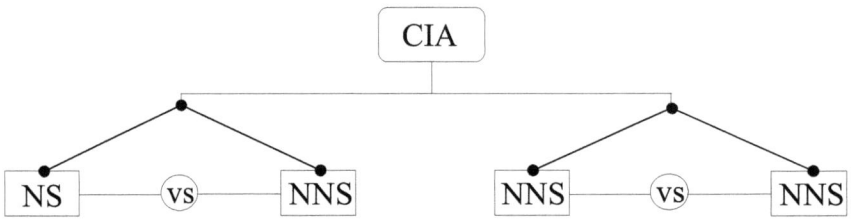

Abbildung 2: Contrastive Interlanguage Analysis (Granger 2002: 12)

Die vielleicht bekannteste Sammlung englischsprachiger Lernerprodukte ist das ICLE. Das mittlerweile mehr als 3 Millionen Wörter umfassende Korpus kann dank seiner Größe und seinem Design auch als Referenzkorpus bezeichnet werden, in dem ein prototypisch fortgeschrittener Englischlerner repräsen-

---

18   CIA (Contrastive Interlanguage Analysis)

tiert wird. Das schriftliche ICLE lässt sich in Hinsicht auf die L1 der Lernenden in 21 Subkorpora untergliedern. Damit können mittels quantitativer
und/oder qualitativer Verfahren die von der Muttersprache bedingten Unterschiede in den englischen Lernersprachen herausgearbeitet werden. Dieser kontrastive Designtyp ist der rechten Hälfte der Abbildung 2 zu entnehmen.

Eine weitere kontrastive Analysemöglichkeit ist der Vergleich der englischen
Lernerdaten mit muttersprachlich englischen Textprodukten im LOCNESS
(*Louvain Corpus of Native English Essays*)[19]. Dieser Designtyp ist auf der lin-
ken Hälfte der Abbildung 2 angegeben. Die auf diese Art konzipierten Ver-
gleichsstudien können zeigen, welche zielsprachlichen Normen von den Lernenden noch nicht oder bereits beherrscht werden. Die Ermittlung des Ab-
stands von den ausgewählten zielsprachlichen Phänomenen erfolgt meistens
entweder durch die Fehleranalyse oder durch die Häufigkeitsanalyse. Dieses
letzte Verfahren ermittelt die Über- oder Unterrepräsentation der analysierten
Phänomene. Eine häufige Kritik gegenüber diesem Verfahren ist, dass die Lernersprache hinsichtlich der Defizite analysiert wird, die von den muttersprachlichen Normen abgeleitet werden. Dabei werden die Spezifika der Lernersprache in die Analyse nicht miteinbezogen. Granger (2002) betont, dass sich diese
zwei Sichtweisen durchaus vereinbaren lassen, indem einerseits die Systematik
der Lernersprache andererseits ihre Abweichung von den zielsprachlichen Normen ausgearbeitet werden.

Unabhängig davon, welche Art des kontrastiven Vergleichs angewendet wird,
müssen die Vergleichskorpora einander in ihrem Design immer entsprechen.
Unterschiede, die die Lernenden oder die Aufgabenstellung betreffen, können
die Analyseergebnisse stark beeinflussen. In den oben genannten Beispielen
von ICLE und LOCNESS wurde dieses Kriterium berücksichtigt.

Die im Sinne der kontrastiven Zweitspracherwerbshypothese (s. Kap. 3.1)
durchgeführten Studien vergleichen die lernersprachlichen Äußerungen mit der
Muttersprache der Probanden. Auch Granger (2002) empfiehlt die Einbeziehung muttersprachlicher Lernerdaten in die KIA. Auf diese Art können nämlich
die allgemein ermittelten Besonderheiten der Lernersprache sprachspezifisch
weiter differenziert werden.

Die Auswertung der Ergebnisse erfolgt häufig quantitativ. Dabei werden die im
Vergleich zu der Zielsprache über- oder unterrepräsentierten Formen in der
Lernersprache ermittelt. Aus diesem Grund werden die Wortarten in den Ler-
nertexten oft z.B. mit *Part-of-Speech* (POS) getaggt. Die computergestützte

---

19 https://www.uclouvain.be/en-cecl-locness.html [Zugriff am 29.12.2015]

Verarbeitung bietet weitere Vorteile für die Datenanalyse. Mit Hilfe von sprachunabhängigen Programmen wie *WordSmith Tools* oder *MonoConc* kann die Häufigkeit ausgewählter sprachlicher Phänomene automatisch ermittelt werden. Bei der Berechnung und weiteren Analyse der untersuchten Formen ist jedoch zu beachten, dass neben den formalen auch funktionale Kriterien zu berücksichtigen sind.

Neben der KIA wird die computerunterstützte FA (cFA) bei korpusbasierten Analysen angewendet. Hierbei werden die Fehler in der Lernersprache annotiert, d.h. mit einem *error tagging* versehen. Durch die Fehlerannotation werden die Fehler identifiziert, kategorisiert und für die anschließende Auswertung markiert. Da bereits bei diesem Bearbeitungsschritt die erste Interpretation der Daten erfolgt, wird empfohlen, nicht nur die Fehlerkategorien sondern auch die der Interpretation zugrunde liegende(n) Zielhypothese(n) explizit zu erfassen. Dem Untersuchungszweck entsprechend wird ein „Fehlertagset" (eine Liste möglicher Fehlerkategorien) zusammengestellt. Dieses ermöglicht, dass die Fehlerkategorisierung konsistent bleibt. Die Annotationen können entweder *inline* (im Text eingebettet) oder von den Lerneräußerungen getrennt *standoff* erfolgen. Bei dem folgenden Beispiel aus dem deutschen Subkorpus von LINDSEI ist die Lernersprache *inline* annotiert:

> „Erm you have to (LS) pass $cross$ a bridge . to get to England and you have to pay a toll which was quite funny as well I thought . and then they are very . yeah they very patriotic and er it's I think it's quite nice and I (LS) visited $went to$ a (LP) rugby game $rugby$ which was nice as well very .. erm very friendly as well not very . er not like football" (Mukherjee 2009: 180).

In dem obigen Ausschnitt werden die Fehlerkategorien wie z.B. die lexikalischen Fehler (LP und LS) vor der fehlerhaften Form im Lernertext in Klammern angegeben. Dabei wird nicht nur die Fehlerart (lexikalischer Fehler), sondern auch die Länge der Fehler erfasst: *single*, wenn der Fehler nur ein Wort betrifft; *phrasal*, wenn sich der Fehler über mehr als ein Wort erstreckt. Die Zielhypothesen werden in die Lernersprache nach der Fehlerstelle aufgenommen und ihr Anfang sowie ihr Ende werden mit Dollarzeichen markiert (*pass > cross*).

Die zweite Möglichkeit für die Aufnahme von *error tags* ist die Trennung zwischen den Ebenen der Fehlerannotation und der Lerneräußerung. Lüdeling (2007) zeigt, dass die auf diese Art konzipierten *standoff* Korpora die Erfassung verschiedener Zielhypothesen und deren Kodierungen ermöglicht. In diesem Sinne plädiert sie für eine Korpusarchitektur auf mehreren Ebenen. Ein Beispiel dafür liefert das deutsche FALKO (vgl. Lüdeling 2007 und 2008).

5.7 Fazit

Was kann in Hinblick auf die Grammatikalität und die Komplexität in der Lernersprache aus forschungsmethodologischer Sicht festgehalten werden?

Bei einem Vergleich der beschriebenen Methoden kann festgestellt werden, dass unterschiedliche Sichtweisen auf die lernersprachliche grammatikalische Korrektheit vorhanden sind. Die ersten Methoden (Fehleranalyse und *Obligatory occasion analysis*) verstehen die Zielsprache als sprachliche Norm und definieren aufgrund dieser Basis ihren Fehlerbegriff. Anders bei der *Interlanguage Analysis* und der Funktionalen Analyse, die die lernersprachlichen Besonderheiten nicht als Defizit betrachten und damit ein neues Fehlerverständnis entwickeln.

Wie grammatikalische Korrektheit und sprachliche Komplexität in der Lernersprache gemessen werden können und welche Relation zwischen ihnen besteht, zeigen die Studien von CAF (*Complexity, accuracy and fluency*). Die bisherigen CAF-Studien beziehen sich nur auf die lernersprachliche Entwicklung in Englisch und ihre Ergebnisse lassen sich nicht eins zu eins auf das Deutsche übertragen. An dieser Stelle besteht noch großer Forschungsbedarf.

Welche technischen Möglichkeiten die Korpuslinguistik bei der Fehleranalyse bietet und welches Potenzial die Korpuslinguistik für das Lernen, Lehren und Erforschen von Sprachen hat, wurde im letzten Abschnitt dargestellt.

Weiterhin zeigen die Darstellungen der einzelnen Methoden, wie unterschiedlich bei der Lernsprachenanalyse auf die Komplexität eingegangen wird. Bei der FA spielt ausschließlich die sprachliche Korrektheit eine Rolle, die OOA setzt die Zunahme der Korrektheit mit dem Spracherwerb gleich (*order of accuracy* bzw. *order of acquisition*). Diese zwei Sichtweisen können auch in den korpuslinguistisch basierten neueren Studien wiedergefunden werden, die die Vorteile der neuen Technologie nutzen, in ihnen jedoch die FA und die Häufigkeitsanalyse die häufigsten angewandten Verfahren sind.

Durch die Funktionale Analyse wird erkannt, dass neue Funktionen bestehenden sprachlichen Formen im Laufe des Lernprozesses zukommen, wodurch die Lernersprache zwar formal gesehen nicht (unbedingt), funktional betrachtet aber viel komplexer wird.

Im Rahmen der CAF-Studien wurden quantitative Messverfahren speziell für die Komplexität in der englischen Lernersprache entwickelt, deren Ergebnisse aus sprachtypologischen Gründen nur mit Vorsicht mit der deutschen lernersprachlichen Entwicklung in Vergleich gesetzt werden können.

Aufgrund dieser methodologischen Erkenntnisse und der in den Kapiteln 3–5 dargestellten Inhalte werden im folgenden Kapitel die für die vorliegende Studie relevanten Analyseaspekte und Forschungsfragen vorgestellt.

Teil II: Empirische Untersuchung

6 Analyseaspekte und Forschungsfragen

6.1 Analyseaspekte

Wie die vorherigen Kapitel zeigen, sind für die vorliegende Studie verschiedene Aspekte relevant:

      A – Aspekt der Sprachentwicklung (inkl. Forschungsmethodologie)
      B – Aspekt der Sprachkontrastivität (Ungarisch, Deutsch)
      C – Aspekt der Sprachvermittlung (Didaktik für DaF)

Diese drei Aspekte weisen sowohl eigene Bereiche als auch Bereiche auf, die sich mit den Bereichen der anderen Aspekte überschneiden. Grafisch kann das Verhältnis der Aspekte A–C wie folgt dargestellt werden:

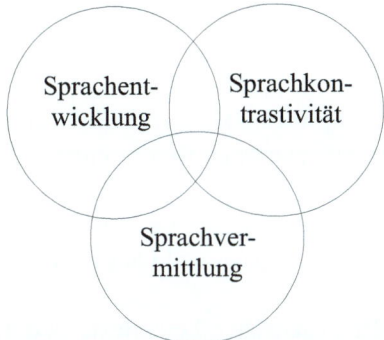

Abbildung 3: Die drei grundlegenden Analyseaspekte

Der erste Analyseaspekt umfasst die Sprachentwicklung, die in der vorliegenden Studie durch die Einbeziehung der Analyseaspekte der Sprachkontrastivität und der DaF-Didaktik ergänzt wird. Dabei werden auch die Ergebnisse der in Kapitel 4 dargestellten Studien zur Entwicklung der deutschen Lernersprache mit einbezogen. Dementsprechend wird die Analyse analog zur DiGS-Studie in drei Grammatikbereichen durchgeführt: im nominalen und verbalen Bereich sowie auf der Ebene der Syntax. Um ein vollständigeres Bild über die Lernersprache zu erhalten, werden diese Ergebnisse durch die Wortschatzanalyse der Lernertexte und die Analyse der Referenzmittel auf der Textebene ergänzt.

Die Reichweite der hierzu angewandten Forschungsmethoden und der vorliegenden Lernerdaten wird anhand der Ergebnisse des fünften Kapitels berücksichtigt.

Neben dem Aspekt der Sprachentwicklung wird auch die Rolle der Muttersprache (Aspekt B) einerseits bei der Sprachvermittlung anhand der DaF-Lehrwerke andererseits bei der Lernersprachenanalyse mit einbezogen.

Die didaktische Fragestellung nach dem Aspekt C, wie sich der durch die Lehrwerke vorgegebene Verlauf der Sprachvermittlung in dem nominalen, verbalen und syntaktischen Bereich zu der Sprachverwendung der Lerner verhält, kann durch die Analyse zur Grammatikprogression der im DaF-Unterricht verwendeten Lehrwerke beantwortet werden.

Ein anderes Gebiet der Fremdsprachendidaktik und -forschung, welches die Lerner als Individuen in Fokus nimmt und hinsichtlich ihrer Merkmale die Sprachentwicklung untersucht, wird in der vorliegenden Studie ebenfalls mit berücksichtigt (s. Kap. 7).

6.2 Forschungsfragen

Aufgrund der theoretischen und forschungsmethodologischen Erkenntnisse sollen in dieser Studie folgende Forschungsfragen beantwortet werden:

1. Wie zeichnen sich die Komplexität und die Grammatikalität in den schriftlichen Lernerprodukten in den Quer- und Längsschnittsanalysen ab?
2. Was zeigen die Analysen der ungarischen Lernertexte bezüglich der Sequenzforschung der DaF- und DaZ-Studien?
3. Stehen die zwei Kategorien Grammatikalität und Komplexität konkurrierend zueinander oder verläuft die Sprachentwicklung eher parallel?
4. Wie verhalten sich die DaF-Daten im Vergleich zu deutschen muttersprachlichen Daten?
5. Wenn Unterschiede zwischen den DaF- und DaM-Daten vorliegen, lassen sie sich auf die Muttersprache der ungarischen Probanden zurückführen?
6. Wie stehen die Grammatikprogressionen der DaF-Lehrwerke zu der lernersprachlichen Entwicklung?
7. Welche Relationen zeichnen sich zwischen den Lernermerkmalen (Lernstrategieverwendung, Vorkenntnisse in DaF) und der Sprachentwicklung anhand quantitativer Verfahren ab?

Im nächsten Abschnitt werden die Forschungsfragen nach den Aspekten der Sprachentwicklung, Sprachkontrastivität und der Sprachvermittlung, d.h. DaF-Didaktik formuliert. Dabei wird die methodologische Vorgehensweise näher erläutert.

6.2.1 Forschungsfragen und -ziele nach dem Aspekt der Sprachentwicklung

Die Analyse richtet sich nach der Komplexität und Grammatikalität in der Lernersprache. Auf Basis der vorangegangenen Ausführungen wird die Erforschung der Komplexität in der vorliegenden Studie anhand folgender Kriterien erfolgen: Länge bzw. Menge sowie Varianz. Unter der Beschreibungskategorie Länge werden die Textlänge und die Segmentlänge verstanden. Ihre Analyse erfolgt auf Basis der Wörterzahl.
Hierbei stellen sich folgende Fragen:

A/ Querschnitt
- Sind die Texte aus der ersten Datenerhebungszeit bezogen auf Text- und Segmentlänge kürzer als die Texte aus den nachfolgenden Erhebungen?
- Welche Merkmale zeichnen sich anhand dieser zwei Analysekategorien nach den Sprachniveaus ab? Beinhalten die Texte auf dem niedrigeren Sprachniveau weniger Wörter im ganzen Text bzw. auf der Segmentebene als die Lernertexte auf dem mittleren oder fortgeschrittenen Niveau?
- Gestaltet sich die quantitative Entwicklung bei der Textproduktion nach den Querschnittsanalysen insgesamt linear?

B/ Längsschnitt
- Die Analyse der Text- und Segmentlänge richtet sich nach folgender Fragestellung: Wie verläuft die Sprachentwicklung auf der individuellen Ebene während der dreijährigen Erhebungszeit gemessen an der Text- und Segmentlänge? Erwartet werden kann, dass sich die Lerner durch die Wortschatzentwicklung und den Erwerb neuer grammatischer Formen freier ausdrücken. Hierbei kann angenommen werden, dass die Lernertexte anhand der quantitativen Analyse der Wörterzahl-

veränderungen auf Segment- und Textebenen aufzeigen. Diese Veränderungen können einen linearen oder nicht linearen Verlauf aufweisen.

Zur quantitativen Analyse des Wortschatzwachstums wird der Quotient von *hapax legomena*[20] und Textlänge pro Testperson und Erzählung ermittelt (*Vocabulary Growth Rate*). An diese Langzeitanalyse schließt sich die Untersuchung im Teilbereich der Satzverknüpfungen an. Hierbei wird die Verwendung einfacher und komplexer Konnexionsmittel im Querschnitt nach Alter und Sprachniveau sowie auch longitudinal ausgewertet. Dabei soll die Erkenntnis aus der Erzählerwerbsforschung mit monolingual deutschen Kindern anhand der ungarischen Deutschlernenden überprüft werden, die besagt, dass die komplexen Konnexionsmittel in den Lernertexten mit dem Alter zunehmen (vgl. Bachmann 2002 u. a.).

Die Analyse in den drei grammatischen Bereichen erfolgt anhand des Kriteriums der Varianz. Hierbei wird untersucht, welche Formenvielfalt in den Lernertexten vorhanden ist.
Auf der Ebene der Syntax wird ermittelt, welche Verbstellungen in den Texten vorkommen. Hierbei stellt sich die Frage, ob die von Diehl et al. (2000) erstellte Erwerbsreihenfolge auch auf die ungarischen Muttersprachler zutrifft. Insbesondere bietet die Frage der Verwendung von Inversion und Verbendstellung einen interessanten Aspekt der Komplexität, da diese in den Studien über die Erwerbsreihenfolgen zu unterschiedlichen Ergebnissen führten (s. Kap. 4).

Weiterhin wird die Relation der Segmente mit Verbendstellung und der gesamten Segmentzahl pro Datenerhebungszeit für die Analyse der Komplexität ermittelt. Hierbei werden neben der longitudinalen Auswertung der L2-Daten auch die zwei Probandengruppen (L1 und L2 deutsch) komparativ betrachtet und die ggf. zwischen ihnen bestehenden Unterschiede auf Signifikanz überprüft.

Im nominalen Bereich liegt der Fokus des Forschungsinteresses auf der Kasusverwendung. Die Studien von Diehl et al. sowie die Arbeiten von Ballestracci zeigen, dass die Kasusverwendung bei den DaF-SuS in mehreren Phasen erfolgt (s. Kap. 4). Da die ungarischen DaF-SuS bereits vor der Datenerhebungszeit[21] der vorliegenden Studie min. vier Jahre Deutschunterricht erhielten, kann

---

20 hapax legomena: Wörter, die im Lernertext nur einmal verwendet werden.
21 Vgl. Kap. 7 und Kap. 8.

angenommen werden, dass sie die vier Kasus in ihren deutschsprachigen Erzählungen von Anfang an verwenden. Im Gegensatz dazu zeigen die o.g. Studienergebnisse, dass sich der Kasuserwerb über lange Zeit erstreckt. Aufgrund der Forschungsergebnisse der DiGS-Studie und der Arbeiten von Ballestracci kann die Prognose aufgestellt werden, dass das deutsche Kasussystem auch bei den ungarischen DaF-SuS während der Erhebungszeit schrittweise ausgebaut wird. Es wird aus diesem Grund untersucht, welche Relation zwischen den durch den Sprachtest gemessenen Deutschkenntnissen und der Verwendung der jeweiligen Kasusformen besteht. Darüber hinaus wird der Zusammenhang zwischen der Verwendung von Verbendstellung und der Genitiv-Konstruktion longitudinal untersucht. Durch diese Frage wird dasjenige Forschungsergebnis der Genfer Studie bei den ungarischen Muttersprachlern überprüft, welches schnellere Fortschritte im Bereich der Syntax als beim Kasuserwerb bei frankophonen DaF-SuS konstatiert (vgl. Diehl et al. 2000). Des Weiteren wird der Frage nachgegangen, ob die präpositionalen Kasus bei den ungarischen DaF-SuS als Wegbereiter für den Erwerb der Akkusativ-Dativ-Opposition gilt (vgl. Baten & Lochtmann 2014).

Im verbalen Bereich werden die ungarischen DaF-Daten nach ihrer Tempuswahl analysiert. Es wird dabei untersucht, ob der Erwerb des Präteritums dem Erwerb des Perfekts vorangeht.

Auf der Textebene wird untersucht, wie die Referenzen in den Lernertexten realisiert werden. Gibt es sprachliche Mittel, die erst in den späteren Texten oder in den Arbeiten auf höherem Sprachniveau vorkommen?

Neben der Komplexität wird auch auf die Grammatikalität der Lernersprache fokussiert. Kapitel 11 untersucht die Lernertexte in den nominalen und syntaktischen Bereichen danach, welche Merkmale sie bezüglich der Grammatikalität nach dem Sprachniveau und der gemeinsamen Lernzeit während der dreijährigen Erhebung aufzeigen. Hierbei werden z.B. beim Kasusgebrauch neben den richtigen Formen auch die abweichenden Kasusformen erfasst und einer näheren Analyse unterzogen. Zum Aufbau der Phrasenebene wird die Adjektivverwendung in den Lernertexten untersucht. Hierbei sollen die Bildergeschichten als Schreibanlässe kritisch beleuchtet und allgemeine Phänomene herausgearbeitet werden.

Der auch aus sprachkontrastiver Sicht interessante Analysebereich der Subjektverwendung geht der Frage nach, ob sich die Realisierung der Subjekte mit dem Sprachniveau verändert. Weiterhin sollen die Lernerprodukte einer ge-

naueren Analyse zur Subjektrealisierung bezüglich der Frage unterzogen werden, an welchen Stellen sich Fehlerfälle verstärkt beobachten lassen.
Des Weiteren wird untersucht, inwieweit die mit der Konjunktion verbundene Wortstellung in den Lernertexten vorliegt. Diese Untersuchung erlaubt die in Kapitel 10 dargelegten Ergebnisse zur lernersprachlichen Komplexität bei den Satzverknüpfungen präziser einzuordnen.
Für die Messung der Fehlerfreiheit in der Lernersprache wird die Ermittlung des Anteils der fehlerfreien *T-units* in den CAF-Forschungsarbeiten am häufigsten verwendet. So empfehlen Larsen-Freeman und Long (1991) dieses Messverfahren für die schriftlichen Daten; auch Skehan und Foster (1997) zeigen, dass die Verwendung dieses Verfahrens für die lernersprachliche Korrektheit ein hilfreiches Messverfahren ist (vgl. Kap. 5). Dementsprechend wird in der vorliegenden Studie die Analyseeinheit als *T-unit* festgelegt. Grund für diese Entscheidung ist, dass diese sprachliche Analyseeinheit gegenüber der 100-Wortgrenze den Vorteil hat, dass sie nicht auf einer willkürlich gezogenen Grenzlinie basiert.
Als für die Lernersprache typisches Merkmal gilt die Selbstkorrektur. Sie wird im Rahmen der CAF-Forschung zur Analyse von *fluency* verwendet, kann aber auch als Hinweis auf die lernersprachliche Entwicklung interpretiert werden. Damit bilden die Selbstkorrekturen einen höchst interessanten Analysebereich, der nach seinen Veränderungen in der vorliegenden Studie nach der Lernzeit und dem Sprachniveau sowohl quantitativ als auch qualitativ untersucht wird.

Die zwei Kategorien, Grammatikalität und Komplexität können nicht nur voneinander unabhängig betrachtet werden, sondern auch ihr Verhältnis zueinander in der Lernersprache kann analysiert werden. Verläuft die Sprachentwicklung in diesen Kategorien konkurrierend oder eher parallel zueinander (s. Forschungsfrage 3)? Hierfür werden die DaF-Lernertexte longitudinal in den beiden Kategorien analysiert und die Lerner mit überdurchschnittlichen Ergebnissen nach ihren Lernermerkmalen (Deutschkenntnisse anhand der C-Tests und Strategieverwendung anhand des SILL-Fragebogens) miteinander verglichen.

6.2.2 Forschungsfragen und -ziele nach dem Aspekt der Kontrastivität

In der Forschungsmethodologie werden kontrastive Verfahren in zahlreichen Disziplinen zum Erkenntnisgewinn angewandt. In der Spracherwerbsforschung kommt das Kontrastieren u. a. auch in den neueren korpusbasierten Studien zur

Anwendung (s. Kap. 5). In diesem Sinne werden die zwei Subkorpora der muttersprachlich deutschen sowie der DaF-Daten in der vorliegenden Studie miteinander verglichen und dabei der Frage nachgegangen, wie sie sich zueinander verhalten (Forschungsfrage 4). Um bei dem Vergleich dem Problem von *comparative fallacy* (Bley-Vroman 1983) zu entgehen, werden die linguistischen Formen auch nach ihrer Funktion im Text analysiert.

Daran knüpft die fünfte Forschungsfrage an: Wenn Unterschiede zwischen den DaF- und DaM-Daten vorliegen, lassen sie sich auf die Muttersprache der ungarischen Probanden zurückführen?

6.2.3 Forschungsfragen und -ziele nach dem Aspekt der Didaktik für DaF

Kapitel 8 liefert einen Einblick in die Vermittlungsreihenfolge der grammatischen Formen und Funktionen im nominalen und verbalen Bereich sowie in der Syntax der DaF-LW der ungarischen Probanden (vgl. Forschungsfrage 6).

Ein Berührungspunkt zum Aspekt der Kontrastivität liegt an dieser Stelle durch die Lehrwerkanalyse nach kontrastiver Sprachvermittlung vor. Hierbei stellt sich die Frage, ob die DaF-Lehrwerke der ungarischen SuS auch auf die Muttersprache der Lernenden Bezug nehmen und wenn dies der Fall ist, an welchen Stellen und auf welche Weise die Bezugnahme erfolgt.

Die letzte Fragestellung geht der Relation der Lernermerkmale (Lernstrategieverwendung, Vorkenntnisse in DaF) und der Sprachentwicklung nach (Forschungsfrage 7), welche auf Basis quantitativer Verfahren beantwortet wird.

7 Methodisches Vorgehen und Datenkorpus

Die vorliegende Studie zeichnet sich durch zwei Merkmale aus: Sie ist longitudinal angelegt und ermöglicht auch kontrastive Analysen. Diese zwei grundlegenden Kennzeichen der Untersuchung werden im Folgenden näher beschrieben (Kap. 7.1). Anschließend werden die Rahmenbedingungen der Datenerhebung sowie die Instrumente (Kap. 7.2) vorgestellt, mit deren Hilfe die Lernermerkmale der DaF-Gruppe im anschließenden Kapitel 8 dargestellt werden können.

7.1 Das Grundkonzept der Untersuchung

7.1.1 Eine Langzeituntersuchung

Im letzten Kapitel seines umfangreichen und für das Arbeitsfeld SLA unentbehrliche Werk stellt Ellis (2008[2]) fest, dass heute immer noch ein großer Bedarf an longitudinal angelegten Studien besteht. Eine Erklärung für diesen akuten Mangel liefert Granger (2002: 11): „There are very few longitudinal corpora, i.e. corpora which cover the evolution of learner use. The reason is simple: such copora are very difficult to compile as they require a learner population to be followed for months or, preferably, years." Nicht nur die Zusammenstellung der Lernerdaten über eine längere Zeit hinweg kann Schwierigkeiten bereiten, sondern wie Ehlich (1996) bemerkt, ist die Korpusarbeit alles andere als trivial. In Ungarn wurde an der Janus Pannonius Universität in Pécs ein Korpus englischer Lernertexte von József Horváth[22] entwickelt, welches die Untersuchung vieler zentraler Aspekte des Spracherwerbs und Sprachvermittlung ermöglichte, konzeptionell aber nicht longitudinal angelegt war (vgl. Horváth 2001, Pravec 2002). Die empirischen Forschungsgrundlagen im Bereich des Deutscherwerbs ungarischer Muttersprachler sind im Vergleich mit den englischen Studien noch schmaler. Bis heute ist kein Korpus vorhanden, das die Erforschung der Sprachentwicklung im Deutschen als Fremdsprache ermöglichen könnte. Aus diesem Grund mussten für die vorliegende Studie nach der Erstellung eines Forschungsdesigns Daten erhoben werden.

Für die Festlegung der gesamten Datenerhebungszeit war es wichtig, dass eine möglichst lange Lernzeit für die Sprachentwicklung erfasst wird. Wie Ortega und Iberri-Shea (2005) sowie Ortega und Byrnes (2008) erörtern, ist die Definition der Langzeitstudie in der Zweitspracherwerbsforschung jedoch nicht einfach aufzustellen. Schon in der Publikation von Ortega und Iberri-Shea (2005)

---

22 http://joeandco.blogspot.de [Zugriff am 29.12.2015]

wird für eine flexible Definition für ‚Longitudinalität' (*longitudinalness*) plädiert und dieser Begriff wie folgt definiert:

> „that focuses not on the sheer length of study (which often depends on the appropriacy of scaling time on biologically, chronologically, or institutionally meaningful units), but rather on the joint contribution of study length and three other criteria: the presence of multi-wave data collection, the conceptual focus on capturing change by design, and the focus on establishing antecedent-consequent relationships through prolonged tracking of the phenomenon in its context rather than through experimental controls or comparisons (Ortega & Byrnes 2008: 6)."

In diesem Sinne wurde die Datenerhebung in der vorliegenden Arbeit auf drei Schuljahre angelegt und fand in einer DaF-Gruppe statt, die einen intensiven Deutschunterricht in der Schule erhielt. Die Erhebungen wurden anfangs zu Schuljahresbeginn und danach immer zum Ende des jeweiligen Schuljahres durchgeführt. Das Konzept der Datenerhebung zur Lernersprachenanalyse wurde während der gesamten Erhebungszeit einheitlich gehalten. Dieses Design erfüllt die oben beschriebenen drei Kriterien von Ortega et al. und ermöglicht eine echte Langzeitstudie. Um die Entwicklung in der Lernersprache analysieren zu können, plädiert auch Ellis (1997: 4) für eine mehrfache Datenerhebung:

„If samples are collected at different points in time it may also be possible to find out how learners' knowledge gradually develops."

Bevor aber das Forschungsdesign genauer erläutert wird, soll im nächsten Punkt auf das zweite Merkmal der longitudinal angelegten Studie, die Kontrastivität, kurz eingegangen werden.

7.1.2 Kontrastive Analyse

Das Gesamtkorpus besteht einerseits aus den Daten ungarischer Testpersonen (DaF-Korpus), andererseits aus den Texten einer gleichaltrigen deutschen Kontrollgruppe (Deutsch als Muttersprache). Auf diese Weise können die deutschsprachigen L1- und L2-Lernerdaten miteinander verglichen werden (vgl. Kap. 5.6). Des Weiteren stehen von den ungarischen Muttersprachlern auch Texte in ihrer L1 zur Verfügung, die bei ausgewählten Fragestellungen (wie z.B. Verwendung bestimmter grammatischer oder lexikalischer Formen in L1 versus L2 der Lernenden) in die Analyse mit einbezogen werden können. Damit schafft das Korpus Grundlage für kontrastive Analysen im Sinne von Granger

(2002), wobei auch eine Erweiterung der Daten mit DaF-Texten anderer L1-Sprecher vorstellbar wäre.[23]

Im Folgenden wird auf die Analyseinstrumente und die Datenerhebung bzw. -auswertung näher eingegangen.

7.2 Rahmenbedingungen und Instrumente der Datenerhebung

Die DaF-Daten wurden von September 2004 bis Juni 2007 in einem ungarischen Gymnasium erhoben. Die ausgewählte Lernergruppe bestand 2004 aus Schülerinnen und Schülern der Jahrgangsstufe 9, die im ersten Jahr der Datenerhebung wöchentlich 15 Unterrichtsstunden im Fach Deutsch erhielten. Zwar wurde die Zahl der Deutschstunden ab dem zweiten Schuljahr auf sechs reduziert, es kann aber festgehalten werden, dass die Lernenden einen intensiven Deutschunterricht über die gesamte Erhebungszeit hatten. Insgesamt werden für die vorliegende Studie 90 deutschsprachige Lernertexte von 15 ungarischen Schülerinnen und Schülern (zehn Mädchen und fünf Jungen) berücksichtigt, die während vier Erhebungen (September 2004, Juni 2005, Juni 2006 und Juni 2007) in Anwesenheit der Verfasserin erstellt wurden. Pro Lernendem liegen also sechs deutsche Erzählungen vor. Während der drei Jahre gab es in der Lernergruppe eine Fluktuation von sechs Personen, so dass sich die ursprüngliche Probandenzahl von 21 auf 15 reduzierte. Die unvollständigen Lernerdaten werden in die Untersuchung nicht mit einbezogen, weil sie für die longitudinale Analyse nicht geeignet sind.

In der Kontrollgruppe befanden sich 14 muttersprachlich deutsche Schüler_innen der Jahrgangsstufen 9 und 11 aus NRW. Ihre Texte zu den Bildergeschichten *Fischfang* und *Konditorei* wurden unter gleichen Rahmenbedingungen wie die der DaF-Gruppe erstellt (s.u.). Hiermit besteht das Gesamtkorpus wie auch Tabelle 10 zeigt, zum einen aus dem ungarischen DaF-Korpus zum anderen aus dem L1-Deutsch-Korpus. Dieser Korpusaufbau ermöglicht der KIA entsprechend die Datentriangulation zwischen mutter- und fremdsprachlich deutschen Lernertexten (vgl. Kap. 5.6).

---

23 Die Fortführung der Korpusarbeit könnte jedoch nur im Rahmen eines größeren Forschungsprojektes umgesetzt werden.

Tabelle 10: Gesamtkorpus

Gesamtkorpus		
Deutsches Vergleichskorpus	Ungarisches Lernerkorpus	
L1-Lernertexte:	*Lernertexte:*	*Sekundäre Daten:*
Fischfang	L2-Texte: *Fischfang* (I.-III.)	C-Tests
Konditorei	L2-Texte: *Konditorei* (I.-III.)	Lernerfragebogen
	L1-Texte: Jagd	SILL-Fragebogen

Auf die Lernermerkmale der DaF-Schüler_innen wird in Kapitel 8 näher eingegangen. Zunächst werden die verwendeten Datenerhebungsinstrumente beschrieben.

Folgende Instrumente wurden bei der Datenerhebung eingesetzt:
– C-Test
– Bildergeschichten (Kurztitel: *Fischfang; Konditorei; Jagd*)
– Fragebogen zur Sprachlernbiographie
– Fragebogen zu Lernstrategien (SILL)

Ihr Einsatz erfolgte während der drei Schuljahre in der DaF-Gruppe nach fol-
gendem Design:

Tabelle 11: Datendesign des ungarischen DaF-Korpus

	Erhebungszeiten			
	Anfang des ersten Schuljahres	Ende des ersten Schuljahres	Ende des zweiten Schuljahres	Ende des dritten Schuljahres
Deutsche Texte zu Bildergeschichten	*Fischfang* I.	*Konditorei* I.	*Fischfang* II. *Konditorei* II.	*Fischfang* III. *Konditorei* III.
Sprachstandsmessung	C-Test 1	C-Test 2	C-Test 3	C-Test 4
Ungarische Texte zu Bildergeschichten	Jagd	- -	- -	- -
Weitere Instrumente	Fragebogen zur Sprachlernbiographie	- -	- -	SILL-Fragebogen

Als Nächstes sollen das Vorgehen bei der Datenerhebung und die einzelnen Erhebungsinstrumente vorgestellt werden.

Da die DaF-Klasse im September 2004 neu zusammengesetzt wurde, ist bei den Lernenden anzunehmen, dass sie unterschiedliche Vorkenntnisse im Deutschen (4 bis 10 Jahre Deutschunterricht als erste Fremdsprache) mitbringen. Um das Leistungsniveau und später die sprachliche Entwicklung innerhalb der Gruppe beurteilen zu können, wurde der C-Test[24] als ein reliables und valides Sprachstandsmessinstrument (vgl. Grotjahn et al. 2002a und 2002b) eingesetzt. Nach Grotjahn (2002b: 212) kann das kanonische C-Test-Prinzip folgenderweise erklärt werden:

> „Beginnend mit dem zweiten Wort des zweiten Satzes wird in jedem Text bei jedem zweiten Wort die zweite Hälfte getilgt. Wörter mit einem einzigen Buchstaben und Eigennamen bleiben unberücksichtigt. Bei Wörtern mit einer ungeraden Anzahl von Buchstaben ist die Zahl der getilgten Buchstaben um eins höher als die Zahl der nicht getilgten Buchstaben. In jedem Text sollte die gleiche Zahl von Tilgungen vorgenommen werden."

Vor der Durchführung des C-Tests wurden die ungarischen Testteilnehmer_innen mit den entsprechenden Regeln bekannt gemacht. Ihnen standen 20 Minuten für die handschriftliche Bearbeitung des C-Test-Bogens zur Verfügung. Während der Erarbeitung wurden sie über das noch bestehende Zeitkontingent zur Halbzeit, fünf sowie zwei Minuten vor der Abgabe informiert. Die Präsentation der C-Test-Ergebnisse erfolgt in Kapitel 8.3.

Nach dem C-Test bekamen die Lernenden die Aufgabe, eine Bildergeschichte[25] (plauen 2000) schriftlich so zu erzählen, dass die Geschichte auch für einen Leser, der die Bilder nicht sieht und die Geschichte nicht kennt, verständlich und interessant ist. Die Verwendung von Hilfsmitteln wurde dabei nicht erlaubt. Mit dieser relativ kontrollierten und gut abgegrenzten Aufgabenstellung wurde ein halb-geschlossener Aufgabentyp[26] gewählt. Die sprachlichen Mittel, mit denen die bildlich vorgegebenen Inhalte erzählt wurden, konnten auf diese Weise in einem gewissen Umfang einheitlich und miteinander gut vergleichbar gehalten werden.

Als Erzählanlass auf Deutsch wurden insgesamt zwei Bildergeschichten von „Vater und Sohn" verwendet. Mit dem Kurztitel *Fischfang* wird die Geschichte

---

24 Weitere Informationen zum C-Test inkl. Demo-Version finden sich unter
   http://spztest.uni-muenster.de/demo/ [Zugriff am 29.12.2015] und
   http://www.uni-due.de/imperia/md/content/prodaz/c_test_einsatzmoeglichkeiten_daz.pdf
   [Zugriff am 29.12.2015]
25 s. Anhang B, Abbildung B1-B2
26 Bildergeschichten als Elizitierungsinstrumente vgl. Grießhaber 1999, Ahrenholz 2006 u. a.

„Zurück zur Natur" bezeichnet. Die Bildergeschichte „Erziehung mit angebrannten Bohnen" wird kurz mit dem Wort *Konditorei* betitelt. Die Schülerinnen und Schüler sollten die Bildergeschichten schriftlich so erzählen, dass eine Person, die die Geschichten nicht kennt und nicht sieht, sie verstehen kann. Damit liegt eine zerdehnte textuelle Situation vor, bei der kein unmittelbares verständnissicherndes Handeln (vgl. Kameyama 2004) gegeben ist.

Wie oben beschrieben durften die DaF-Lernenden keine Hilfsmittel bei der Erstellung der deutschsprachigen Erzählungen verwenden. Vermutlich hätten die Schülerinnen und Schüler ihre Texte unter Einbeziehung von Wörterbüchern und/oder sogar Grammatiken besser ausarbeiten können. Das Ziel der Untersuchung war aber, die Lernersprache in ihrem jeweiligen Stadium zu erfassen, da die Lernerdaten sonst nicht das ohne Hilfsmittel verfügbare Lernerwissen widergespiegelt hätten. Diese Konditionen stellten aber viele Schülerinnen und Schüler insbesondere bei der ersten Datenerhebung vor eine nicht leicht zu bewältigende Aufgabe. Die Diskrepanz zwischen dem, was sie mitteilen wollten, und dem, was sie mitteilen konnten, war in der Fremdsprache nicht immer durch strategisches Wissen (wie Paraphrasierung, Verwendung von Wörtern mit ähnlicher Bedeutung etc.) zu lösen. Um die Wortschatzlücken zu schließen, nahmen die Lernenden in der ersten Datenerhebung einige ungarische Wörter in ihre Texte auf. Ab der nächsten Erhebung konnten sie nachfragen, wenn sie Vokabelhilfe brauchten. Die angegebenen deutschen Wörter wurden protokolliert und auf den Profilbögen der Datenbank entsprechend erfasst. Auf diese Art und Weise konnte eine Brücke geschlagen werden, die einerseits eine Datenerhebung unter kontrollierten Bedingungen und andererseits die Ausarbeitung der Erzähltexte in der Fremdsprache ermöglichte. Grammatische Hilfestellungen wurden den Schülerinnen und Schülern nicht gegeben.

Neben den deutschen Erzählungen wurden von den ungarischen Probanden auch in ihrer L1 Texte erhoben, die einen Einblick in die muttersprachliche Erzählfähigkeit und einen sprachkontrastiven Vergleich ermöglichen (vgl. Kap. 4 und Anhang B3 und Anhang D).

Anhand eines Fragebogens (s. Anhang F[27]) wurden Hintergrundinformationen zur Sprachlernbiographie der Probanden mit folgenden übergreifenden Inhalten ermittelt:

1. Lerndauer und Lernzeit in Stunden des Deutschen als erster Fremdsprache
2. Einschätzung der schulischen Lerninhalte im Deutschunterricht bezüglich der Fertigkeiten

---

27 Der Anhang F steht unter www.waxmann.com/buch3391 zur Verfügung.

3. Außerschulische Aktivitäten, bei denen die Lernenden Deutsch verwenden
4. Muttersprachliche Schreibfähigkeit
5. Schreibfähigkeit im Deutschen

In der letzten Erhebung wurden die Schülerinnen und Schüler zu ihren fremd-
sprachlichen Lernstrategien mittels des sogenannten SILL-Fragebogens auf
Ungarisch befragt (s. Anhang G[28]). Der von Rebecca Oxford zwischen 1986
und 1990 entwickelte SILL-Fragebogen (*Strategy Inventory for Language
Learning*) dient dem Erfassen der Strategieverwendung von Fremd- oder
Zweitsprachenlernern. Die ursprüngliche englische Fassung (u. a. Ehrman &
Oxford 1989; Oxford & Nyikos 1989; Nyikos & Oxford 1993; Dreyer & van
der Walt 1994; Hashim & Sahil 1994; Oxford & Burry-Stock 1995) steht der
Forschung mittlerweile in vielen Sprachen wie Arabisch, Chinesisch, Deutsch,
Französisch, Japanisch, Koreanisch, Russisch, Spanisch, Thailändisch u. a. zur
Verfügung. Es existieren unterschiedliche Versionen, eine kurze mit 50, eine
weitere mit 80 und eine lange mit 121 Items. Der vorliegenden Studie wurde
der Fragebogen mit 50 Items zu Grunde gelegt. Die DaF-Lernenden füllten den
auf Ungarisch übersetzten Fragebogen[29] am Ende der dreijährigen Erhebungszeit in der letzten Datenerhebung aus. Die Vorlage für die Übersetzung war der
SILL-Fragebogen, der auf Deutsch von Bettina Mißler (1999) zur Erforschung
der Zusammenhänge zwischen den Fremdsprachenlernerfahrungen und den
Lernstrategien eingesetzt wurde.

Der Fragebogen untergliedert sich in sechs Teilbereiche (Teil A–F) und baut
sich folgendermaßen auf (vgl. Mißler 1999):

Im Teil A wird die Verwendung der Gedächtnisstrategien von den Lernenden
ermittelt. Gedächtnisstrategien ermöglichen das bessere Behalten und Abrufen
neuer Informationen. Hierbei werden u. a. Strategien erfragt, die bei dem Voka-
bellernen bzw. -behalten auf visuellen Impulsen basieren (z.B. Nr. 8) oder auf
die akustische Seite der Vokabeln abzielen (wie Nr. 5). Der Teil B umfasst den
Bereich der kognitiven Strategien, die das bessere Verstehen und Produzieren
der Fremdsprache ermöglichen. Das Item 20 lautet z.B.: „Ich versuche, Gesetzmäßigkeiten in der Fremdsprache zu finden." Im nächsten Teilbereich (C) werden die Probanden nach der Verwendung von Kompensationsstrategien befragt.
Solche Strategien werden dann eingesetzt, wenn die fehlenden fremdsprachlichen Kenntnisse bei mündlicher oder schriftlicher Sprachproduktion sowie
Sprachrezeption durch andere Verfahren (wie Gestik, Umschreibung) kompen-

---

28 Der Anhang G steht unter www.waxmann.com/buch3391 zur Verfügung.
29 Die ungarische Übersetzung wurde von der Autorin erstellt.

siert werden. Welche Strategien von den Probanden für die Koordinierung des Lernprozesses verwendet werden, wird durch die metakognitiven Strategien (Teil D) erfragt. Daran schließen sich affektive Strategien im Teil E an, die u. a. zum Regulieren der beim Fremdsprachenlernen aufkommenden Ängste helfen oder zur Motivation beitragen können. In der letzten Subkategorie (Teil F) werden die sozialen Strategien erfasst, die beim Fremdsprachenlernen mit anderen Personen eingesetzt werden können. Ein Beispiel hierfür wäre „Wenn ich etwas nicht verstehe, bitte ich meinen Gesprächspartner, langsamer zu sprechen oder zu wiederholen." (Item 45).

Die Antworten der Fremdsprachenlerner werden mithilfe einer Likert-Skala erfasst. Mit der Ziffer 1 werden Inhalte gekennzeichnet, die auf die jeweilige Person nie oder fast nie zutrifft. Die höchste Skala, die Ziffer 5 steht für diejenigen Antworten, die bezogen auf die jeweiligen Lernenden immer oder fast immer zutrifft. Dazwischen liegen folgende Skalen: Die Aussage trifft gewöhnlich auf die Probanden nicht zu (Ziffer 2), d.h. es kommt in weniger als 50% aller Fälle vor. Die Ziffer 3 bedeutet, dass die Aussage in ca. 50% aller Fälle zutrifft. Bei einem Zutreffen von mehr als 50% aller Fälle werden die Antworten mit der Ziffer 4 angekreuzt.

Die auf diese Art gewonnenen Analyseergebnisse werden in Kapitel 8 präsentiert. Mit ihrer Hilfe werden weitere Merkmale der Lernergruppe ausgearbeitet. Weiterhin werden in Kapitel 8.2 die SILL-Ergebnisse mit der anhand des C-Tests gemessenen Sprachentwicklung in Beziehung gesetzt.

7.3 Datenaufbereitung und Datenauswertung

Nach der Datenerhebung erfolgte die Bereitstellung der Rohdaten für die Analyse. Die handschriftlichen Lernertexte wurden transkribiert. Dabei wurde darauf geachtet, dass alle Spezifika der Schülerarbeiten (wie Selbstkorrekturen, Markierung der Absätze und der direkten Rede) für die computerbasierte Bearbeitung entsprechend *inline* kodiert wurden. Das Tagging der linguistischen Kategorien erfolgte teils computergestützt teils manuell. Die Fehlerannotation wurde getrennt von den Lerneräußerungen auf jeder Analyseebene durchgeführt.

Die Auswertung der Daten erfolgte anhand einer an die vorliegenden Fragestellungen angepassten relationalen Datenbank, durch die eine kontextualisierte Analyse der Daten auf der Wort-, Segment- und Textebene möglich war (vgl. Grießhaber & Rehbein 2002). Damit waren Analysen der Lernersprache bezüglich des Wortschatzes und der Textstruktur möglich. Durch die Segmentebene, die eine minimale satzwertige Einheit darstellt, spielt ‚Satz' als Analyseeinheit eine wichtige Rolle. Redder (2011: 398) definiert nach Ehlich 1992 und Hoffmann 2003 ‚Satz' folgenderweise: „'Satz' ist eine Form von Äußerungsakten, die insbesondere das Wechselverhältnis von propositionalem und illokutivem Akt von Assertionen zu realisieren geeignet ist und sich aus einem Integral von 'Prozeduren' konstituiert".[30]

In der Datenbank wurden außer den Lernertexten auch Metadaten (z.B. Sprachlernbiographie, C-Test-Ergebnisse) hinterlegt. Diese zusätzlichen Informationen ermöglichen es, die Schülertexte nach unterschiedlichen Lernermerkmalen zu analysieren. Insbesondere die Angaben zum Sprachstand sind in dieser Hinsicht von zentraler Bedeutung.

Auf der Wortebene wurden die verwendeten Vokabeln u. a. nach ihrer Wortartenzugehörigkeit kodiert. Die Definition der Kategorie „Wort" ist im Deutschen, welches nicht nur synthetische sondern auch analytische Formen kennt, keineswegs unproblematisch. In der vorliegenden korpusbasierten Studie wurden dafür die technischen Möglichkeiten genutzt und der Begriff „Wort" wurde im ersten Analyseschritt Best (2005: 265) entsprechend als „orthographische Einheit, d.h. als ununterbrochene Graphemkette" definiert. Für spezielle Fragestellungen im zweiten Analyseschritt wurden im verbalen Bereich hierzu auch weitere Merkmale manuell erfasst, um z.B. Unterkategorien wie Verben mit Präfix und die Auswertung der Hilfsverben zu ermöglichen. Bei der Analyse der Kasusverwendung in den Lernertexten wurde zwischen nicht präpositional regierten Kasusformen (in NPs) und präpositionalen Kasusformen (in PPs) unterschieden. Die verwendeten Kasusformen wurden doppelt kodiert: Zum einen wurde die konzeptuelle Ist-Form, zum anderen die im jeweiligen Kontext morphologisch richtige Soll-Form bestimmt. Diese Differenzierung ermöglicht nicht nur die Untersuchung der konkret verwendeten Kasusformen, sondern auch die Analyse der eigentlich zu realisierenden Kasuskonstruktionen inklusive fehlerhafter Formen über die gesamte Datenerhebungszeit.

Auf der Segmentebene konnte u. a. die Wortstellung erfasst werden, die bei der Analyse der Satzmodelle eine unerlässliche Rolle spielt. Auch auf dieser Ebene wurden die Subkategorien für die T-unit-Berechnung kodiert.

Sowohl bei der Bestimmung als auch bei der Auswertung der Daten erschien die Möglichkeit, die verschiedenen Analyseebenen miteinander in Relation zu

---

30 Mehr zu den Einheiten sprachlichen Handelns in Redder 2003.

setzen, sehr spannend und sinnvoll. Die Daten gewannen hierdurch mehr Validität.

Im nächsten Kapitel werden die Merkmale der DaF-Gruppe als Hintergrundinformation zu den Probanden anhand des Fragebogens dargestellt.

8 Merkmale der DaF-Lernergruppe

Die Probanden der ungarischen Gruppe nahmen an einem speziellen Sprach-förderprogramm (NYEK) teil, dessen Konzept bereits im Rahmen des zweiten Kapitels erläutert wurde. Im Folgenden werden ihre Lernermerkmale, die Ergebnisse der Sprachtests sowie die Analyseergebnisse des SILL-Tests vorgestellt.

8.1 Lernermerkmale anhand der Fragebögen

8.1.1 Vorkenntnisse im Deutschen anhand der Schuljahre und der Stundenzahl

Wie anfangs beschrieben, kamen die SuS der DaF-Gruppe aus unterschiedlichen Schulen und verfügten auch über unterschiedliche Vorkenntnisse am Anfang der Datenerhebungszeit. Allein die Anzahl der Schuljahre, in denen sie vor der Datenerhebung Deutschunterricht erhielten, umfasst eine breite Spanne. Die kürzeste Lernzeit für DaF beträgt vier Jahre, die längste Lernzeit umfasst die Kindergartenzeit und die daran anschließenden acht Schuljahre.

Die meisten von ihnen (insgesamt 11 Personen) bekamen in den letzten vier Schuljahren (Klasse 5 bis 8) Deutschunterricht im Umfang von drei Wochenstunden. Nur zwei SuS erhielten zwei Stunden Deutsch, andere zwei Personen vier bzw. fünf Wochenstunden Deutschunterricht.

8.1.2 Einschätzung der Lerninhalte

Auch die Inhalte der vorherigen Deutschstunden wurden durch den Fragebogen ermittelt. Die SuS konnten auf einer fünfstufigen Skala die Häufigkeit der Aufgaben in den klassischen Fertigkeitsbereichen einschätzen: Lesen, Grammatik, Texte schreiben, Sprechen, Hörverstehen, Übersetzung.

Laut dieser Einschätzung der DaF-SuS wurden Übersetzungen in dem vorherigen Sprachunterricht sehr häufig im Deutschunterricht durchgeführt. Die Förderung der Lesefertigkeit sowie Grammatikaufgaben standen gleich häufig auf dem Programm. Im Vergleich zu den anderen Fertigkeiten kamen Aufgaben zum Hörverstehen selten und Übungen zur Texterfassung und zum Sprechen noch seltener vor.

Anhand dieser Selbsteinschätzung der SuS kann angenommen werden, dass die schulischen Vorerfahrungen der gesamten DaF-Gruppe mit produktiver Sprachverwendung geringer als die vorhandenen rezeptiven Sprachkenntnisse ausfallen.

8.1.3 Die Rolle der deutschen Sprache außerhalb der Schule

Die SuS verwenden laut Fragebogen die deutsche Sprache außerhalb der Schule nur selten. Immerhin zweidrittel von ihnen haben Kontakt zu deutschen Muttersprachlern. Dabei erfolgt die Kommunikation und die Kontakthaltung fast ausschließlich mündlich. Im Alltag scheint es für die DaF-Lernenden insgesamt wenig Berührungspunkte mit der deutschen Kultur und Sprache gegeben zu haben. Immerhin jede vierte Person von ihnen konnte Auslandserfahrungen im deutschen Sprachraum sammeln. Deutsche Printmedien waren ihnen bis dato (mit Ausnahme von ID13) nicht bekannt, auch deutschsprachige Fernsehprogramme wurden von ihnen nur selten oder gar nicht angeschaut.[31] Der Computer als Medium zum Sprachenlernen kommt nur bei vier Probanden zum Einsatz. Dabei nutzen sie die Möglichkeit, Sprachtests durchzuführen, CDs abzuspielen sowie E-Mails zu verschicken und sich online Webseiten von Städten anzuschauen. Insgesamt wird das Potenzial, welches für die DaF-SuS durch die neuen Medien vorhanden wäre, nur zu Bruchteilen genutzt.

Damit lässt sich zusammenfassend festhalten, dass die außerschulische Reichweite der deutschen Sprache für die Testpersonen[32] sehr gering ausfällt.

8.1.4 Schreibkompetenzen

Texte zu erstellen ist für die meisten SuS in der ungarischen Muttersprache eine geläufige Aufgabe: 60% der SuS produzieren häufig Texte, ca. 27% von ihnen sogar sehr häufig.

Einen Unterschied bei dem Schwierigkeitsgrad zwischen Schreiben auf Deutsch und Ungarisch bemerken alle Lernenden. Die am häufigsten genannten Probleme, welche die Schreibschwierigkeiten ihrer Meinung nach auslösen, seien die vom Ungarischen abweichenden deutschen Wortstellungsregeln. Auf Platz zwei wird der eingeschränkte Wortschatz in der Fremdsprache genannt. Diesen folgen die Grammatikprobleme bei der Morphologie (Artikel-, Plural- und Verbformen). Am Ende dieser Rangliste steht die Rechtschreibung, die nur von drei SuS erwähnt wurden.

---

31 Statt Fernsehprogramme wurden deutschsprachige Musikkanäle bei drei IDs genannt.
32 Ausnahme bildet hier die Schülerin mit ID13.

Sich schriftlich auch auf Deutsch auszudrücken erscheint 40% der Teilnehmer_innen sehr wichtig, weitere 40% von ihnen bewerteten diese Kompetenz als wichtig und nur 20% stuften sie mit einer Drei auf der fünfstufigen Likert-Skala ein.

Hiermit konnte ein Gruppenprofil aus sprachbiographischer Sicht kurz skizziert werden. Als Nächstes wird auf die Ergebnisse des Strategie-Fragebogens (SILL) eingegangen.

8.2 Lernermerkmale anhand der Lernstrategien

In diesem Abschnitt werden nach einer kurzen Beschreibung der Probanden bei Mißler (1999) und der Probanden der vorliegenden Studie die von den ungarischen DaF-SuS erzielten SILL-Ergebnisse vorgestellt. Darauf folgend wird die Analyse der Lernstrategien der ungarischen Probanden zuerst auf der Gruppenebene durchgeführt, an die sich die Betrachtung der individuellen Ergebnisse anschließt.

Welche Unterschiede liegen zwischen den zwei Probandenkreisen vor, die bei der Datentriangulation berücksichtigt werden sollen? Die Probanden von Mißler (1999) waren erwachsene Fremdsprachenlerner im Durchschnittsalter von 25 und 28 Jahren, die bereits drei oder vier Fremdsprachen gelernt haben (Gruppe 1), sowie junge Erwachsene, die die fünfte oder sechste (Gruppe 2) oder sogar siebte oder achte Fremdsprache (Gruppe 3) an einer deutschen Universität studierten. Folgende Zielsprachen wurden durch die insgesamt 125 Versuchspersonen erfasst: Französisch (N=32), Italienisch (N=35), Spanisch (N=30) und Türkisch (N=28). In der vorliegenden Studie ist die Probandenzahl für Deutsch geringer (N=15), also etwa die Hälfte der jeweiligen Sprachgruppen von Mißler. Sprachlernbiographisch betrachtet bilden aber die ungarischen DaF-Probanden eine homogenere Gruppe als die Probandengruppen bei Mißler, da das Deutsche die erste und das Englische die zweite Fremdsprache für alle ungarischen Teilnehmer_innen ist. Auch das Alter der ungarischen Gruppe gestaltete sich homogener, denn es handelte sich um eine Schulklasse, in der sich die Altersdifferenz der Probanden in weniger als ein Lebensjahr unterscheidet. Die longitudinalen Daten der ungarischen DaF-Probanden lassen sich der Altersspanne 14–17 Jahre zuordnen.

Tabelle 12 zeigt die Mittelwerte sowie die Standardabweichungen der sechs Strategiebereiche (A–F) bei Mißler und bei den ungarischen DaF-SuS.

Tabelle 12: Mittelwerte und Standardabweichungen im SILL bei Mißler (vgl. 1999: 235) und den ungarischen DaF-Probanden

	Mißler (1999)			Fekete
Gruppen Skalen	**Gruppe 1 TL = L3 oder TL = L4**	**Gruppe 2 TL = L5 oder TL = L6**	**Gruppe 3 TL = L7 oder TL = L8**	**Ungarische DaF-Gruppe (TL = L2)**
SILL GESAMT	2,86 (,40)	3,04 (,39)	3,38 (,35)	2,876 (,513)
SILL A (Gedächtnisstrategien)	2,66 (,41)	2,80 (,44)	3,15 (,50)	2,414 (,412)
SILL B (kognitive Strategien)	2,95 (,44)	3,24 (,53)	3,58 (,46)	3,090 (,597)
SILL C (Kompensationsstrategien)	3,18 (,54)	3,22 (,56)	3,46 (,44)	3,000 (,655)
SILL D metakognitive Strategien)	2,96 (,61)	3,08 (,58)	3,60 (,76)	3,293 (,847)
SILL E (affektive Strategien)	2,17 (,61)	2,22 (,70)	2,34 (,42)	2,071 (,756)
SILL F (soziale Strategien)	3,23 (,66)	3,47 (,64)	3,83 (,66)	3,122 (,744)

Die SILL-Werte, die in der vorliegenden Studie von den ungarischen Lernenden erzielt wurden[33], liegen überwiegend nah zur Gruppe 1 bei Mißler, die junge Erwachsene mit Kenntnissen von drei bis vier Fremdsprachen umfasst. Bei einem Vergleich zwischen den Gesamtergebnissen der zwei Studien (SILL GESAMT) fällt auf, dass der Mittelwert von 2,876 der ungarischen Lernenden eine große Ähnlichkeit mit dem Mittelwert der Gruppe 1 (x=2,86 bei SILL GESAMT) aufweist. Auch bei fünf von sechs Teilbereichen (A–C und E–F) liegen ähnliche Mittelwerte bei Gruppe 1 und der ungarischen DaF-Gruppe vor. Der einzige Teilbereich, bei dem der Mittelwert der ungarischen SILL-Ergebnisse höher als der Mittelwert der Gruppe 1 von Mißler liegt, ist der Teilbereich D

---

33 Vgl. Anhang A (Tab. A5).

mit den metakognitiven Strategien. Da die Standardabweichung der ungarischen Lernenden bei dieser Strategieart größer als die anderen drei Standardabweichungen (Gruppe 1–3) bei Mißler ist, kann die ungarische Lernergruppe bezüglich des metakognitiven Strategieeinsatzes als weniger homogen bezeichnet werden.

In Hinblick auf die Standardabweichung lässt sich festhalten, dass sechs von sieben SILL-Werten bei der ungarischen DaF-Gruppe etwas größer als bei allen Probandengruppen von Mißler ausfallen. Damit zeigt sich die ungarische Lernergruppe bezüglich ihrer Strategieverwendung trotz des homogenen Alters und der ähnlichen sprachlichen Lernbiographie insgesamt heterogener als die drei Gruppen der Mißler-Studie. Im Folgenden wird überprüft, ob die Entwicklung der deutschen Fremdsprachkenntnisse gemessen anhand des C-Tests eine Korrelation mit den Lernstategien (SILL) zeigen. Dabei fordert die statistische Auswertung der Korrelation zwischen den C-Test-Ergebnissen und der Strategieverwendung wegen der Korpusgröße etwas Vorsicht. Abbildung 4 zeigt Pearsons Korrelationskoeffizient von SILL und der gemessenen C-Test-Punkten (CP) in allen vier Datenerhebungszeiten (CP1–4).

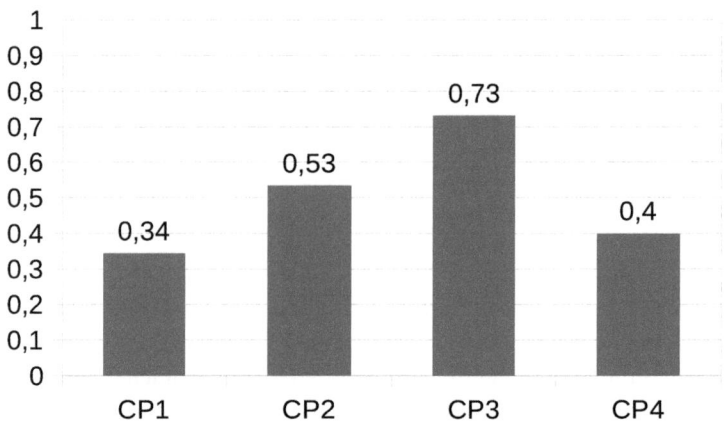

Abbildung 4: Korrelation zwischen den SILL-Ergebnissen und den C-Testergebnissen in den einzelnen Datenerhebungen (Pearsons Korrelationskoeffizient)

Der Abbildung 4 ist zu entnehmen, dass zweimal eine signifikante Korrelation zwischen den C-Test-Ergebnissen und den SILL-Werten auf der Gruppenebene besteht: am Ende des ersten und des zweiten Erhebungsjahres (CP2 und CP3).

Die Korrelation mit CP2 ist auf dem Niveau von 0,05, mit CP3 auf dem Niveau von 0,01 signifikant. Die beiden anderen Korrelationen sind nicht signifikant. Um diese divergierenden Ergebnisse besser verstehen zu können, wird im nächsten Analyseschritt untersucht, welche Merkmale auf der individuellen Ebene zu erkennen sind.

Aufgrund der erreichten C-Test-Ergebnisse wurden die SuS in drei Leistungsgruppen eingeteilt: Spitzengruppe, mittlere Niveaugruppe und Schlussgruppe. Welche Merkmale weisen diejenigen SuS auf, die am Ende der Datenerhebungszeit die besten Testergebnisse erreichten? Die Analyse der SILL-Werte in der Spitzengruppe[34] bei der letzten Datenerhebung ergibt, dass drei von den fünf besten SuS über einen überdurchschnittlichen Gesamtwert und zwei Lerner über einen durchschnittlichen Gesamtwert bei den Lernerstrategien verfügen. Bei der Verwendung der kognitiven Strategien weisen alle fünf Spitzenschüler_innen ein überdurchschnittliches Ergebnis auf. Die Werte der Gedächtnisstrategien liegen von vier dieser Personen etwas über dem Durchschnitt, bei einer deutlich darüber. In den anderen SILL-Kategorien (C–F) ist kein einheitliches Merkmal in der Spitzengruppe zu beobachten.

In der vorliegenden Arbeit wurde die Entwicklung der deutschen Sprachkenntnisse aufgrund der erzielten C-Test-Punkte während der drei Jahre in Tendenzen erfasst (vgl. Kap. 8.3). Insgesamt zeigen sechs SuS in der DaF-Lernergruppe eine kontinuierliche Zunahme beim Sprachtest. Schaut man sich diese steigenden Werte näher an, lässt sich feststellen, dass vier (ID 1, 3, 11 und 14) von diesen sechs SuS mit linearer Sprachentwicklung auch bei SILL überdurchschnittliche Werte aufweisen. Abbildung 5 stellt die erzielten C-Test-Punkte von max. 100 CP und die SILL-Ergebnisse der sechs Probanden dar, wobei die SILL-Item-Ergebnisse zum besseren Vergleich angegeben werden. Hierbei liegt die maximal erreichbare Punktzahl bei 250 Punkten. Der beste SILL-Wert unter den sechs ungarischen Lernenden mit kontinuierlich steigenden C-Test-Ergebnissen beträgt 158 Punkte, der Mittelwert liegt bei 143 Punkten. ID 4 und 5 erzielten 136 Punkte und liegen damit etwas unter dem Gruppendurchschnitt.

---

34   73–85 CP

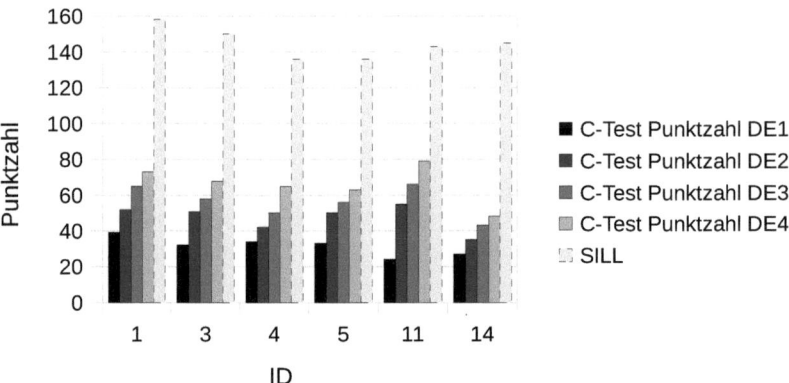

Abbildung 5: Schüler mit kontinuierlich steigenden C-Test-Ergebnissen und ihrem
SILL-Wert

In Hinblick auf die SILL-Ergebnisse der ungarischen DaF-Gruppe kann des
Weiteren festgehalten werden, dass die höchsten SILL-Punkte überwiegend
SuS gehören, die innerhalb der Lernergruppe anhand ihrer Leistung (C-Test)
eine gute Platzierung erreichten. Nur eine Schülerin (ID 12) weist abweichende
Ergebnisse auf, indem sie trotz niedriger C-Test-Punktzahlen bei den Lernstra-
tegien einen hohen Wert hat.

Zusammenfassend lässt sich sagen, dass die ungarischen DaF-Lernenden zum
einen große Ähnlichkeiten mit den Probanden der Mißler-Studie aufweisen,
zum anderen zeigen die Daten, dass Strategieverwendung und Sprachentwicklung wenn auch nicht immer und ausschließlich aber in vielen Fällen einhergehen. Als besonderes Lernermerkmal zeichnete sich ein überdurchschnittlicher
metakognitiver Lernstrategieeinsatz bei den ungarischen DaF-SuS ab.
Im nächsten Abschnitt erfolgt die Analyse der C-Test-Ergebnisse, die weitere
Informationen zur Probandengruppe und zur individuellen Sprachentwicklung
ermöglicht.

8.3 Lernermerkmale anhand der C-Test-Werte

Im Folgenden wird die Sprachentwicklung anhand der C-Test-Ergebnisse ausgewertet. Hierbei werden zum einen gruppenspezifische Entwicklungen an-

hand der C-Test-Rangfolgen während der Erhebungszeit und zum anderen individuelle Entwicklungslinien untersucht (Kap. 8.3.1). Danach erfolgt die Analyse der C-Test-Ergebnisse nach den früheren DaF-Lehrwerken der Probanden (Kap. 8.3.2).

8.3.1 Sprachentwicklung in der DaF-Gruppe

Die ungarischen DaF-SuS haben folgende C-Test-Ergebnisse erzielt (s. Tab. 13):

Tabelle 13: Tabellarische Darstellung der C-Test-Ergebnisse in Punkten (max. erreichbar 100 Punkte)

Spalten-Nr.	ID-Nr.	C-Test-Punkte am Anfang des ersten Erhebungsjahres	C-Test-Punkte am Ende des ersten Erhebungsjahres	C-Test-Punkte am Ende des zweiten Erhebungsjahres	C-Test-Punkte am Ende des dritten Erhebungsjahres
1	1	39	52	65	73
2	2	21	43	42	50
3	3	32	51	58	68
4	4	34	42	50	65
5	5	33	50	56	63
6	7	27	52	69	73
7	8	21	37	58	56
8	10	29	45	44	54
9	11	24	55	66	79
10	12	38	44	50	44
11	13	55	67	85	85
12	14	27	35	43	48
13	15	21	47	57	51
14	16	30	61	71	67
15	18	36	57	59	79

Die während der drei Jahre erfassten C-Test-Werte liegen zwischen 21 und 85 Punkten und weisen damit eine insgesamt große Streuung auf. Als erster Schritt werden hier die Spannbreiten der C-Test-Punktzahlen (CPs) nach der Datenerhebungszeit beschrieben. Darauf folgt eine nähere statistische Analyse. Anschließend werden die Rangfolgen in der Lernergruppe sowie die individuellen Tendenzen dargestellt.

Die Schülerin mit der ID-Nr. 13 fiel bereits im September 2004 mit einer überdurchschnittlichen C-Test-Punktzahl von 55 Punkten in der Gruppe auf. Ihre Ergebnisse werden im Folgenden gesondert ausgewiesen. Abgesehen von

ID 13 wurden im ersten Test Werte zwischen 21–39 Punkten erzielt. In der darauf folgenden Erhebung befinden sich die erreichten C-Test-Punkte zwischen 35 und 61, der Extremwert von ID 13 beträgt 67 Punkte. Am Ende des zweiten Erhebungsjahres war 42 die geringste und 71 die zweithöchste Punktzahl, ID 13 erreichte 85 Punkte. In der letzten Erhebung liegen die minimalen und maximalen Werte noch höher als in den vorherigen Erhebungen: Sie betragen 48 bzw. 79 Punkte; ID 13 erzielte das gleiche Ergebnis wie davor (85 Punkte). Damit lässt sich über die Zeit ein durchgehender Anstieg der C-Test-Punkte auf der Gruppenebene beobachten.

Der nächste Blick auf die Mittelwerte der Datenerhebungszeiten[35] untermauert die Feststellung, dass die Schüler_innen im C-Test zunehmend bessere Ergebnisse erzielten (s. Abb. 6). Dieser Abbildung ist aber auch zu entnehmen, dass die Werte innerhalb der Gruppe immer weiter auseinander gehen, d.h. die Lernergruppe wird bezüglich der Leistungsstärke zunehmend heterogen. (Zu den Abkürzungen der Korpora: F1: Anfang des ersten Datenerhebungsjahres; K1: Ende des ersten Datenerhebungsjahres; F2K2: Ende des zweiten Datenerhebungsjahres; F3K3: Ende des dritten Datenerhebungsjahres)

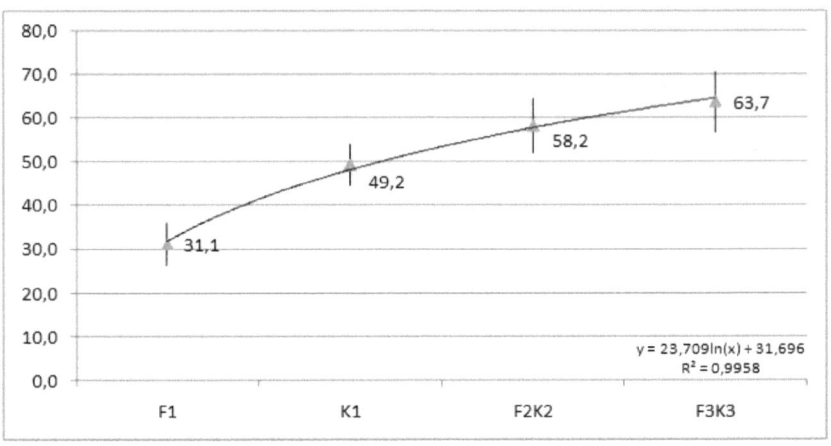

Abbildung 6: Mittelwerte der C-Test-Ergebnisse im DaF-Korpus

Bleiben aber die anfangs besten Schülerinnen und Schüler bis zum Ende der Erhebungszeit in der Spitzengruppe? Die Schülerin mit der ID 13 konnte ihre überdurchschnittliche Leistung während der gesamten Erhebungszeit beibehalten. Was aber lässt sich bei den anderen vierzehn Lernenden anhand ihrer

---

35 Vgl. auch Anhang A (Tab. A4).

C-Test-Ergebnisse feststellen? Im Folgenden werden die innerhalb der Lernergruppe erzielten Rangfolgen longitudinal betrachtet.

Nach ihrer Leistung lassen sich die ungarischen Schülerinnen und Schüler in
drei Leistungsgruppen mit jeweils fünf Personen einteilen: die Spitzengruppe,
die mittlere Leistungsgruppe sowie die Schlussgruppe.

Der Schüler mit der ID 1, der in der ersten Erhebungszeit das zweitbeste Ergebnis erreichte, war während der drei Jahre immer unter den fünf besten Lernenden. Die Schülerin mit der ID 12 zeigt eine andere Tendenz. Sie gehört trotz
ihrer guten Startposition zu Beginn der Datenerhebung ab der zweiten Erhebung zur Schlussgruppe. Ihre während der gesamten Datenerhebungszeit erzielten C-Test-Punkte (38; 44; 50; 44) deuten nur auf eine geringe Sprachentwicklung hin. Demgegenüber gehört die Schülerin ID 11 anfangs noch zur
Schlussgruppe, ab der nächsten Erhebung belegt sie aber einen der ersten
Rangplätze. Auf der mittleren Leistungsstufe gibt es nur eine Schülerin (ID 3),
die immer zur mittleren Gruppe gehört, die meisten Probanden zeigen anhand
ihrer C-Test-Werte eine wellenförmige Leistung. In der leistungsschwächeren
Schlussgruppe liegen alle Ergebnisse der Schülerin von ID 14 und des Schülers
von ID 2. Die Schülerin mit der ID 4 belegte anfangs einen guten Rangplatz in
der Spitzengruppe, ihre Leistung fiel aber in der zweiten Erhebung in die
Schlussgruppe. Im zweiten und dritten Schuljahr entwickelten sich ihre Sprachkenntnisse stärker, so dass sie in der letzten Erhebungszeit den achten Platz in
der mittleren Leistungsgruppe belegte.

Zusammenfassend lässt sich sagen, dass die Gruppenzugehörigkeit der 15 DaF-
Lernenden auf allen drei Leistungsgruppen sowohl lineare als auch nicht lineare Tendenzen aufweist. Darunter finden sich dynamisch nach oben oder rapide
nach unten zeigende Leistungsveränderungen. Diese Unterschiede lassen sich
nicht durch die Inhalte oder methodisch-didaktische Vorgehensweise des
Deutschunterrichts während der drei Erhebungsjahre erklären, sondern zeigen,
dass auch andere Faktoren, die individuell unterschiedlich sein können und
auch über die dreijährige Erhebungszeit variabel ausfallen können, den Spracherwerb mit beeinflussen.

Betrachtet man die während der drei Jahre erzielten Ergebnisse auf der individuellen Ebene ohne Rangfolgenzugehörigkeit, können folgende Entwicklungslinien festgestellt werden: Bei sechs DaF-Lernenden[36] lässt sich eine kontinuierliche Zunahme der C-Test-Punktzahlen beobachten. Bei anderen sieben Per-

---

36 ID 1; 3-5; 11; 14

sonen[37] zeichnet sich eine Phase ab, in der sich ihre C-Test-Werte im Vergleich mit dem vorherigen Ergebnis mit weniger als fünf Punkten ändern. Diese Phase dient wahrscheinlich der Weiterverarbeitung der gelernten Inhalte. Zwei Probanden[38] erreichten in der letzten Erhebungszeit sechs Punkte weniger als ein Jahr zuvor. Bei ihnen kann der Rückgang der Ergebnisse auf eine Stagnation oder sogar auf einen Rückgang der Sprachkenntnisse auf ein vorheriges Niveau hindeuten.

Im Folgenden werden die C-Test-Ergebnisse nach den mitgebrachten Deutschkenntnissen analysiert. Hierbei werden Probandengruppen aufgrund der früheren Lehrwerke gebildet und ihre C-Test-Ergebnisse miteinander verglichen.

8.3.2 Sprachentwicklung nach den DaF-Lehrwerken

Zu den wichtigsten Lernermerkmalen gehören die aus dem vorherigen Deutschunterricht mitgebrachten Vorkenntnisse. Folgender Abschnitt fokussiert die Ergebnisse des ersten Erhebungsjahres und stellt die Frage, ob sich die SuS bezüglich der Lehrwerke, die dem vorherigen Deutschunterricht zugrunde gelegt wurden, nach den ersten C-Test-Ergebnissen unterscheiden. Darüber hinaus wird die Sprachentwicklung während des ersten Erhebungsjahres in Hinblick auf den vorherigen Sprachunterricht analysiert.

Im der Datenerhebung vorausgehenden Deutschunterricht wurden bei den ungarischen DaF-SuS insgesamt vier verschiedene Lehrwerke (*Schulbus*; *Das Deutschmobil*; *Pass auf!*; *Gute Reise, komm gut an!*) verwendet, die in Kapitel 9 näher vorgestellt werden. Die C-Tests zeigen bei den vier Probandengruppen nach den Lehrwerken folgende Ergebnisse (s. Tab. 14).

---

37 ID 2; 7; 8; 10; 13; 16; 18
38 ID 12; 15

Tabelle 14: Die ersten C-Test-Ergebnisse nach den Lehrwerken im vorherigen Deutschunterricht

	Probanden-gruppe 1	Probanden-gruppe 2	Probanden-gruppe 3	Probanden-gruppe 4
DaF-Lehr-werk	Schulbus	Das Deutschmobil	Pass auf!	Gute Reise, komm gut an!
Probanden-zahl	6 Personen	5 Personen	2 Personen	2 Personen
Mittelwert der ersten C-Test-Ergebnisse	29,3 Punkte	31,2 Punkte	30 Punkte	37,5 Punkte
Standardab-weichung der ersten C-Test-Ergebnisse	13,976 Punkte	28,157 Punkte	3 Punkte	2,5 Punkte

Wie der Tabelle 14 zu entnehmen ist, liegen die ersten C-Test-Mittelwerte bei den ersten drei Probandengruppen sehr nah aneinander, im Vergleich dazu erreichten die zwei SuS, die aus dem Lehrwerk *Gute Reise, komm gut an!* gelernt haben, etwas bessere Ergebnisse im Durchschnitt. Die Standardabweichung variiert aber je nach Gruppe unterschiedlich stark. Die größte Abweichung lässt sich bei den Probanden von *Das Deutschmobil* erkennen, welches durch die hohe C-Test-Punktzahl der Spitzenschüler ID 13 (55 CP) bedingt ist. In den Probandengruppen mit den zwei meist verwendeten Lehrwerken (*Schulbus* und *Das Deutschmobil*) liegen die ersten C-Test-Werte, von ID 13 abgesehen, zwischen 21 und 34 bzw. 38 CP.

Die Sprachentwicklung im ersten Datenerhebungsjahr wird anhand der C-Test-Ergebnisse bei jeder Person gemessen, wobei der Unterschied zwischen den zweiten und ersten C-Test-Punkten (CP2–CP1) berechnet wird. Die DaF-SuS weisen folgende Ergebnisse nach ihrer Sprachentwicklung in den vier Probandengruppen auf (s. Tab. 15).

Tabelle 15: Sprachentwicklung anhand der C-Test-Ergebnisse in den Probandengruppen nach den vorherigen Lehrwerken

	Probanden-gruppe 1	Probanden-gruppe 2	Probanden-gruppe 3	Probanden-gruppe 4
DaF-Lehrwerk	Schulbus	Das Deutschmobil	Pass auf!	Gute Reise, komm gut an!
Probandenzahl	6 Personen	5 Personen	2 Personen	2 Personen
Mittelwert bei der Sprachent-wicklung (CP2–CP1)	19 Punkte	16,2 Punkte	21 Punkte	17 Punkte
Standardabwei-chung bei der Sprachentwick-lung	24,413 Punkte	13,741 Punkte	4 Punkte	4 Punkte

Generell lässt sich feststellen, dass sich eine gut erkennbare Sprachentwicklung in allen vier Probandengruppen abzeichnet. Dabei gehen die Ergebnisse bei der Probandengruppe mit dem Lehrwerk *Schulbus* am weitesten auseinander.

Da auch die Spitzenschülerin (ID13) der Gruppe *Das Deutschmobil* es schafft, ihre C-Test-Werte um 12 Punkte weiter zu verbessern, scheint der intensive Deutschunterricht im ersten Erhebungsjahr sowohl die anfangs gute als auch die weniger starken SuS wie ID 2, 8 und 11 zu fördern. Dies geschieht auch unabhängig von den mitgebrachten Deutschkenntnissen, d.h. in jeder Probandengruppe. Der Vergleich der Standardabweichungen von den Probandengruppen *Schulbus* und *Das Deutschmobil* zeigt jedoch, dass sich die Sprachentwicklung der anfangs homogeneren Schülergruppe mit dem Lehrwerk *Schulbus* weiter auseinander geht als die Ergebnisse der anfänglich heterogeneren Gruppe mit dem Lehrwerk *Das Deutschmobil*.

Welche Merkmale die DaF-Lehrwerke bezüglich ihres Aufbaus zeigen, ob Unterschiede bei der Grammatikprogression zu erkennen sind und welche Rolle das Ungarische als Muttersprache bei der Grammatikvermittlung spielt, sind Aspekte der Lehrwerkanalysen im nächsten Kapitel.

9 Grammatikprogression in den DaF-Lehrwerken

In der ersten Datenerhebung wurde mittels Fragebögen erfasst, aus welchen Lehrwerken die Schülerinnen und Schüler der ungarischen Testgruppe Deutsch gelernt haben. Dabei konnte festgestellt werden, dass meistens zwei Lehrwerke eingesetzt wurden: einerseits das in Ungarn entwickelte Lehrbuch von Lőrincz-né Klinger: *Német nyelvkönyv gyermekeknek* mit dem deutschen Untertitel *Schulbus*, andererseits *Das Deutschmobil*, das vom Klett Verlag in Ungarn herausgegeben wird. Zwei Lerner aus der Gruppe gaben an, dass sie früher auch aus dem Deutschbuch *Pass auf!* von Piroska Kocsány, Mária Liksai und Marianna Molnár gelernt haben, weitere zwei Personen nannten weiterhin das Lehrbuch *Gute Reise, komm gut an!* von Marianna Rózsa Pataki. In der im September 2004 neu zusammengesetzten intensiven DaF-Lernergruppe wurden folgende Bücher verwendet: das von dem ungarischen Autorenpaar Maros-Gottlieb entwickelte Lehr- und Arbeitsbuch *Start!* und darauf folgend das DaF-Lehrbuch von Judit Maros für Fortgeschrittene mit dem Titel *Unterwegs*.

In diesem Kapitel werden die in der Grundschule und Sekundarstufe I überwiegend verwendeten Lehrwerke *Das Deutschmobil* und *Schulbus* sowie die gymnasialen Lehrbücher *Start!Neu* (2003[3]) und *Unterwegs* (2003[9]) näher vorgestellt. Die Lehrwerkanalyse erfolgt im Folgenden in drei Abschnitten. Der erste Abschnitt zum Aufbau und Grundkonzept stellt allgemeine Informationen zum jeweiligen Lehrwerk dar; im zweiten Abschnitt wird der Frage nachgegangen, auf welche Art und Weise eine kontrastive Sprachvermittlung im Lehrwerk zu erkennen ist; im dritten Abschnitt erfolgt die deskriptive Analyse zur Grammatikprogression im Lehrwerk (s. Anhang H[39]). Dabei wird untersucht, in welcher Reihenfolge und wie die in der vorliegenden Studie zentralen grammatischen Konstruktionen in den jeweiligen Lehrwerken vermittelt werden. Die Darstellung der Grammatikprogression liefert unerlässliche Informationen insbesondere für die Lernertextanalyse aus der ersten Datenerhebung, da sie einen Vergleich zwischen dem in 4–10 Jahren vermittelten Grammatikstoff und den von den Schülern verwendeten Grammatikformen ermöglicht.

Das Kapitel schließt mit einer Zusammenfassung der Grammatikprogression in den Lehrwerken. Hierbei werden für die vorliegende Studie drei zentrale Fragestellungen resümierend dargestellt:

1) In welcher Reihenfolge werden die deutschen Kasusformen in den Lehrwerken behandelt?
2) Welche Reihenfolge lässt sich bei der Vermittlung der zwei Vergangenheitstempora (Präteritum und Perfekt) in den Lehrwerken feststellen?

---

39 Der Anhang H steht unter www.waxmann.com/buch3391 zur Verfügung.

3) Wie ist die syntaktische Progression in den Lehrwerken bezüglich der Inversion und Verbendstellung?

9.1 Schulbus

9.1.1 Zum Aufbau und Grundkonzept des Lehrwerks

Die Sprachbücher *Schulbus* von Lőrinczné Klinger bestehen aus sechs Bänden, zu denen auch entsprechende Hörmaterialien erhältlich sind. Nach der Empfehlung der Autorin können die Bücher von der Klasse 1 bis Klasse 8 im Deutschunterricht in Ungarn eingesetzt werden[40].

Das erste Buch besteht aus zwei Teilen: der erste Teil trägt den Titel „Mündliche Anfangsphase", in dem Themen wie Tiere, Schule, Familie, Geburtstag, Stadt und Einrichtungsgegenstände für die Wohnung usw., aber auch Handlungen (fernsehen, lesen, Musik hören, Fußball spielen etc.) durch Zeichnungen eingeführt werden. Im zweiten Teil unter dem Titel „Lesen und Schreiben wir auf Deutsch!" wird das Schreiben und die Aussprache des Deutschen ausführlich behandelt. Eine Lehreinheit konzentriert sich immer auf ein bestimmtes Phonem und erweitert den Wortschatz der Kinder mit neuen Vokabeln, in denen meistens das ausgewählte phonetische Prinzip vorkommt. Im Allgemeinen lässt sich dabei folgende Strukturierung der Aufgaben erkennen:
- Bilder und die Angabe der entsprechenden deutschen Wörter/Ausdrücke
- Vorleseübung
- Schreib- und Wortschatzübung
- Sinn entnehmendes Lesen von Sätzen. Überprüfung des Verstehens durch Bildergänzungen
- Hinweis auf Wörter und Ausdrücke, die sich die Kinder merken sollen
- Übung zur Wörtertrennung
- Übung zur mündlichen Sprachverwendung
- Hinweis darauf, was sich die Kinder noch merken sollen.

Im zweiten Teil des Deutschbuchs *Schulbus* erhalten die Schüler eine Einführung in die Grundlagen der deutschen Grammatik. Neben dem bestimmten und unbestimmten Artikel im Nominativ und Akkusativ werden u. a. die Konjugation des Präsens von regelmäßigen und unregelmäßigen Verben sowie die Wort-

---

40 Bd. 1 (Klasse 1-2); Bd. 2 (Klasse 3-4); Bd. 3 (Klasse 4-5); Bd. 4 (Klasse 5-6); Bd. 5 (Klasse 6-7); Bd. 6 (Klasse 7-8)

folge in deutschen Sätzen behandelt. Oft werden Lieder[41] und Gedichte[42], aber auch kürzere Texte[43] in einer Länge von ca. sieben Zeilen eingesetzt.

9.1.2 Kontrastive Sprachvermittlung im Lehrwerk

In dem kurzen Vorstellungstext zu den sechs Bänden von *Schulbus* wird angegeben, dass die Lehrbücher sprachkontrastiv angelegt sind. Eine Analyse der Sprachverwendung zeigt zwar, dass der Einsatz sowohl der deutschen als auch der ungarischen Sprache eine gewisse Systematik z.B. bei den zweisprachigen Wortschatzlisten aufweist, es lässt sich aber keine sprachkontrastive Verwendung bei der Grammatikvermittlung erkennen. Generell gilt, dass auf einen kurzen Lehrbuchtext, in dem die neuen Formen vorkommen, die Erklärung des ausgewählten grammatischen Bereiches in der Muttersprache der Deutschlernenden folgt. Die Fachbegriffe werden in den unteren Klassen auf Ungarisch verwendet, später kommen auch die lateinischen und deutschen Begriffsvarianten vor. Im Folgenden wird diese Vorgehensweise anhand eines konkreten Beispiels erläutert.

In Lektion 4 des Bd. 5 wird die schwache Deklination der Adjektive vermittelt (s. Anhang H *Schulbus* 5). Die neue Lektion beginnt mit der Themenangabe („Weihnachten in der großen Welt") auf Deutsch. Danach wird die neue Grammatik auf Ungarisch angegeben (Grammatik: Die schwache Deklination der Adjektive)[44]. Anschließend erhalten die Kinder „Vorübungen zum Lesestück". Der Arbeitshinweis wird auf Ungarisch formuliert und fordert die Lernenden auf, sich die attributiven Adjektive in den Sätzen aufmerksam anzuschauen[45]. Das Lesestück besteht aus zehn Sätzen, die miteinander im thematischen Zusammenhang stehen. In jedem Satz kommt mindestens ein Adjektiv in attributiver Verwendung vor. In der zweiten Aufgabe erhalten die Lernenden vier Handlungshinweise auf Ungarisch:

1. Unterstreicht die attributiven Konstruktionen in den Sätzen.
2. Stellt das Geschlecht und den Numerus des Substantivs fest und gebt danach den Kasus an.

---

41   s. Seiten 44; 58; 65; 74; 87; 101; 106; 109; 121-124
42   s. Seiten 48; 52; 83; 93; 118-120
43   s. Seiten 60; 107–108
44   Nyelvtan: A melléknév gyenge ragozása
45   Figyeljétek meg a mondatokban a jelzői mellékneveket!

3. Tragt in eine von euch fertiggestellte Tabelle die Adjektive mit dem bestimmten Artikel ein!
4. Vergleicht die Endungen der Adjektive mit den Endungen der folgenden Adjektive in der Tabelle.

Wenn die Schüler die erste Aufgabe korrekt lösen, erkennen sie insgesamt 14 attributive Konstruktionen. Die anschließende Analyse erfordert sichere grammatische Kenntnisse. Im dritten Schritt soll eine Tabelle erarbeitet werden, bei der die Schüler (möglichst) selbständig die markierten Konstruktionen eintragen sollen. Hierbei fällt ihnen wahrscheinlich zunächst auf, dass es eine Konstruktion ohne bestimmten Artikel gibt und zwei andere, in denen nicht der bestimmte Artikel sondern das Demonstrativpronomen und das Relativpronomen vorkommen. Als nächster Analyseschritt soll ein Vergleich der eigenen Tabelle mit der im Lehrbuch angegebenen Grammatiktabelle durchgeführt werden. Fokussiert wird dabei auf die Flexion der isolierten Konstruktionen.

Die in der Lektion eingerahmte Grammatikerklärung besteht wie oben festgestellt aus ungarischen und deutschen Begriffen. Die Anordnung der grammatischen Formen erfolgt in vier großen Blöcken nach Genus (Maskulinum, Femininum und Neutrum) und nach Numerus (zuerst Singular, im vierten Block Plural). Die Fachbegriffe stehen auf Ungarisch. Die Kasusformen (Nom., Akk., Dat., Gen.) bilden die horizontale Ebene der Tabelle, wobei eine visuelle Unterstützung durch die Zeilen- und Spaltenlinien fehlt. Fett markiert sind die Flexionen bei den Adjektiven. Die auf Ungarisch formulierte grammatische Erklärung besagt, dass die schwache Adjektivdeklination im Deutschen dann verwendet wird, wenn vor dem Adjektiv *der, die, das* oder ein entsprechendes Pronomen (*dieser, jener, welcher* usw.) steht. Weiterhin wird das Fragewort (*welcher, welche, welches*) für die Konstruktionen in der schwachen Deklination genannt und darauf hingewiesen, dass auch dieses wie der bestimmte Artikel dekliniert wird. Im Beispiel wird eine Frage mit schwacher Deklination im Akkusativ und eine kurze Antwort ohne Prädikat genannt. Abschließend wird noch angemerkt, dass die Adjektive nach den unbestimmten Zahlwörtern *alle* und *beide* schwach dekliniert werden.

Insgesamt kann festgehalten werden, dass die entsprechende Grammatik der ungarischen Sprache in die Bearbeitung und Erklärung der neuen Formen sprachkontrastiv nicht mit einbezogen wird. Ob die Frage im Unterricht aufgegriffen wird, wie sich die ungarischen Adjektive im Gegensatz zu den deutschen verhalten, hängt von der Lehrperson oder von den Schülern ab, sie wird vom Lehrbuch nicht gestellt. Das Ziel der Aufgabe ist ausschließlich die Erstellung einer Art Forminventar und die Ergänzung durch die anschließende Grammatikerklärung hinsichtlich der morphologischen Bildung. Dabei wird auf die Funktion der Kasus im Deutschen nicht eingegangen und auch ein sprachkontrastiver Vergleich wird diesbezüglich komplett ausgeblendet.

Die vorherige Analyse lieferte ein ausgewähltes Beispiel, das eine thematische Relevanz für die vorliegende Arbeit bezüglich der Nominalmorphologie aufweist. Da die Grammatikvermittlung in allen Bänden von *Schulbus* ähnlich konzipiert ist und auf einen expliziten Vergleich der ungarischen mit der deutschen Grammatik durchgehend verzichtet wird, muss abschließend festgestellt werden, dass keine sprachkontrastive Sichtweise den Sprachbüchern bei der Grammatikvermittlung zu Grunde gelegt worden ist.

9.1.3 Grammatikprogression im Lehrwerk

Eine weitere für die vorliegende Studie relevante Analysefrage geht der Grammatikprogression in den Lehrwerken nach. Dabei werden drei Bereiche unterschieden: Nominal- und Verbalflexion sowie die Satzmodelle.

Die explizite Behandlung der vier Kasus erfolgt in *Schulbus* in vielen kleinen Schritten unterteilt vom ersten bis zum dritten Band. Die Deklination der Adjektive wird erst in dem fünften Band (Lektionen 3–5) behandelt. Damit kann insgesamt eine flache Progression im nominalen Bereich festgestellt werden. Den Ausgangspunkt bildet der Nominativ (bestimmter, unbestimmter Artikel im Sg. später im Pl. sowie die Personalpronomina in 3. Person Sg.). Darauf folgend werden die Akkusativformen der Artikel und Personalpronomina eingeführt, welche erst am Ende durch die Indefinitpronomina im Nom. und Akk. ergänzt wird. Das zweite Buch beginnt mit der Vermittlung des Dativs bei dem bestimmten und unbestimmten Artikel, und greift die Personalpronomina in der vierten Lektion im Nom. und Akk. auf und erweitert das Lernerwissen durch die Dativformen. Ähnlich vernetzt mit dem Nom. und Akk. erfolgt die Einführung der Possessivpronomina der 1. und 2. Pers. Sg. im Dativ. In der letzten Lektion werden die Wechselpräpositionen (an, auf, vor, hinter, in, über, unter, neben und zwischen) thematisiert. Der dritte Band des Lehrwerks vervollständigt die Kasusformen mit dem Genitiv (Lektionen 2–3) und liefert für die Schüler eine zusammenfassende Tabelle, in der sowohl die bestimmten, die unbestimmten Artikel und Negationsartikel, als auch die Possessivpronomina im Sg. und Plural erfasst werden. Die Behandlung der starken, schwachen und gemischten Deklination der Adjektive erfolgt erst im fünften Band in jeweils einer Lektion. Das Buch greift in der 9. Lektion die Präpositionen mit Genitiv auf und schließt damit die Formbildung und Verwendung der Kasus im Deutschen auf einem anspruchsvollen Niveau ab. Da der sechste Teil im Unterricht der Probanden nicht mehr eingesetzt wurde, wird dieser in der Lehrwerkanalyse nicht mehr mit einbezogen.

Im verbalen Bereich kann folgende Grammatikprogression bei *Schulbus* ermittelt werden: Die Konjugation der Verben im Sg. Indikativ Präsens steht zwar am Anfang der verbalen Flexion, wird aber erst nach der Einführung der Nominativformen behandelt. Zu Beginn werden überwiegend einfache Verben verwendet, die ohne Akkusativergänzung stehen können. Darauf folgen einige unregelmäßige Verben (sehen, geben, nehmen und helfen auf Seite 42), die erst später mit anderen Verben mit Akkusativergänzung (wie kaufen, besuchen, bauen, bringen, öffnen, holen, geben, machen und lesen, S. 62) bezüglich ihrer Rektion geübt werden. Am Ende des ersten Bandes kommen die unregelmäßigen Verben „haben" und „sein" vor. Insgesamt bleibt die Grammatikvermittlung im Anfängerbereich beim Präsens, wobei die Modalverben (möchten, können) und die reflexiven Verben erst im zweiten Band eingeführt werden. Neben dem Indikativ wird in *Schulbus 2* auch die Bildung des Imperativs behandelt. Die Komplexität der Verbalflexion nimmt auch durch die exemplarische Aufnahme trennbarer Verben im Imperativ zu. Passend zu den Wechselpräpositionen, ein für DaF-Lernende schwieriger Bereich, wird der für die relationierende Prozedur bedeutungsmittragende verbale Teil in der gleichen Lektion behandelt. Hierbei kommen folgende Verbpaare vor: legen/liegen; setzen/sitzen; stellen/stehen. Im dritten Band werden die trennbaren Verben vertieft und weitere Modalverben (wollen, dürfen) thematisiert. Interessant ist, dass in der Lektion 6 das Futur I. auf dem Programm steht, worauf bereits in der nächsten Lektion das Perfekt folgt. Im vierten Buch werden die zwei Modalverben *mögen* und *sollen* behandelt und schließen damit die Vermittlung der Modalverben ab. Ihre Konjugation wird in tabellarischer Form mit den anderen Modalverben zusammenfassend dargelegt. Auffällig ist, dass die Behandlung der Modalverben ihren Fokus sehr stark auf die formale Seite legt, die Bedeutung und Funktion der Modalverben kommen dagegen viel zu kurz. Zur Fortführung der bisherigen Tempuskenntnisse der Schüler wird in der darauf folgenden Lektion die Perfektbildung bei Modalverben dargestellt. Das Tempussystem wird anschließend mit dem Imperfekt[46] der schwachen sowie im nächsten Schritt der starken und unregelmäßigen Verben erweitert. Der systematischen Vorgehensweise des Lehrwerks entsprechend beginnt der Band 5 mit der Imperfektbildung der Modalverben, führt aber die verbale Flexion nicht mehr

---

46 Terminologie der Lehrwerks

weiter, sondern fokussiert in den nächsten sieben Lektionen den nominalen Bereich.

Zusammenfassend lässt sich sagen, dass eine Verknüpfung zwischen dem nominalen und dem verbalen Bereich festgestellt werden kann, wobei die explizite Behandlung der Kasusformen der expliziten Vermittlung von Verben mit den entsprechenden Ergänzungen vorangeht. Methodisch-didaktisch setzt sich das Lehrwerk das Ziel, den Lernern zu Beginn jeder Lektion anhand einiger Beispiele das ausgewählte grammatische Phänomen vorzustellen, woraus die Schüler selber die entsprechenden Regularitäten ableiten können sollten. Des Weiteren wurde in diesem Abschnitt die Meinung vertreten, dass die von der Autorin angekündigte sprachkontrastive Grammatikvermittlung nicht realisiert wird. Im Gegensatz dazu arbeitet z.B. das Lehrwerk *Pass auf!* stark sprachkontrastiv, auf dessen Darstellung aus Platzgründen leider an dieser Stelle verzichtet werden muss. Die Analyse der Grammatikvermittlung anhand konkreter Beispiele zeigte, dass das Lehrwerk *Schulbus* die morphologischen Besonderheiten des Deutschen fokussiert, wobei die Funktionen der jeweiligen Formen nicht entsprechend thematisiert werden.

9.2 Das Deutschmobil

9.2.1 Zum Aufbau und Grundkonzept des Lehrwerks

Dieses Lehrwerk umfasst drei aufeinander aufbauende Stufen: Stufe 1 wurde für 8–10 Jahre alte DaF-Schüler entwickelt; die Zielgruppe der Stufe 2 bilden 10–12 jährige Lerner; die letzte, d.h. die dritte Stufe wurde für 12–14 Jahre alte Deutschlerner konzipiert.

Die Autoren von *Deutschmobil* nennen drei zentrale Punkte, die für die Entwicklung des Lehrwerks entscheidend waren (vgl. Douvitsas-Gamst et al. 1991):

1. durch altersspezifische Themen und Situationen sollen die Kinder auch auf der emotionalen Ebene zum Deutschlernen motiviert werden,
2. bei der Darbietung der Inhalte sollen altersspezifische Gesetzmäßigkeiten der Lerner berücksichtigt werden,
3. die kleinschrittig vorstrukturierte Aufbereitung der Aufgaben soll einerseits die Lehrer bei der Unterrichtsvorbereitung unterstützen, andererseits soll sie den Kindern die Einsicht in die fremde Sprache und Sprachanwendung erleichtern.

Ähnlich wie im ersten Teil von *Schulbus* kommen auch in *Deutschmobil* zahlreiche Lieder und Reime vor. Weiterhin werden die Kinder auf allen drei Lernstufen zu Kreativität und aktiver Sprachanwendung aufgefordert, da das Lernen nicht nur als ein imitativer Prozess verstanden wird. Um das Sprachlernen zu erleichtern, werden vielseitige Übungen angeboten, die die verschiedenen Wahrnehmungskanäle der Sinnesorgane ansprechen. Im Grammatikbereich ist hierfür der Einsatz von Symbolen bei der Vermittlung der Satzmodelle ein wichtiges Mittel. Die visuelle Kennzeichnung der Satzteile wird bereits auf der ersten Lernstufe eingeführt und bis zu Ende der Lehrwerkreihe konsequent eingesetzt.

9.2.2 Kontrastive Sprachvermittlung im Lehrwerk

Bei der Grammatikvermittlung in *Deutschmobil* ist kein Vergleich zwischen der Muttersprache der Kinder und der Fremdsprache Deutsch vorgesehen. Die Ausklammerung der L1 in diesem Lehrwerk lässt sich zunächst mit der Tatsache erklären, dass diese Sprachbücher allgemein für den Deutschunterricht im Ausland konzipiert wurden, d.h. für Muttersprachler mit unterschiedlicher L1. Diese Lehrwerke wurden in Ungarn zugelassen und von dem ungarischen Verlag *Tankönyvkiadó* mit herausgegeben, so dass es methodisch-didaktisch möglich gewesen wäre, die L1 z.B. durch grundlegende allgemeine Fragestellungen aufzugreifen und die Kinder einerseits über ihre Muttersprache zum Nachdenken zu veranlassen andererseits mit Hilfe der L1 eine Brücke zur Fremdsprache zu schlagen. Dies ist aber kein Teil des didaktischen Konzepts, stattdessen erfolgt hier die Sprachvermittlung möglichst durchgehend in der Zielsprache.

9.2.3 Grammatikprogression im Lehrwerk

Die Grammatikprogression im nominalen Bereich auf der ersten Stufe weist folgende Abfolge auf: Den Ausgangspunkt bilden die Personalpronomina der 1. und 2. Pers. Sg. Diese Formen werden bereits in der zweiten Lektion mit dem Personalpronomen der 3. Pers. Sg. (Mask. und Fem.) sowie mit dem „Artikel als Demonstrativpronomen"[47] (Neutr.) ergänzt. In der dritten Lektion wird eine breite Palette der Artikelwörter und Pronomina (bestimmter und unbestimmter Artikel im Nom. Sg. sowie Indefinitpronomina und Possessivpronomina 1. und 2. Pers. Nom. Sg.) vermittelt. Die Personalpronomina werden in zwei großen

---

47 Vgl. Douvitsas-Gamst et al.

Schritten behandelt. Zuerst lernen die Schüler diejenigen Formen kennen, die sich auf Lebewesen beziehen können, erst im zweiten Schritt erfolgt die Vermittlung des Personalpronomens für Gegenstände. Nach dieser mehrstufigen Fundierung des Nominativs erfolgt die Einführung des Akkusativs anhand des bestimmten Artikels in der Lektion 5, die in der darauf folgenden Lektion mit der Verwendung des Akk. Mask. Sg. sowie mit dem Plural ergänzt wird. Die Lektion 7 thematisiert die Richtungsangaben mit Präpositionen (*auf, in, über, unter, hinter, neben, vor*). Ganz neu kommen die Präpositionen den Schülern an dieser Stelle nicht mehr vor, da einige Präpositionen (*im, vor, nach*) als Zeitangabe in der Lektion 5 aufgenommen wurden. Die Personalpronomina im Akk. (Sg. und Pl.) werden erst in der Lektion 8 geübt. Als nächster Kasus wird der Dativ behandelt. Die bisher bekannte kleinschrittige Vermittlung wird auch hier beibehalten, so dass insgesamt zwei Lektionen hierfür vorgesehen sind.

Im Vergleich mit dem Lehrwerk *Schulbus* zeigt sich im nominalen Bereich dieses Lehrwerkes eine steilere Progression. Wie aber lässt sich die Aufarbeitung der verbalen Flexion bei *Deutschmobil* beschreiben?

Das unregelmäßige aber hochfrequente Vollverb *sein* bildet in der ersten Lektion (1. und 2. Pers. Sg.) den Einstieg in den verbalen Bereich. Die Konjugation der 1.–3. Pers. Sg. Präsens erfolgt in der nächsten Lektion und wird bereits in der dritten Lektion mit der 3. Pers. Pl. fortgeführt. Als nächster Schritt wird der Unterschied zwischen dem Infinitiv und der 1. und 3. Person fokussiert und im Sg. das Vollverb *haben* vermittelt. Die trennbaren Verben und die Konjugation in 1. und 2. Pers. Pl. Präsens sowie die Modalverben *wollen* und *mögen* als Vollverben vertiefen und erweitern die Kenntnisse der Schüler über die verbale Flexion. In Lektion 6 wird eine Brücke zwischen dem nominalen und verbalen Bereich geschlagen, indem zahlreiche Verben mit Akkusativergänzung thematisiert werden. Ähnlich wie in *Schulbus* erfolgt die Vermittlung des Imperativs (2. Pers. Sg. und Pl.) bereits in diesem relativ frühen Stadium. Auch die Modalverben werden schrittweise weiter vorgestellt: *wollen* und *sollen* in Lektion 7, *dürfen* und *müssen* in Lektion 9. Ein Unterschied im Vermittlungskonzept der zwei Lehrwerke bei der verbalen Flexion ist, dass bei *Schulbus* die Vermittlungsreihe der Modalverben durch die Behandlung von Futur I. und Perfekt unterbrochen wird.

Als dritter Analysebereich wird an dieser Stelle die Syntax mit einbezogen. Anfangs steht der Aussagesatz (SV), der bereits ab der zweiten Lektion durch die intensive Behandlung der Inversion fortgesetzt wird. Erstaunlich ist, dass schon die Lektion 9 die Nebensatzkonstruktion nach *wenn* einführt. Bei einem genauen Blick fällt auf, dass die Satzklammer durch die Einführung der trennbaren

Verben in der Lektion 5 und die Modalverben als Vollverben ab der Lektion 6
in den Lehrbuchtexten des Öfteren vorkommen.

Die Grammatikprogression im zweiten Teil von *Deutschmobil* setzt im nominalen Bereich in der ersten Lektion bei der Vermittlung des Dativs nach dem bestimmten und unbestimmten Artikel sowie nach den Präpositionen *in, auf, hinter, vor, neben* und *unter* an. Alle Präpositionen werden in ihrem statisch lokati-
ven Gebrauch geübt. Die vollständige Vermittlung der Dativformen nach den
Indefinit- und Possessivpronomina erfolgt in der vierten Lektion. Die Verwendung der Präpositionen *zu, bei* und *von* in der fünften Lektion setzt die Reihe
der Präpositionen mit Dativ fort. Auch das Reflexivpronomen im Akk. und das
Fragepronomen *welch-* werden in der gleichen Lektion behandelt. Für wie
komplex die Lehrbuchautor(inn)en den präpositionalen Kasuserwerb halten,
zeigt, dass in der neunten Lektion das Thema erneut aufgegriffen wird, wobei
auch die Wechselpräpositionen mit statischer und direktionaler Verwendung
geübt werden. Die Aufmerksamkeit der Lerner wird dabei insbesondere auf die
Wechselpräpositionen gelenkt. In der letzten Lerneinheit der zweiten Stufe
wird die Adjektivdeklination im Nominativ Singular und Plural nach bestimm-
tem und unbestimmtem Artikel, Possessiv- und Indefinitpronomen thematisiert.

Im verbalen Bereich ist die Konjugation des Verbs „wissen" im Präsens der
erste neue Schritt. Darauf folgt ab der Lektion 2 die Behandlung des Präteritums in zwei Etappen: zuerst werden die regelmäßigen und gemischten Verben, sowie die Vollverben *sein* und *haben* und die Modalverben behandelt. Neben den Grammatiktabellen wird unterstützend auch ein kleiner Merkvers ein-
gefügt. Die Lektion 3 führt die Präteritumbildung mit den unregelmäßigen Verben fort. Auch an dieser Stelle wird ein Merkvers eingesetzt. Die darauf folgende Lektion sieht keine neue Grammatikvermittlung im verbalen Bereich vor.
Die Lektion 5 zeigt die Konjugation der Reflexivverben im Präsens, ohne auf
die Präteritumformen einzugehen. Auch das Perfekt als nächstes neues Tempus
wird in zwei großen Schritten behandelt: nach den regelmäßigen und gemischten Verben erfolgt die Vermittlung der unregelmäßigen Verben. Die Perfektbildung wird nach den Hilfsverben (sein/haben) in zwei getrennten Tabellen dargestellt. Die Schüler erhalten aber lediglich eine Zuordnung der bis dahin gelernten Verben; welche Prinzipien diesen zwei Perfektbildungen zu Grunde liegen, wird im Lehrbuch nicht erklärt. Eine weitere Lücke bei der funktionalen
Vermittlung weist die Kontrastierung der Präteritum- und Perfektverwendung
auf. Zwar erhalten die Lernenden u. a. auch durch die Aufgaben im Arbeitsbuch
die Möglichkeit, die Perfekt- und Präteritumformen der jeweiligen Verben systematisch einzuüben, es wird aber auf die unterschiedlichen Verwendungswei-

sen der beiden Vergangenheitsformen nicht eingegangen. Damit bleibt für die Schüler mit ungarischer Muttersprache unklar, warum es im Deutschen mehrere Möglichkeiten gibt auf Vergangenes zu referieren. Das heutige Ungarisch kennt nämlich nur eine Vergangenheit. Da es im Lehrwerk Erzählungen sowohl im Präteritum als auch im Perfekt gibt und die Beispiele beliebig austauschbar erscheinen, können die Lernenden die situativ richtige Verwendungsweise nicht erschließen.

Im Bereich der Syntax werden zahlreiche Subjunktoren (*als; immer wenn; weil; ob, wenn* etc.) eingeführt, wobei auf die Vermittlung der Wortfolge im Satz durch visuelle Techniken besonders fokussiert wird. Bei der Behandlung des Perfektes wird die Satzklammer nach ihrer Komplexität wieder in zwei großen Einheiten thematisiert; zuerst erfolgt ihre Vermittlung nur im Aussagesatz, anschließend werden die Satzgefüge und Satzverbindungen, Wortfragen und Satzfragen behandelt.

Auf der dritten Stufe werden folgende Themen im nominalen Bereich explizit behandelt: Lektion 1 beginnt mit der Deklination der Adjektive im Akk. (Sg. und Pl.) mit dem bestimmten und unbestimmten, possessivischen oder negativen Artikel (vgl. Douvitsas-Gamst 1996). In Lektion 3 werden die Relativpronomina im Nom., Akk., Dat. im Sg. und Pl. thematisiert. Die Deklination der Adjektive wird in der nächsten Lektion mit den Dativformen der Artikel fortgeführt. Der Demonstrativartikel (*dies-*) bildet den darauf folgenden Schritt. Die Lektion 5 befasst sich mit den Indefinitpronomina, die Lektion 7 mit den Artikelwörtern *all-* und *jed-*). Als letzte Einheit wird der Genitiv in der Lektion 8 behandelt. Damit ergibt sich eine Konzeption, die von der Grammatikprogression des Lehrwerks *Schulbus* abweicht. In *Deutschmobil* werden die schwache, starke und gemischte Deklinationsschemata nicht nacheinander in separaten Lektionen vermittelt und geübt, sondern die Grammatikvermittlung richtet sich hierbei nach dem Kasus. Im Allgemeinen kann festgestellt werden, dass die vier Kasus in den zwei Lehrwerken die gleiche Vermittlungsreihenfolge aufweisen. Die Schüler, die mit dem Lehrwerk *Schulbus* arbeiten, setzen sich aber mit der Bildung und Verwendung des Genitivs wesentlich früher explizit auseinander als die Lerner von *Deutschmobil*.

Auf der letzten Lehrbuchstufe kommen folgende Themen der Verbalflexion in *Deutschmobil* vor: Passiv im Präsens und Präteritum (Lektion 2); Konjunktiv II. (Lektion 4); zu + Inf., anstatt + zu + Inf. (Lektion 5); Futur I., Vorgangs- und Zustandspassiv, lassen + Infinitiv (Lektion 8). Für die relativ späte Vermittlung des Futur I. kann möglicherweise einerseits ihr seltenes Vorkommen die Erklärung sein, andererseits ist es oft möglich, die Referenz auf zukünftige Handlungen mit anderen sprachlichen Mitteln auszudrücken. Eine andere Reihenfolge wurde in *Schulbus 3* gewählt, wo die Futurbildung zwischen den Modalverben und der Perfektkonstruktion geübt wird. Alle anderen Formen der verbalen Flexion in *Deutschmobil 3* werden erst in *Schulbus 6* behandelt. Dies bedeutet, dass viele Schüler bis zur Klasse 8 diese Formen wegen der flachen Grammatikprogression nicht bearbeiten.

Was die explizite Weiterführung der Satzmodelle in *Deutschmobil 3* betrifft, kann festgestellt werden, dass auf diesem fortgeschrittenen Niveau die Nebensätze dominieren. Hierbei werden die Temporal-, Relativ-, Final- und Konzessivsätze thematisiert. Weiterhin werden aber auch die Satzklammer und die Inversion bei Passiv sowie die letztgenannte auch nach Adverbien im Hauptsatz (Lektion 6) geübt. Die Satzverbindungen mit *aber* und *sondern* bilden eine weitere Übungseinheit der Lektion 6. Damit zeigt die Vermittlungsreihenfolge der deutschen Satzmodelle nach der Verbstellung keine direkte lineare Richtung, sondern sie verläuft eher sägezahn- oder spiralförmig. Im Vergleich mit dem Lehrwerk *Schulbus* weist *Deutschmobil* eine besser durchdachte und ausgearbeitete Vorgehensweise bei der Grammatikvermittlung auf, da die Aufmerksamkeit der Lernenden auch durch die konsequente visuelle Markierung auf die Regularitäten der deutschen Verbstellung gelenkt wird. Problematisch erscheint jedoch das Nachvollziehen der Wortstellungsvarianten, da auf die funktionale Ebene neben der formalen Bildung kaum eingegangen wird.

9.3 Start! Neu

Der folgende Abschnitt befasst sich mit dem Lehrwerk von Judit Maros und Éva Szinnyainé Gottlieb (2003[3]): Start! Neu, welches eine stark überarbeitete Version der ersten Ausgabe von 1994 ist. Dieses aus Lehr- und Arbeitsbuch sowie Audiomaterialien bestehende Lernpaket galt im ersten Schuljahr der sprachintensiven Gruppe am Gymnasium als Grundlage für den Deutschunterricht.

9.3.1 Zum Aufbau und Grundkonzept des Lehrwerks

Das Vorwort des Lehrbuchs fasst die Änderungen in der Konzeption des Lehrwerks mit knappen Wörtern zusammen. Die Überarbeitung basiert auf den Ergebnissen der Evaluation, die von dem Verlag *Nemzeti Tankönyvkiadó* unter Mitwirkung von Lehrkräften für Deutsch als Fremdsprache ermittelt wurde.

Neben der Aufnahme alterspezifischer Texte wurde das Lehrmaterial in erster Linie bezüglich der Förderung der Schreib-, Lese- und Hörfertigkeit erweitert. Neu ist bei der Wortschatzvermittlung, dass die schwierigeren Wörter im Kontext eingebettet präsentiert und geübt werden und dass die weniger geläufigen Fremdwörter mit phonetischen Hinweisen versehen sind. Die Evaluation des Sprachbuchs zeigte weiterhin, dass die Grammatikprogression im Lehrbuch geändert werden sollte. Aus diesem Grund rückte die Vermittlung des Perfekts weiter nach vorn. Im Bereich der Grammatik wurde auf Grund der positiven Evaluation die ungarischsprachige Zusammenfassung beibehalten.

Welchen Verlauf die Grammatikvermittlung in dem neuen *Start!* aufweist, wird unter dem Punkt „Grammatikprogression im Lehrwerk" näher analysiert. Zunächst wird auf die Rolle der Muttersprache bei der Sprachvermittlung eingegangen.

9.3.2 Kontrastive Sprachvermittlung im Lehrwerk

Die ungarische Sprache erfüllt verschiedene Funktionen bei der Sprachvermittlung in diesem Lehrwerk. Am häufigsten kommt sie bei den Aufgabestellungen nach den jeweiligen deutschen Anweisungen und bei der Wortschatzvermittlung vor. In diesen Fällen dient sie in erster Linie der Verständnissicherung. Besonders in den ersten Lektionen werden aber auch Lerntipps auf Ungarisch formuliert und sprach- oder kulturvergleichende Fragen in der Muttersprache der Lernenden gegeben. Auf diese Weise werden die Vorkenntnisse der Jugendlichen bei der Übung zur Aussprache z.B. in Lektion 1, Seite 13 aufgegriffen, indem zu den angegebenen deutschen Eigennamen die entsprechenden ungarischen Vornamen gesucht werden sollen.

Die Grammatikeinheiten zu den jeweiligen Lektionen sind im Übungsheft unter dem Stichpunkt „Grammatik – kurz gefasst" integriert. Die Erklärung des neuen grammatischen Phänomens erfolgt von Anfang an bis zur letzten Lektion auf Ungarisch. Hierbei werden die Fachbegriffe für die deutschen grammatischen Formen und Funktionen auf Ungarisch benannt. Damit möchten die Autorinnen die im Ungarischunterricht vermittelten Grammatikkenntnisse der Deutschlerner mit einbeziehen. Problematisch erscheint mir jedoch, dass die ungarischen Begriffe für viele Schüler_innen leider nur selten eine echte Hilfestellung bedeuten, da wie im Unterricht beobachtet auch das ungarische Fachvokabular ihnen entweder nicht bekannt ist oder mit den deutschen Begriffen inhaltlich nicht deckungsgleich ist (wie z.B. Kasus – *eset* (Ung.)).

Eine weitere Art der Grammatikerklärung, in der die ungarische Sprache vorkommt, sind die Übersetzungen der deutschen Beispielsätze. Oft folgen diese der stichwortartigen Benennung der neu eingeführten Grammatik, woran sich eine knappe oft nur einzeilige Erklärung auf Ungarisch anschließt.

Insgesamt lässt sich feststellen, dass ein konsequenter und vertiefender Vergleich der zwei Sprachen insbesondere in Hinsicht auf die Funktion der grammatischen Formen im Lehrwerk *Start!* nicht umgesetzt wurde.

9.3.3 Grammatikprogression im Lehrwerk

Die zwanzig plus 1 Lektion mit der fakultativen Lektion im Anhang des Lehrwerks weist im nominalen Bereich folgende Grammatikprogression auf: In der ersten Lektion werden die Personalpronomina sowie die bestimmten Artikel eingeführt und die drei Genera des Deutschen kurz dargestellt. Die zweite Lektion ergänzt die bestimmten Artikel mit den unbestimmten Artikeln. Ein kurzer kontrastiver Hinweis auf die Artikelverwendung im Deutschen gibt den Schülern die Information, dass der Nullartikel im Deutschen seltener als im Ungarischen vorkommt. Diese Aussage wird nicht weiter durch konkrete Beispiele erläutert. Noch in der gleichen Lektion wird die Pluralbildung der Substantive thematisiert. Hierbei legen die Autorinnen viel Wert auf die Kennzeichnung der Pluralformen in den Wörterbüchern. Als Lerntipp weisen sie darauf hin, dass die deutschen Substantive mit dem Artikel und der Pluralform gelernt werden sollten. Auch die Genusbestimmung bei Komposita wird in der Lektion 3 erläutert. Der Akkusativ wird in der darauf folgenden vierten Lektion behandelt, woran sich die Verwendung der Präposition *von* bei Besitzanzeigen anschließt. Die gleiche Lektion greift weiterhin das Possessivpronomen „mein" auf und führt die Akkusativformen im Bereich der Personalpronomina mit der 3. Person Sg. fort. Die Deklination der schwachen Substantive (wie *der Nachbar, der Herr, der Fotograf*) wird bereits an dieser Stelle durch ein paar Beispiele und eine Regelformulierung für alle vier Kasus thematisiert. Lektion 5 behandelt den Negationsartikel (kein-) im Nom. und Akk. Sg. sowie Pl. In der nächsten Lektion werden die Präpositionen im ersten Schritt (in + Akk. und um + Akk.) explizit behandelt, die dann in der Lektion 6 mit den Präpositionen *um* und *für* + Akk. weitergeführt werden. Noch im Rahmen dieser Lektion werden auch die Personalpronomina im Akk. vermittelt. Die darauf folgende Einheit befasst sich mit der Deklination von *einer, eines, eine; keiner, keines, keine; jeder, jedes, jede* und *dieser, dieses, diese*. In Lektion 9 wird im nominalen Bereich keine neue Form eingeführt. Die explizite Auseinandersetzung mit dem Dativ erfolgt ab Lektion 10 durch Einführung der Dativformen des bestimmten und unbestimmten Artikels sowie der Darstellung der schwachen Substantive und der Personalpronomina im Dativ. Auch einige grundlegende Präpositionen (*aus, bei, in, mit nach, seit, von, vor, zu*), die mit Dativ verwendet werden, werden an dieser Stelle geübt. Erst in der Lektion 12 werden die Wechselpräpositionen (*auf, an, in, über, unter, vor, hinter, neben, zwischen*) behandelt, wobei der verbale Teil aus den Beispielen weggelassen wird und nur die präpositionalen Phrasen mit Akk. und Dativ kontrastiv durch visuelle Unterstützung dargestellt werden (vgl. Maros & Szinnyainé 2003[3]: 123). Die Behandlung der Verben erfolgt separat (s. u.). Die Lektion 13 vermittelt die Deklination von *jemand* und *niemand* in den bisher behandelten drei Kasus. Die Fortführung der Dativ- und Akkusativ-Verwendung erfolgt in Lektion 14, in der die Präpositionen *gegenüber, aus, bei, von, zu* + Dativ sowie *um, durch* und *über* geübt werden. Als letzter Kasus wird der Genitiv auch in der Lektion 14 besprochen. Bei der expliziten Behandlung wird auch die präpositionale Verwendung des Genitivs bei *wegen* aufgenommen. Weiterhin wird die Besitzangabe bei Eigennamen durch -s exemplarisch dargestellt. Insgesamt kann festgestellt werden, dass diese Lektion eine hohe Dichte an Grammatik aufweist. Die Komplexität des Grammatikstoffes nimmt auch in den nachstehenden Lektionen nicht ab: nach den Reflexivpronomina (Lektion 15) und der Steigerung der Adjektive (Lektion 16) wird die schwache und die starke Adjektivdeklination (Lektion 17 und 18) bearbeitet. Als letzte Grammatikeinheit kommen in der Lektion 19 die substantivierten Adjektive vor.

Zusammenfassend lässt sich sagen, dass die Kasusformen schrittweise eingeführt werden, sowohl die vier Kasus als auch die betroffenen Wortarten (Artikel, Pronomina und Adjektive) werden über mehrere Lektionen verteilt behandelt. Trotzdem ist festzustellen, dass das Deutschbuch *Start! Neu* bei der Behandlung der nominalen Flexion nicht auf dem Anfänger-Niveau stehen bleibt, sondern auch die Vermittlung (sehr) komplexer Strukturen anstrebt. Damit zeichnet sich eine insgesamt steile Grammatikprogression in diesem Lehrwerk ab.

Im verbalen Bereich bilden die Konjugation der regelmäßigen Verben sowie des Verbs „sein" den Ausgangspunkt. Bereits in der zweiten Lektion wird die Bildung des Imperativs in 3. Person Singular und Plural behandelt, die später (Lektion 9) mit den üblichen Formen erweitert wird. Die Vermittlung der Modalverben erstreckt sich von der Lektion 3 bis zur Lektion 20 und erfolgt in insgesamt sechs großen Schritten (s. Anhang H). Ab der Lektion 3 wird die Konjugation unregelmäßiger Verben (z.B. *essen, nehmen*) in jeder Person im Sg. und Pl. in Listenform vermittelt. Die Schüler können sich mit der Perfektbildung und Perfekt-Verwendung ab der Lektion 13 gezielt auseinandersetzen. Die Einführung des Präteritums erfolgt in Lektion 19 sowohl bei den schwachen als auch bei den starken und gemischten Verben. Das Passiv wird in der letzten Lektion thematisiert, seine Vermittlung bezieht sich nur auf die Präsensformen. Die reflexiven Verben werden erst fünf Lektionen nach der Einführung des Dativs behandelt, damit bleibt den Lernern etwas Zeit für die Vertiefung der Kasusformen. Doch lässt sich insgesamt feststellen, dass das Lehrwerk auch im verbalen Bereich eine breite Palette der Grammatik abdecken will. Wie weit sich die Grammatikprogression im Syntaxbereich erstreckt, wird im nächsten Abschnitt analysiert.

Als grundlegende Struktur wird die Wortfolge Subjekt-Prädikat-Objekt angesehen. Doch bereits die erste Lektion vermittelt die Inversion nach Fragewörtern und Vorfeldbesetzung durch vorangestellte Wörter (vgl. Maros & Szinnyainé 2003[3]: 11). Die Einführung der Satzklammer erfolgt in der Lektion 3, in der die Schüler das erste Modalverb kennenlernen. Noch in derselben Lektion können sie sich auch mit dem zusammengesetzten Satz (nach *oder, aber*) auseinandersetzen. Die Inversion bei Entscheidungsfragen bildet das nächste Thema (Lektion 4), worauf die Behandlung der Wortfolge nach *sondern* folgt. Die Lektion 9 greift erneut die inversiven Konstruktionen auf, indem die Junktoren *deshalb* und *trotzdem* thematisiert werden. Erst die Lektion 10 befasst sich mit der Verbendstellung in den Nebensätzen. Als erster Subjunktor wird hierfür *dass* gewählt, sieben Lektionen später werden auch *weil* sowie die Verbendstellung in durch Fragewörter eingeleiteten Nebensätzen erläutert. In den dazwischen liegenden Lektionen werden weitere Fälle für die SVO-Wortfolge sowie für die Satzklammer nach Modalverben und bei Perfekt behandelt.

Damit verläuft die explizite Vermittlung der deutschen Satzmodelle in dem Lehrbuch nicht linear; die typischen Verbstellungen werden mehr oder weniger abwechselnd behandelt, wobei die Verbendstellung zuletzt eingeführt wird. Eine Verschränkung zwischen dem verbalen und dem syntaktischen Bereich lässt sich z.B. in Lektion 2 bei der Vermittlung von Modalverben und der Satzklammer feststellen, in anderen Fällen ist sie nicht immer eindeutig zu erkennen.

Da dieses LW im ersten Datenerhebungsjahr die Unterrichtsinhalte stark vorgab, wird im nächsten Schritt der Frage nachgegangen, wie sich die grießhaberschen Profilstufen von 0 bis 6 mit insgesamt 1943 Belegstellen in den Lektionen dieses Lehrwerks verteilen. Die folgende Abbildung zeigt die prozentualen Ergebnisse:

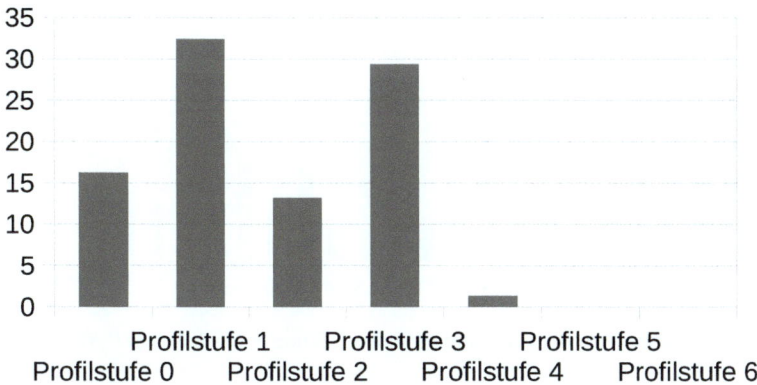

Abbildung 7: Verteilung der Profilstufen in *Start! Neu*

Die Vorkommenshäufigkeit der Profilstufen zeigt insgesamt eine ungleiche Verteilung. Profilstufen 5 und 6 kommen in *Start! Neu* nicht vor. Die Profilstufen 1 und 3 machen mit etwa gleicher Häufigkeit ca. 60% der Gesamtdaten aus, die Profilstufen 0 und 2 sind am zweithäufigsten (16,23% und 13,19%) vertreten. Obwohl die Verbendstellung in der zehnten von insgesamt 21 Lektionen explizit behandelt wird, konnten hierfür im Lehrwerk nur 28 Konstruktionen (1,33% aller Profilstufen) gefunden werden. Betrachtet man das DaF-LW als zentrales Steuerungsinstrument, stellt sich an dieser Stelle die Frage, ob diese Inputmenge für eine Regelextraktion und das Aneignen der Verbendstellung ausreichend ist.

Über die Inputmenge hinaus ist die Verteilung der Profilstufen in den 21 Lektionen ein wichtiger Punkt, der im nächsten Schritt analysiert wird. Abbildung 8 zeigt, wie unsystematisch sich das Unterrichtsmaterial nach der syntaktischen Komplexität gestaltet.

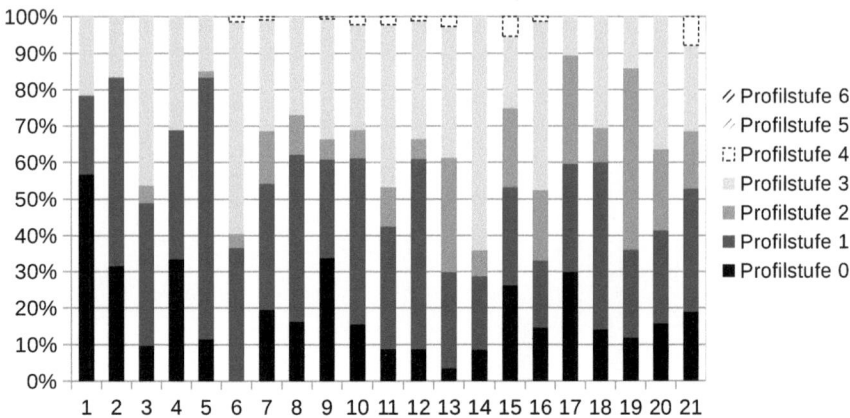

Abbildung 8: Verteilung der Profilstufen in den Lektionen des LW *Start! Neu*

Der Vergleich der Konstruktionen im LW mit der vorgesehenen Grammatikprogression ergibt ein erstaunliches Bild, da er zum ersten zahlreiche Konstruktionen ohne Finitum (Stufe 0) zeigt, zum zweiten die Verteilung der Profilstufen im LW der Reihenfolge der grießhaberschen Profilstufen nicht entspricht und zum dritten wie bspw. bei der Vermittlung der Verbendstellung festgestellt wurde, das Vorkommen der Konstruktionen im LW auch mit den Lehrinhalten nicht übereinstimmt.

9.4 Unterwegs

9.4.1 Zum Aufbau und Grundkonzept des Lehrwerks

Dieses Lehrwerk sowie seine überarbeitete Version Unterwegs NEU A (2003) setzen an dem Sprachniveau an, auf dem die Lernenden nach der Bearbeitung des Lehrwerks *Start!* stehen und führen nach Angaben der Autorin Judit Maros bis zur Mittelstufe. Neben der Erweiterung der Wortschatz- und der Grammatikkenntnisse der Schüler_innen werden ausgewählte und bereits bekannte Grammatikbereiche aus *Start!* wie Adjektivdeklination und Passiv wieder aufgegriffen. Neu sind die Lerntipps, die noch vor der ersten Lektion vermittelt werden, darüber hinaus werden anteilsmäßig mehr und längere Texte auch zur Selbstbearbeitung angeboten.

9.4.2 Kontrastive Sprachvermittlung im Lehrwerk

Das Lehrbuch ist bis auf das alphabetisch geordnete Wörterverzeichnis durchgehend einsprachig konzipiert und verzichtet auf die Einbeziehung der ungarischen Sprache auch bei den Aufgabenstellungen. Bei der Wortschatzvermittlung ist auf der semantischen Ebene kein Hinweis auf kulturell oder sprachlich bedingte Unterschiede zu finden, d.h. die deutschen und ungarischen Wörter sowie Ausdrücke werden nur nebeneinander angegeben.

Das Arbeitsbuch bietet Platz zur expliziten Behandlung und Bearbeitung der neuen grammatischen Phänomene. Hierbei wird die Grammatik ähnlich wie in *Start! Neu* auf Ungarisch erklärt, wobei neben den deutschen Beispielsätzen auch die ungarische Übersetzung angegeben wird. Des Weiteren ähnlich wie bei *Start!* fällt hier ebenfalls auf, dass sich die Grammatikerklärung nur auf die Beschreibung der formalen Bildung beschränkt, die Funktion der einzelnen Grammatikformen und die dahinter steckende und von der ungarischen Sprache abweichende Sichtweise werden nicht erklärt. Dies stellt insbesondere für Jugendliche mit weniger Grammatikkenntnissen eine hohe Hürde dar, da die wenigen Beispielsätze für die Erschließung der Funktionalität nicht immer ausreichend sind.

9.4.3 Grammatikprogression im Lehrwerk

Das Lehrwerk *Unterwegs* von Judit Maros setzt die Grammatikvermittlung mit dem Passiv fort und führt im verbalen Bereich den Konjunktiv sowie das Plusquamperfekt ein. In der Syntax werden komplexe Strukturen mit V-Endstellung wie Relativsätze, Nebensätze nach den Subjunktoren *wenn, als, bis, seitdem, nachdem, bevor, während, solange; ohne dass, anstatt dass* etc. vermittelt. Mit dieser exemplarischen Auflistung wird deutlich, dass auf dem fortgeschrittenen Niveau die bereits abgelegten Strukturen in diesen zwei Grammatikbereichen mit vielen neuen Funktionen weiter ausgebaut werden. Innerhalb des nominalen Bereiches lässt sich aber eine Wiederholung erkennen, da die im Lehrwerk *Start! Neu* eingeführte Adjektivdeklination erneut geübt wird. Dies zeugt nicht nur von der linguistischen Komplexität der attributiven Verwendung deutscher Adjektive, sondern es zeigt auch, dass die Formbildung der deutschen Adjektive aus der Spracherwerbsperspektive für die Lerner ein schwieriges Gebiet ist. In den letzten Lektionen werden die Rektionen nach den deutschen Verben und Adjektiven thematisiert. Ein Grammatikthema, welches auch wegen zahlreicher Abweichungen von Strukturen in L1 nicht selten zu negativem Transfer führt. Auch an dieser Stelle arbeitet das Lehrwerk nur mit deutschen Beispielen und ihren ungarischen entsprechenden Formen.

Insgesamt lässt sich bei der Grammatikerklärung feststellen, dass sie formorientiert verläuft und nur selten die Funktionalität der jeweiligen Strukturen erläutert.

9.5 Fazit

Die vorherigen deskriptiven Darstellungen geben Hintergrundinformationen zu der den Lehrwerken zu Grunde liegenden Grammatikprogression. Aufgrund der oben beschriebenen Ergebnisse lassen sich zusammenfassend folgende Progressionslinien in den drei zentralen Analysebereichen festhalten.

Tabelle 16: Überblick zur Grammatikprogression in den DaF-Lehrwerken

	Schulbus (1–5)	Das Deutschmobil	Start! Neu
Kasusvermittlung	NADG Adjektivdeklinationstypen getrennt behandelt	NADG Adjektivdeklinationstypen nach dem Kasus geordnet	NADG Adjektivdeklinationstypen getrennt behandelt
Progression bei der Tempusvermittlung	Perfekt → Präteritum	Präteritum → Perfekt	Perfekt → Präteritum
syntaktische Progression	Inversion → Verbendstellung	Inversion → Verbendstellung	Inversion → Verbendstellung

Wie Tabelle 16 zeigt, ist die Reihenfolge der Kasusvermittlung in jedem Lehrwerk gleich und entspricht auch den Entwicklungssequenzen, die in den DaZ- und DaF-Studien[48] ermittelt wurden.
Bei der Vermittlung der Adjektivdeklination konnten zwei verschiedene Vorgehensweisen festgestellt werden, die eine orientiert sich nach den Kasus und vermittelt damit verbunden die Adjektivdeklination, die andere nimmt die Adjektivdeklinationstypen als Grundlage.

---

48 s. Kap. 4

Der größte Unterschied zeigt sich bei der Vermittlung der Tempusformen Perfekt und Präteritum. Die Progression in den Lehrwerken *Schulbus* und *Start! Neu* entspricht der in der DiGS-Studie beschriebenen Entwicklungssequenz, welcher das Lehrwerk *Das Deutschmobil* nicht folgt. Die Progression bei der Vermittlung der inversiven Strukturen und der Verbendstellung ist in allen drei untersuchten Lehrwerkreihen gleich.

Insgesamt konnte festgestellt werden, dass die Grammatikvermittlung in den Lehrwerken der ungarischen DaF-Gruppe formorientiert verläuft, aber es wird z.B. nicht auf die Unterschiede bei der Verwendung der zwei Vergangenheitstempora (Präteritum und Perfekt) und die funktionalen Besonderheiten der syntaktischen Strukturen in den Lehrbüchern eingegangen.
Die Verteilung der Konstruktionen im LW *Start! Neu* zeigt sich unsystematisch, da die Stufen 1 und 3 die meist belegten Profilstufen sind, worauf die Stufen 0 und 2 folgen. Überraschend ist das sporadische Vorkommen der Stufe 4, weil die Verbendstellung den Lehrinhalt der zehnten Lektion bildet; das Fehlen der Profilstufen 5 und 6 nach Grießhaber ist jedoch wegen der großen Komplexität dieser Konstruktionen nachvollziehbar. Da die Inversion in diesem LW von Anfang an vorkommt, kann nicht wie bei Thielmann (2007) angenommen werden, dass die Funktion der deutschen Kasusmorphologie für die ungarischen DaF-Lernenden fehlen würde.

Kapitel 10 der vorliegenden Studie untersucht die Erzählungen der Lernenden nach der sprachlichen Komplexität in den drei Analysegebieten der Lehrwerkanalyse, d.h. nach dem nominalen, verbalen und syntaktischen Bereich und geht der globalen Frage nach, ob sich eine Veränderung während der Lernzeit bzw. nach dem gemessenen Sprachstand abzeichnet. Dabei werden die Analysekategorien bezüglich der Wortschatzentwicklung und der Textkohärenz erweitert.

10 Komplexität in der Lernersprache

Im Folgenden werden die Lernerdaten nach ihrer Komplexität untersucht. Zu Beginn werden die Korpusgröße und die Äußerungsmenge (Kap. 10.1) dargestellt, anschließend wird die lernersprachliche Komplexität auf der Wortschatzebene untersucht. Die Analyseergebnisse des ungarischen DaF-Korpus in den klassischen Untersuchungsbereichen der DiGS-Studie (vgl. Diehl et al. 2000), d.h. im syntaktischen, nominalen sowie verbalen Bereich, werden in Kapitel 10.3–10.5 dargestellt. Danach erfolgt die lernersprachliche Analyse auf der Textebene (Kap. 10.6). Zum Schluss wird die lernerspachliche Komplexität in Hinblick auf die DaF-Lehrwerke untersucht.

10.1 Korpusgröße und Analyse zur Äußerungsmenge

Das in dieser Studie zentrale DaF-Lernerkorpus besteht aus insgesamt 11747 Wörtern, davon umfasst das Subkorpus *Fischfang* 5572 Wörter, das Subkorpus *Konditorei* 6175 Wörter (s. Anhang A1). Die Lernertexte aus der ersten Erhebung haben die wenigsten Tokens. Die umfangreichsten Daten stammen vom Ende des zweiten Erhebungsjahres. Tabelle 17 gibt detaillierte Informationen zum DaF-Korpusaufbau in Hinblick auf den Wortschatz nach der Erhebungszeit. Die Analysewerte geben die Wortanzahl wieder.

Tabelle 17: Wortanzahl in den DaF-Teilkorpora nach Erhebungszeit

	Anfang des ersten Erhebungsjahres	Ende des ersten Erhebungsjahres	Ende des zweit. Erhebungsjahres	Ende des dritten Erhebungsjahres
min. Wortanzahl im Lernertext	29	58	81	69
max. Wortanzahl im Lernertext	198	285	280	215
Mittelwert im Teilkorpus	31,13	49,2	58,2	60,73
Varianz im Teilkorpus	73,81	61,41	122,15	159,51
Standardabweichung im Teilkorpus	8,59	7,84	11,05	12,63

Der erste Blick auf die Entwicklung der Korpusgröße während der Datenerhebungszeit zeigt zwei Merkmale. Zum einen kann festgehalten werden, dass die durchschnittlichen Werte der Textlänge in den ersten zwei Jahren kontinuierlich steigen, die Tendenz sich jedoch im dritten Erhebungsjahr abschwächt. Zum anderen zeichnet sich zunächst eine diskontinuierliche Entwicklung im Wortschatzbereich ab, da die Standardabweichung am Ende des ersten Erhebungsjahres zurückgeht, in den darauf folgenden Erhebungen jedoch zunimmt. Kann eine Entwicklung der Deutschkenntnisse auch aufgrund der Ergebnisse der Sprachtests (C-Tests) individuell festgestellt werden?

Die globalen C-Test-Ergebnisse zeigen eine Weiterentwicklung der Deutschkenntnisse. Neun von den 15 Teilnehmerinnen und Teilnehmern erreichten mindestens fünf Punkte mehr als in der letzten Datenerhebung davor[49]. Am Ende des letzten Datenerhebungsjahres gehören vier Probanden der leistungsstärkeren Gruppe (71–80 C-Testpunkte) an. Folgende zwei Tabellen stellen die Spannbreite der Textlänge in den zwei Subkorpora (*Fischfang* und *Konditorei*) anhand der C-Test-Ergebnisse in den drei Leistungsgruppen dar.

Tabelle 18: Äußerungsmenge nach dem Sprachniveau in den *Fischfang*-Texten (DaF)

	21–30 CP	46–55 CP	71–80 CP
Korpusgröße	8 Texte	7 Texte	5 Texte
min. Wörterzahl	53 Wörter	72 Wörter	105 Wörter
max. Wörterzahl	125 Wörter	Extremwert: 198 Wörter nächster Wert: 101 Wörter	138 Wörter
Standardabweichung	24,4 Wörter	42,1 Wörter	13,4 Wörter

Tabelle 19: Äußerungsmenge nach dem Sprachniveau in den *Konditorei*-Texten (DaF)

	21–30 CP	46–55 CP	71–80 CP
Korpusgröße	Keine Daten	12 Texte	5 Texte
min. Wörterzahl	Keine Daten	77 Wörter	108 Wörter
max. Wörterzahl	Keine Daten	Extremwert: 164 Wörter, nächster Wert: 130 Wörter	132 Wörter
Standardabweichung	Keine Daten	24,5 Wörter	16,3 Wörter

Durch den Vergleich der Tabellen 18 und 19 können folgende allgemeine Merkmale des DaF-Korpus identifiziert werden: Das Subkorpus *Konditorei* umfasst keinen Text des niedrigeren Sprachniveaus. Abgesehen von diesem Unterschied verlaufen die allgemeinen Tendenzen in beiden Subkorpora parallel. Sowohl in den *Fischfang*- als auch in den *Konditorei*-Texten lässt sich ein eindeutiger Zuwachs auf der horizontalen Ebene der Mindestwörterzahl feststellen, deren Werte etwa in den gleichen Bereichen liegen (in der mittleren

---

49 s. Tabelle 13

Gruppe zwischen 72 bzw. 77 im Vergleich mit den Werten der Spitzengruppe 105 bzw. 108 Wörter.) Der längste Text jedoch befindet sich nicht wie vermutet werden könnte in der besten C-Test-Gruppe, sondern in der mittleren (46–55 CP). Bei näherer Betrachtung kann festgestellt werden, dass die Texte der leistungsstärksten Gruppe eine kleinere Streuung aufweisen und zudem mehr als 100 Wörter umfassen. Diese beiden Merkmale treffen auf die Texte der mittleren Gruppe nicht zu[50].

Da zwischen den Subkorpora *Fischfang* und *Konditorei* des DaF-Korpus keine wesentlichen Unterschiede aufgezeigt werden konnten, wird im Folgenden das Subkorpus *Fischfang* im Fokus der Analyse stehen. Wie oben beschrieben ermöglicht dieses Subkorpus im Gegensatz zu *Konditorei* auch die Einbeziehung der Texte auf niedrigem Niveau.

Die individuelle Analyse zu den Änderungen in der Äußerungsmenge in den *Fischfang*-Texten weist folgende Merkmale auf: Von den 15 Lernenden sind nur zwei Personen, deren Textmenge zu dieser Bildergeschichte von einer Datenerhebung zur nächsten Datenerhebung durchgehend zunahm. Die meisten Probanden (insgesamt elf Personen) weisen eine Ω-förmige, d.h. eine nicht lineare Entwicklung auf. Hier war der zweite *Fischfang*-Text immer länger als der erste und auch länger als der dritte. Bei weiteren zwei Personen kann ein u-förmiger Verlauf beobachtet werden, da in der letzten Datenerhebung längere Texte als in der vorherigen produziert wurden. Dabei blieb die Länge der Texte aus der zweiten Datenerhebung unter denen aus der ersten Datenerhebung. Die Tabelle 20 fasst die Tendenzen in der Lernergruppe zusammen.

Tabelle 20: Tendenzen bei der Textmenge auf individueller Ebene im ungarischen Subkorpus *Fischfang*

Tendenz	Testpersonen
Ω-förmiger Verlauf	11
u-förmiger Verlauf	2
Zunahme mit linearem Verlauf	2

10.2 Komplexität auf der Wortschatzebene

Dieser Abschnitt befasst sich mit zwei Aspekten des Lernerwortschatzes: zum einen wird eine quantitative Analyse des Wortschatzwachstums durchgeführt,

---

50   Weitere tabellarische Übersichten zum Korpus finden sich im Anhang A (Tab. A1-A3).

zum anderen wird ein spezieller Bereich, nämlich die Satzverknüpfungen auch qualitativ näher untersucht. Der Grund für diese zwei Analysebereiche liegt darin, dass die erst genannte Methode in der quantitativen Forschung nicht nur oft praktiziert, sondern auch als valides und reliables Verfahren angesehen wird. Die Wahl für Satzverknüpfungen ist durch die Sprach- und Erzählerwerbsforschung motiviert (s. Kap. 4.1.6 und 10.2.2).

10.2.1 Zum Wortschatzwachstum

Um das Wortschatzwachstum in der longitudinalen Studie zu bestimmen, kann der Quotient von *hapax legomena* (V_1) und Textlänge (N) ermittelt werden: Vocabulary Growth Rate = V_1 / N (vgl. Baayen 2008: 224). Hierbei werden im Folgenden die zwei Bildergeschichten *Fischfang* und *Konditorei* voneinander getrennt behandelt und die jeweils drei Fassungen in chronologischer Reihenfolge miteinander verglichen. Tabelle 21 zeigt die Datenerhebungszeiten und die relevanten Texte im Überblick.

Tabelle 21: Erhebungszeiten der DaF-Schülertexte

	Anfang des ersten Schuljahres	Ende des ersten Schuljahres	Ende des zweiten Schuljahres	Ende des dritten Schuljahres
DaF-Texte	*Fischfang* I. (F1)	*Konditorei* I. (K1)	*Fischfang* II. (F2) *Konditorei* II. (K2)	*Fischfang* III. (F3) *Konditorei* III. (K3)

Zwischen F1 und F2 liegen zwei Schuljahre mit 15 bzw. später mit 6 Wochenstunden Deutschunterricht. Eine Entwicklung beim Wortschatz kann aufgrund dieser Tatsache angenommen werden.

Die Analyse zeigt, dass bei neun SuS ein gut erkennbares Wortschatzwachstum (V_1 / N ergibt min. 0,06 max. 0,19) festgestellt werden kann. Bei den anderen sechs SuS ist entweder eine kleinere Zunahme oder sogar ein leichter Rückgang im Wortschatz zu beobachten (V_1 / N liegt zwischen -0,05 und 0,04).

Wie aber zeichnet sich das Wortschatzwachstum insgesamt während der drei Jahre ab? Zwischen den Erhebungszeiten F2 und F3 liegt nur ein Schuljahr mit wöchentlich sechs Deutschstunden. Verlangsamt sich die Entwicklung in dieser Zeit wegen der geringen Lernzeit und Stundenzahl in Relation zu dem Wortschatzwachstum zwischen F1 und F2?

Die Ergebnisse zeigen, dass der Zuwachs zwischen F1 und F2 nur bei sechs SuS größer ist als zwischen F2 und F3, d.h. bei neun Probanden werden die letzten Geschichten (F3) lexikalisch tendenziell noch variationsreicher gestaltet. Eine nichtlineare Entwicklung ist insgesamt bei fünf Lernenden zu beobachten, drei Probandinnen weisen einen u-förmigen Verlauf und zwei SuS einen Ω-förmigen Verlauf auf.

Die Analyseergebnisse der *Konditorei*-Texte fallen kontrastreicher aus. Nur bei vier von fünfzehn SuS konnte eine gut erkennbare Entwicklung im Wortschatz zwischen K1 und K2 beobachtet werden (V_1 / N ergibt min. 0,05 max. 0,07). Interessant ist, dass diese Personen auch bei F1 und F2 eine große Zunahme im Wortschatz zeigen (V_1 / N ergibt min. 0,08 max. 0,13). Vergleicht man die Wortschatzentwicklung zwischen F1 und F2 mit K1 und K2 im gesamten Korpus, kann bei den *Fischfang*-Texten generell eine steilere Progression als bei den *Konditorei*-Texten festgestellt werden. Die ermittelten Quotienten bei K1 und K2 liegen bei fünf Probanden stärker im Minus (V_1 / N liegt zwischen -0,06 und -0,16) als bei den *Fischfang*-Texten, und bei anderen fünf Personen zeigen sie keine große Veränderung (V_1 / N liegt zwischen -0,02 und 0,02).

Sowohl im *Konditorei*- als auch im Fischfang-Subkorpus gibt es nur zwei Beispiele für einen Ω-förmigen Verlauf, d.h. mit zwei Ausnahmen nimmt die Wortschatzvariation zwischen der zweiten und dritten Textfassung zu. Diese jeweils zwei Fälle kommen aber nicht bei den gleichen IDs vor, so dass im Gesamtkorpus keine SuS dem prototypischen Ω-förmigen Verlauf zugeordnet werden können. Bei fünf SuS zeichnet sich eine lineare Entwicklung während der drei Jahre ab (ID 7; 8; 11; 13; 15), die meisten Probanden (ID 1–5; 10; 14; 18) sind sog. Mischtypen, d.h. sie können nicht eindeutig einem der drei klassischen Typen zugeordnet werden. Zwei Personen zeigen einen u-förmigen Verlauf bei dem Wortschatz (ID 12 und ID 16). Tabelle 22 stellt diese Ergebnisse im Überblick dar.

Tabelle 22: Wortschatzentwicklung im Gesamtkorpus

Wortschatzentwicklung anhand des Quotienten von V_1 / N mit Übereinstimmung von *Fischfang*- und *Konditorei*-Subkorpus	Testpersonen
Lerner mit Ω-förmigem Verlauf	--
Lerner mit u-förmigem Verlauf	2
Lerner mit linearem Verlauf	5
Mischtypen	8

Zusammenfassend lässt sich sagen, dass die quantitative Analyse anhand der verwendeten *hapax legomena* nur bei einem Drittel der ungarischen DaF-Lernenden eine kontinuierliche Zunahme im Wortschatz zeigt. Die differenzierte Analyse der zwei Subkorpora deckte unterschiedliche Verläufe bei den meisten Probanden auf, was insgesamt zur vorsichtigen Interpretation der Ergebnisse führt. Möglicherweise liegt die longitudinal gemessene unterschiedliche Textgestaltung in den zwei Subkorpora an der verschiedenen Thematik der Aufgaben, da andere Faktoren bei der Datenerhebung konstant gehalten wurden und auf der Gruppenebene die Verläufe in den zwei Subkorpora einheitlich sind. Methodologisch erscheint aus diesem Grund eine Texterhebung anhand zweier Bildimpulse sinnvoll. Dieses Vorgehen ermöglicht nicht nur die Analyse der Lernersprache auf einer breiteren Basis, sondern es führt durch die Datentriangulation auch zur größeren Validität.

10.2.2 Satzverknüpfungen

Nach der quantitativen Analyse zum Wortschatzwachstum wird im Folgenden untersucht, welche qualitativen Veränderungen bei den *Fischfang-* und *Konditorei-*Texten zu erkennen sind. Da es sich um eine Erzählung handelt, werden die Satzverknüpfungen näher untersucht (vgl. Kap. 4.1.6 und 6). Um die Ergebnisse besser interpretieren zu können, werden sie im Sinne der Datentriangulation mit den L1 deutschen Daten verglichen.

Sowohl die qualitative als auch die quantitative Erweiterung der komplexen Satzverknüpfungsmittel ist insbesondere zwischen den F1- und F2-Texten am häufigsten. Hier kommen neue komplexe Konnexionen bei elf von fünfzehn SuS vor. Die zunehmende Varianz dieser Mittel zwischen F2 und F3 kann bei etwas weniger Probanden (acht) beobachtet werden. Sieben von diesen SuS[51] verwenden durchgehend eine größere Typezahl komplexer Konnexionsmittel. Welche qualitativen Änderungen hiermit stattfinden, zeigt uns die exemplarische Analyse der Satzverknüpfungen in den Texten von ID 11, da die Schülerin in jeder Datenerhebung eine weitere neue komplexe Satzverknüpfung verwendet.

Die koordinierenden Konjunktionen werden von der Schülerin (ID 11) überwiegend konstant eingesetzt, die Varianz besteht hier aus den Konnektoren *und*, *aber*, *denn* sowie *sondern*. In der ersten Erzählung kommt schon eine insge-

---

51 ID 1, 3, 7, 8, 10, 13 und 15

samt große Anzahl an Satzverknüpfungen vor, die in den späteren Texten mit den Satzverknüpfungen *wann* (K1), *wenn* (F2 und K2) und *weil* (F3) erweitert wird. Funktional betrachtet ermöglichen diese Verknüpfungsmittel argumentative, temporale und konditionale Zusammenhänge explizit darzustellen. Eine nähere Analyse zur Verteilung der SuS nach der Varianz komplexer Konnexionsmittel ergibt folgendes Bild:

Tabelle 23: Verteilung der ungarischen SuS nach der Varianz komplexer Konnexionsmittel

Anzahl der komplexen Konnexionsmittel (types)	F1	F2	F3
0	33% (5 Probanden)	13% (2 Probanden)	- (0 Probanden)
1	40% (6 Probanden)	13% (2 Probanden)	53% (8 Probanden)
2	27% (4 Probanden)	47% (7 Probanden)	27% (4 Probanden)
3	-	20% (3 Probanden)	13% (2 Probanden)
4	-	7% (1 Proband)	- (0 Probanden)
5	-	-	7% (1 Proband)

Der Tabelle 23 kann entnommen werden, dass die ersten *Fischfang*-Texte nur eine geringe Variation an komplexen Satzverknüpfungen aufweisen. Ein Drittel der Probanden (33%) haben nur einfache Konnektoren eingesetzt, sechs SuS (40%) nur einen komplexen Konnektor, vier Personen (27%) zwei verschiedene komplexe Konjunktionen realisiert. Demgegenüber gibt es in den Subkorpora F2 und F3 nicht nur immer weniger Probanden, die gar keine komplexen Satzverknüpfungen benutzen (zwei SuS in F2, null Treffer in F3), sondern auch die maximale Varianz der komplexen Verknüpfungsmittel steigt von zwei (F1) über vier (F2) auf fünf (F3). Die Erwartung jedoch, dass die Anzahl der SuS mit mehr komplexen Konnektoren von F2 auf F3 steigen würde, wird nicht erfüllt. Der Großteil der Probanden (8 Personen) setzen nur eine Form komplexer Verknüpfungen in F3 ein.

Die Querschnittsanalyse zur Varianz (Type) der Konnexionen führt nach den Sprachniveaus zu folgenden Ergebnissen (s. Tab. 24):

Tabelle 24: Varianz der Konnexionsmittel in den DaF-Texten nach Sprachniveau

	CP 21–35	CP 46–55	CP 71–80
einfache Konnexion	4 Types	3 Types	4 Types
komplexe Konnexion	4 Types	5 Types	7 Types

Die hier ermittelte Spannbreite einfacher und komplexer Konnexionsmittel läuft parallel zu den oben beschriebenen longitudinalen Ergebnissen. Die Zahl der verwendeten einfachen Konnektoren scheint auch bei den drei Niveaugruppen relativ konstant zu sein, demgegenüber ist bei den komplexen Satzverknüpfungen ein kontinuierlicher Anstieg zu sehen.

Die bisher vorgestellten Analysen fragen nach der Varianz der komplexen Verknüpfungsmittel. Im nächsten Schritt wird untersucht, welchen Anteil sie in den Subkorpora ausmachen. Darüber hinaus wird auch die Relation komplexer und einfacher Satzverknüpfungen ermittelt. Tabelle 25 stellt die Querschnittsanalyse zu expliziten Konnexionen im ungarischen DaF-Korpus nach Sprachniveau dar.

Tabelle 25: Explizite Konnexion in den DaF-Texten nach Sprachniveau

	CP 21–30		CP 46–55		CP 71–80	
	Anteil im Text	Relation einfacher und komplexer Konnexion	Anteil im Text	Relation einfacher und komplexer Konnexion	Anteil im Text	Relation einfacher und komplexer Konnexion
einfache Konnexion	4,94%	76,09%	3,86%	71,20%	4,51%	75,95%
komplexe Konnexion	1,56%	23,91%	1,56%	28,80%	1,43%	24,05%
Σ	6,50%	100,00%	5,42%	100,00%	5,94%	100,00%

Nach Tabelle 25 liegt der Anteil der einfachen und komplexen Konnexionsmittel in allen drei Subkorpora bei etwa 6%. Zwei Merkmale lassen sich bei dem Vergleich der Ergebnisse erkennen: Erstens kommen komplexe Konnexionen auf dem mittleren Sprachniveau in Relation zu einfachen Konjunktionen etwas häufiger als in den anderen zwei Niveaugruppen vor; zweitens liegt der Anteil der Konnexion im Subkorpus in der unteren CP-Gruppe am höchsten.

Der kontrastive Vergleich der L1- und L2-Deutschkorpora ergibt, dass die muttersprachlich deutschen Daten erwartungswidrig keine größere Varianz an komplexen Konnexionsmitteln als die L2 deutschen Texte zeigen. Werden aber für die Funktionen die gleichen Satzverknüpfungen bei den zwei Probandengruppen verwendet? Im Folgenden werden die adversativen, kausalen und temporalen Konjunktionen näher betrachtet.

In den *Fischfang*-Texten konnten vier adversative Konnektoren (*doch, aber, jedoch, sondern*) ermittelt werden, die alle zu den einfachen Konnexionsmitteln gehören. Bei ihrer Verteilung in den zwei Subkorpora fällt auf, dass die ungarischen SuS etwa viermal so oft die Konjunktion *aber* verwenden als die deutschen Probanden. Demgegenüber kann eine massive Unterrepräsentation bei dem Konnektor *doch* im L2-Korpus beobachtet werden. Während mehr als 75% der deutschen SuS aus der Klasse 9 *doch* ein bis viermal pro Text verwenden, benutzt nur ein ungarischer Schüler dieses adversative Mittel ein einziges mal. Damit lässt sich festhalten, dass die Analyseergebnisse insgesamt eindeutige Unterschiede bei der Verwendung der Konnektoren *aber* und *doch* bei den zwei Probandengruppen zeigen.

Die Dateninterpretation der Konjunktion *sondern* muss aufgrund der schmalen Datenbasis kritischer durchgeführt werden. Diese Konjunktion findet nur bei den DaF-SuS Verwendung, und auch hier kommt sie nur insgesamt selten (2 Treffer) vor. Vorstellbar wäre, dass das Vorkommen dieser letztgenannten Konjunktion in einem größeren Korpus anders ausfallen könnte und sie auch in den L1-Daten belegt werden könnte.

Auch für die Konjunktion *jedoch* findet man im Gesamtkorpus wenig Belegstellen[52]. Alle diese Formen kommen im L1-Korpus vor. Unsere Annahme, dass die Verwendung von *jedoch* bei ungarischen Muttersprachlern generell unterrepräsentiert ist, müsste aus diesem Grund an einem größeren Korpus überprüft werden.

Zusammenfassend kann festgehalten werden, dass die Varianz (*type*) adversativer Satzverknüpfungen in den zwei Subkorpora quantitativ gleich ausfällt, die entsprechenden sprachlichen Mittel aber bei den Muttersprachlern und den DaF-Lernenden unterschiedlich eingesetzt werden.

---

52 Zwei Treffer

Unter den kausalen Konnektoren aus dem *Fischfang*-Korpus sind sowohl einfache (*denn*[53]) als auch komplexe (*weil, da*[54]) Konnektoren zu finden. Welchen Anteil diese Verknüpfungsmittel in dem jeweiligen Subkorpus ausmachen, kann der Tabelle 26 entnommen werden. Da komplexere Formen für Kausalität wie *aus diesem Grunde* nur selten vorkommen und ausschließlich von deutschen Muttersprachlern verwendet werden, umfasst die nächste Tabelle nur die drei o.g. Konjunktionen.

Tabelle 26: Kontrastive Analyse zu den Konjunktionen *denn, weil, aber*

	denn	weil	da
L2-Deutsch	0,20%	0,13%	0,00%
L1-Deutsch	0,30%	0,20%	0,13%

Wie Tabelle 26 zeigt, werden kausale Konjunktionen von den ungarischen SuS insgesamt seltener gebraucht als von den deutschen Probanden. Dabei fällt auf, dass die einfachen Konnektoren bei den DaF-Daten überwiegen und die Subjunktion *da* im L2-Korpus nicht vorkommt.

Im Vergleich zu adversativen und kausalen Konnektoren wird eine größere Anzahl an Konnektoren für die temporale Konnexion in den Erzählungen verwendet. Im Folgenden werden exemplarisch zwei Wörter (*als* und *wann*) in den Schülertexten untersucht, die temporale Verwendung in der Lernersprache finden.
Die quantitativen Ergebnisse zeigen einen Unterschied zwischen den deutschen L1 und L2 Korpora insoweit, dass es in den muttersprachlich deutschen Erzählungen keine Treffer für das Wort *wann* gibt. Demgegenüber wird *wann* in den *Fischfang*-Texten bei vier DaF-SuS verwendet.
Woran liegt dieser Unterschied? Handelt es sich um eine Übergeneralisierung wie die quantitative Auswertung es vermuten lässt? In der Tat ergibt die funktionale Analyse, dass *wann* übergeneralisiert in Funktion eines temporalen Konnexionsmittels eingesetzt wird (vgl. Bsp. 1–4).

Beispiel 1: ID 11, K1 (CP 55), Segment 7351
    Wann ~~das Essen~~ die Suppe fertig war,

---

53 *denn* als Konjunktion und Partikel wurden getrennt gefiltert.
54 *da* als Subjunktion und Deixis wurden getrennt gefiltert.

Beispiel 2: ID 11, K1 (CP 55), Segment 7359
　　　Wann er sah,

Beispiel 3: ID 11, F2 (CP 66), Segment 7781
　　　A̶b̶e̶r̶ Aber, wann Opa das Fisch aufputzen möchte,

Beispiel 4: ID 11, K2 (CP 66), Segment 8178
　　　Wann es fertig wurde,

Die Schülerin mit der ID 11 verwendet *wann* an diesen Stellen statt der Subjunktion *als*. Aus diesem Grund stellt sich die Frage, ob die Subjunktion *als* bei den ungarischen SuS überhaupt zur Anwendung kommt.

Unter den DaF-SuS können insgesamt nur vier Personen identifiziert werden, die das temporale Satzverknüpfungsmittel *als* verwenden. Im Vergleich dazu sind es nur zwei Personen von den dreizehn deutschen SuS in Klasse 9, bei denen *als* nicht belegt werden kann. Ob dieser Unterschied zwischen den zwei Probandengruppen durch den Spracherwerb erklärt werden kann, wird einerseits durch die Datenerhebungszeit andererseits durch die erzielten C-Test-Punkte überprüft.

Die ersten *Fischfang*- und *Konditorei*-Texte beinhalten keine Treffer für *als*. In F2 und K2 ist jeweils eine Person (ID 13 und 15), die dieses Konnexionsmittel verwendet, alle anderen Treffer kommen in den späteren Fassungen vor. Ein weiteres interessantes Ergebnis ist, dass alle vier Personen[55], die die Subjunktion *als* verwenden, *wann* in ihren letzten Erzählungen nicht mehr benutzen (s. Bsp. 5).

Beispiel 5: ID 11, K3 (CP 79), Segment 8847
　　　Als das Essen fertig war,

Die C-Test-Ergebnisse zeigen, dass *als* zum ersten mal mit 57 Punkten verwendet wurde. Die meisten Treffer liegen jedoch noch höher, nämlich zwischen 73–85 Punkten. Wie auch die Textbeispiele von ID 11 zeigen, lässt sich neben der Zunahme komplexerer Satzverknüpfungen auch eine funktionale Differenzierung der temporalen Konnexionsmittel über die gesamte Erhebungszeit beobachten. Dies führt sowohl zu komplexeren als auch zu grammatikalisch korrekteren Texten.

55　ID 1, 11, 13 und 15

Die falsche Verwendung von *wann* kann als negativer Transfer auch von der ungarischen Muttersprache der SuS zustande kommen, da sich das ungarische Fragewort *mikor?* (= *wann?*) dem Satzverknüpfungsmittel *amikor* (=als) ähnelt.

Zusammenfassend kann festgestellt werden, dass die Ergebnisse der vorliegenden Studie von den von Bachmann beschriebenen Querschnittsergebnissen muttersprachlich deutscher Kinder (4., 8. und 10 Schuljahr) insoweit abweichen, dass die L2-deutschen Erzählungen im Querschnitt anhand der Niveaustufe eine non-lineare Verwendung einfacher und komplexer Verknüpfungsmittel aufweisen (vgl. Tab. 25). Der Anteil einfacher und komplexer Konnexionsmittel zeigt in den DaF-Texten nicht wie bei Bachmann eine zunehmende Bedeutung komplexer Verknüpfungen. Trotzdem findet die Annahme, dass die komplexen Verknüpfungsmittel zunehmen, sowohl im Querschnitt nach der Erhebungszeit und dem Sprachniveau als auch longitudinal Bestätigung. Hierzu wurden die Varianz und das Form-Funktion-Verhältnis näher untersucht. Dabei konnte gezeigt werden, dass die ungarischen DaF-Lernenden ihr Repertoire komplexer Satzverknüpfungen erweitern und dass die komplexen Konnektoren bezüglich ihrer Funktionalität differenzierter und normgerechter verwendet werden. Wie sich die syntaktische Komplexität komplexer Konnexionsmittel longitudinal gestaltet, wird in Kapitel 10.3 analysiert.

10.3 Komplexität auf der Syntaxebene

10.3.1 Analyse zur durchschnittlichen Segmentlänge

Für die Feststellung der mittleren Äußerungslänge wird in der Spracherwerbsforschung der Wert von *Mean Length of Utterance* (MLU) berechnet. Dieses Verfahren wurde von Brown für das Englische entwickelt, es wird aber in einer etwas angepassten Form auch für das Deutsche angewandt. Der Grund für die unterschiedlichen Berechnungsweisen liegt in der Sprachtypologie der zwei Sprachen. Das Deutsche verfügt im Vergleich mit dem Englischen über ein reicheres Flexionsparadigma, was die Berechnung von MLU auf der Basis von Morphemen erschwert. Einerseits werden grammatikalische Funktionen im Deutschen durch Affixe markiert (z.B. *ich esse*), andererseits gibt es auch Formen, bei denen ein sogenanntes overtes Affix vorliegt (z.B. *ich aß*). Ein weiteres Problem besteht darin, dass es keine Eins-zu-Eins-Relation zwischen den kodierten grammatischen Funktionen und den Flexiven gibt. Das verbale Flexiv *-en* kann sich beispielsweise sowohl auf die 1. als auch auf die 3. Person Plural beziehen (z.B. *wir sagen* vs. *sie sagen*) sowie bei der Höflichkeitsform die 3. Person Singular oder Plural kodieren (z.B. *Sie sagen*). Weiterhin wäre u. a. auch zu beachten, dass die nominalen Flexive eine große Komplexität aufweisen, da sie nicht nur den Kasus, sondern auch das Genus und den Numerus kodieren (z.B. *-er* Nom. Mask. Sg. oder Gen. Fem. Sg. oder Gen. Pl.). Daher wird der MLU im Deutschen häufig auf der Basis von Wörtern berechnet (vgl. Clahsen (1986), Clahsen, Penke und Parodi (1993) und Eisenbeiß (2002)).

Im Folgenden wird die durchschnittliche Segmentlänge der deutschen Lernertexte dementsprechend auf der Basis von Wörtern analysiert. Hierbei wird untersucht, zwischen welchen minimalen und maximalen Werten die Segmentlängen auf den drei Sprachniveaus liegen und welche Merkmale sich auf der individuellen Ebene bei den 15 Lernenden während der gesamten Datenerhebungszeit abzeichnen.

Tabelle 27: Durchschnittliche Segmentlänge nach dem Sprachniveau im Subkorpus *Fischfang*

	21–30 CP	46–55 CP	71–80 CP
min. Wörter/Segment	4,13	4,95	5,52
max. Wörter/Segment	5,92	6,42	6,57

Wie in Tabelle 27 dargestellt, zeigen die minimalen und maximalen Werte der durchschnittlichen Segmentlänge anhand der Sprachniveaus einen leichten Anstieg.

Wie aber sieht der individuelle Verlauf bei der Segmentlänge aus? In der tabellarischen Übersicht (Tab. 28) werden die drei Tendenzarten, die auch bei der Textlänge beschrieben wurden (s. Tab. 22), bezüglich der Segmentlänge dargestellt.

Tabelle 28: Individuelle Analyse zu den Änderungen in der Segmentlänge im Subkorpus *Fischfang*

Tendenz	Testpersonen
Ω-förmiger Verlauf	5
u-förmiger Verlauf	1
linearer Verlauf	9

Die individuelle Entwicklung der fünfzehn DaF-Lernenden zeigt drei Tendenzen: Die meisten Schülerinnen und Schüler (9 Probanden) verwenden in ihren
Texten zunehmend mehr Wörter pro Segment. Die zweite Tendenzart von insgesamt fünf Personen weist nach der Zunahme der Segmentlänge einen Rückgang auf. Zur dritten Tendenzart gehört nur ein Proband, der in dem letzten
Text mehr Wörter pro Segment realisiert als in seiner zweiten Geschichte und
seine erste Erzählung auch umfangreicher ausfällt als die zweite.

Ein Vergleich der deutschen DaF-Lernertexte mit den L1-Schülertexten zeigt
im Bereich der Segmentlänge folgendes Bild:

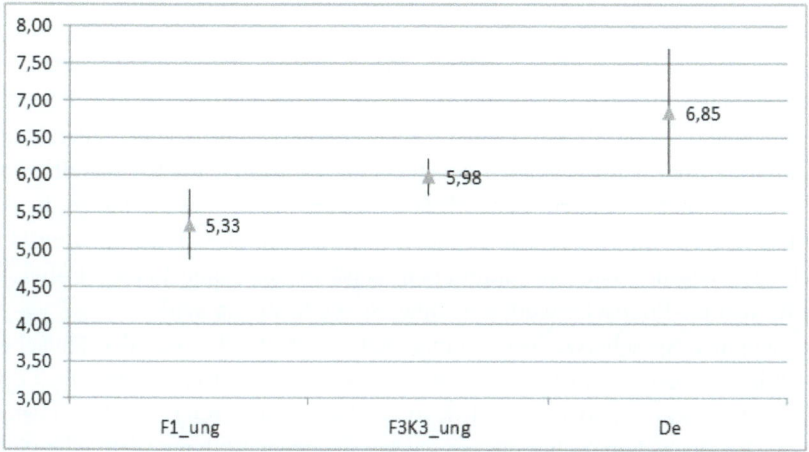

Abbildung 9: Durchschnittliche Segmentlänge anhand der Wortzahl für die ungarischen
und deutschen SuS (mit Konfidenzintervall, p=0,95)[56]

Hierbei können die ersten (F1_ung) und die letzten DaF-Texte (F3K3_ung) mit
den muttersprachlichen deutschen Daten (De) verglichen werden. Neben dem
Anstieg der ungarischen Mittelwerte über der Erhebungszeit zeigt die Grafik
auch einen statistisch signifikanten Unterschied zwischen den L1- und L2-Ler-
nergruppen sogar am Ende der Erhebung (F3K3 vs. De). Auffällig ist weiterhin
die große Streuung der muttersprachlichen Daten.

---

56 F1_ung (Datenerhebung 1, DaF-Korpus); F3K3_ung (Ende des dritten Datenerhebungsjahres,
    DaF-Korpus); De (L1-Deutsch)

10.3.2 Nebensätze in den Lernertexten

Sowohl für die Bestimmung der lernersprachlichen Komplexität als auch für die Feststellung der erworbenen sprachlichen Stufe(n) ist die Analyse der Verbstellung von großem Interesse.

Im Rahmen der CAF-Forschung zum Englischerwerb gilt die Relation von Nebensätzen und Teilsätzen (DC/C) als valides und reliables Messverfahren für Komplexität (vgl. Wolfe-Quintero 1998). Wie auch Ortega (2003) in der Metaanalyse von 21 Studien zeigt, ist dieses Messverfahren neben dem Quotienten von *mean number of clauses / T-units* (C/Tu) ein häufiges Verfahren in den Studien zur sprachlichen Komplexität. Beide genannten Messverfahren zielen auf die Ermittlung des Anteils von Nebensätzen.

Die Grenzen derjenigen Messverfahren, die auf dem Anteil der Nebensätze basieren, konnten in der Studie von Lu (2010) gezeigt werden. In dieser Studie konnte anhand dieser Berechnungen kein statistisch signifikanter Unterschied zwischen den bei den Probanden bestehenden Sprachniveaus festgestellt werden. Demgegenüber zeigten sechs Messverfahren, die auf der Textlänge, Koordination und bestimmten Konstruktionen basierten, nicht nur signifikante Unterschiede zwischen den Niveaugruppen, sondern auch eine lineare Entwicklung für den L2-Englischerwerb bei chinesischen Muttersprachlern.

Aus Sicht der Spracherwerbsforschung bietet sich der Erwerb der deutschen Wortstellungsmuster jedoch als besonders geeignetes Instrument für die Feststellung des Sprachstandes an (vgl. Kap. 4). Der Realisierung der Verbendstellung in den deutschen Nebensätzen werden in jedem Stufenmodell sehr viele Kenntnisse vorausgesetzt, d.h. der Erwerb der V-Endstellung erfolgt erst in einer fortgeschrittenen Phase.

In der DiGS-Studie zeigen die Entwicklungssequenzen bezüglich der Inversion und Verbendstellung nicht die in den DaZ-Studien ermittelten Reihenfolge. Im folgenden Abschnitt werden die ungarischen DaF-Texte nach der Verwendungsreihenfolge dieser zwei Wortstellungsmuster untersucht.

10.3.3 Inversion und Verbendstellung in den Lernertexten

Im Gegensatz zum DiGS-Projekt und der Studie von Ballestracci werden die ungarischen DaF-Daten nicht als Querschnitt analysiert, sondern es wird dem jeweiligen individuellen Erwerbsverlauf bei den 15 Probanden nachgegangen. Dabei stellt sich die Frage, ob inversive Strukturen oder die Verbendstellung in den Lernertexten zuerst vorkommen. Die folgende Tabelle 29 fasst die Ergebnisse zusammen.

Tabelle 29: Chronologische Belege von Inversion und Verbendstellung bei den ungarischen Probanden

	ID 1	ID 2	ID 3	ID 4	ID 5	ID 7	ID 8	ID 10	ID 11	ID 12	ID 13	ID 14	ID 15	ID 16	ID 18
Inversion kommt *vor* der Verbendstellung vor.	+		+	+	+	+	+	+	+		+	+	+		+
Inversion kommt *nach* der Verbendstellung vor															
Inversion und Verbendstellung kommen in der gleichen Erhebungszeit vor.		+								+				(+)	

Wie Tabelle 29 entnommen werden kann, verwenden zwölf von fünfzehn Personen die Inversion eindeutig vor dem Gebrauch der Verbendstellung. Bei ID 2 und 12 treten die zwei Satzmuster in der gleichen Erhebungszeit auf.

Die Einordnung von ID 16 erweist sich als etwas problematisch. Die erste Erzählung dieses Schülers weist zwar eine Nebensatzkonstruktion auf, es fehlt jedoch ein weiterer Beleg für die Verbendstellung in der darauf folgenden Erhebungszeit. Bei ihm sind inversive Konstruktionen und weitere Verbendstellungen erst am Ende des zweiten Schuljahres zu erkennen, d.h. zwischen dem ersten und dem zweiten Gebrauch besteht eine große zeitliche Lücke. Aus diesem Grund ist die einzige Verwendung im ersten Schülertext von ID 16 kein sicherer Garant dafür, dass der Schüler über dieses Satzmuster bereits zu Beginn der Datenerhebungszeit tatsächlich verfügt. Da aber diese frühe Belegstelle anhand der Wortfolge in L1 nicht erklärt werden kann, kann sie für V-End entweder als „Glückstreffer" oder doch durch Kenntnisse über die Nebensatzkonstruktion erklärt werden. Wegen Mangels an weiteren Daten muss diese Frage offen bleiben.

Insgesamt deuten die ungarischen Daten darauf hin, dass die produktive Verwendung der Inversion vor der Verbendstellung möglich ist. Dieses auf DaF-Daten basierende Ergebnis zeigt Parallelen zu den Forschungsergebnissen der

DaZ-Studien, es läuft aber entgegengesetzt zu den DaF-Daten aus der Schweiz (s. Kap. 4).

Im nächsten Schritt wird die Verwendung der Verbendstellung näher untersucht.

10.3.4 Syntaktisch komplexe Strukturen in deutschen L1- und L2-Texten

Im Folgenden wird die syntaktische Komplexität der deutschen Lernertexte quantitativ analysiert. Hierzu wird der Anteil der Nebensatzkonstruktionen mit Verbendstellung an der gesamten Segmentzahl des jeweiligen Textes ermittelt (Profilstufe 4/ Segmentzahl). Abbildung 10 zeigt die Durchschnittswerte der ersten und der letzten Datenerhebung im DaF-Korpus sowie die L1-Werte (De).

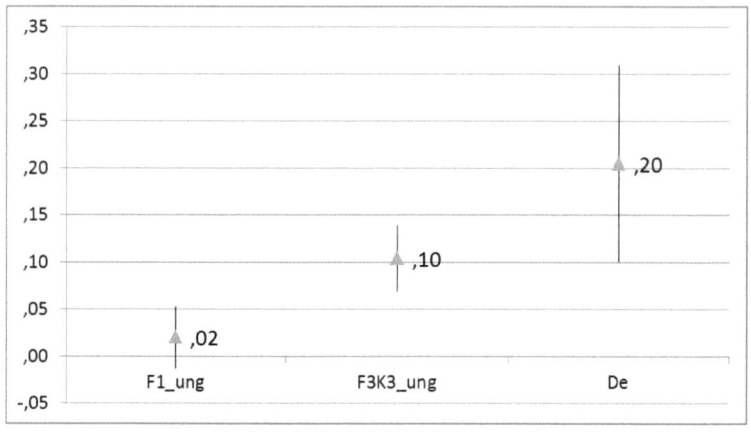

Abbildung 10: Durchschnittliche Prof4/Segment-Werte für die ungarischen und deut-schen Probanden (mit Konfidenzintervall, p=0,95)

Die ungarischen DaF-Daten zeigen eine Zunahme der komplexen Konstruktio-nen in den *Fischfang*-Texten. Vergleicht man die F1 und die deutschen Ergeb-nisse, fällt der Unterschied signifikant aus. Die erzielten Werte am Ende der Datenerhebungszeit (F3K3_ung) liegen jedoch noch immer deutlich unter den L1-Werten (De). Die muttersprachlich deutschen Texte weisen eine große Streuung auf, wobei sich die niedrigsten L1-Werte mit den höchsten L2-Werten überschneiden. Der Unterschied zwischen den letzten L2-Ergebnissen (F3K3) und den deutschen Daten ist *nicht* signifikant.

10.4 Komplexität im nominalen Bereich

Im Folgenden wird die Komplexität in den deutschen Nominalphrasen im ungarischen DaF-Korpus (Kap. 10.4.1) sowie der Zusammenhang zwischen der Verbendstellung und der Genitiv-Verwendung in der Lernersprache (Kap. 10.4.2) untersucht.

10.4.1 Komplexität in den deutschen Nominalphrasen ungarischer SuS

Dieser Abschnitt stellt die Kasusverwendung in den Lernertexten dar. Dabei wird überprüft, ob sich die in der DiGS-Studie ermittelte Kasusreihenfolge auch bei den ungarischen DaF-Lernenden abbildet. Da die ungarischen Probanden bereits über eine mehrjährige Sprachlernerfahrung zu Beginn der Datenerhebungszeit verfügen, wird der Analyseblick von den komplexen Genitivkonstruktionen zu den einfacheren Konstruktionen führen. Tabelle 30 zeigt, über welches Kasussystem die ungarischen DaF-SuS am Ende der dreijährigen Datenerhebungszeit verfügen und welche maximale Punktzahl sie währenddessen erzielten.

Tabelle 30: Kasussysteme in der Lernersprache am Ende der DE und maximale C-Test-Punkte

ID	2-Kasus-System		3-Kasus-System				4-Kasus-System								
	ID 2	ID 12	ID 14	ID 10	ID 8	ID 4	ID 15	ID 5	ID 3	ID 16	ID 1	ID 7	ID 11	ID 18	ID 13
max. CP	50 CP	50 CP	48 CP	54 CP	58 CP	60 CP	57 CP	63 CP	68 CP	71 CP	73 CP	73 CP	79 CP	79 CP	85 CP

Genitivkonstruktionen kommen in den DaF-Texten der ungarischen Probanden nur selten vor. Das gleiche Phänomen wurde auch in der Genfer Studie von Diehl et al. (2000) beobachtet. Nach den Ergebnissen des Schweizer Forscherteams erreichen die DaF-Lernenden trotz eines mehrjährigen Deutschunterrichts nur selten diese höchste Stufe. Nimmt man für den Erwerb das *Emergence Criterion* als Grundlage, verfügen von den 15 ungarischen Probanden jedoch neun Personen über die vier Kasus d.h. auch über den Genitiv.

Ab welchem Niveau kann beobachtet werden, dass die ungarischen DaF-Lerner den Genitiv korrekt bilden? Die sechs SuS, die in ihren Texten keine korrekte

Genitivkonstruktion verwendeten, erreichten bei dem C-Test weniger Punkte als die anderen Mitschüler. Die detaillierte Analyse der C-Test-Ergebnisse und der Genitiv-Verwendung zeigt folgendes Bild: Der niedrigste C-Test-Wert für die Genitivverwendung liegt bei 52 Punkten. In der 3-Kasus-Gruppe wurden max. 65 Punkte (ID 4) erzielt. Die Schülerin mit dem C-Test-Ergebnis von 65 Punkten (ID 4) verwendete in der letzten Datenerhebung keine Genitivformen; in den Datenerhebungen am Ende des ersten und des zweiten Schuljahres startete sie jedoch zwei Versuche für den Genitiv. Diese Formen waren fehlerhaft. Zu diesen Datenerhebungszeiten erreichte sie beim C-Test 42 Punkte (DE 2) bzw. 50 Punkte (DE 3). Ein Vergleich mit dem L1 deutschen Korpus zeigt, dass auch die deutschen Muttersprachler nicht in jedem Text Genitiv verwendeten. Damit lässt sich eindeutig feststellen, dass das Nichtvorkommen des Genitivs in diesem Kontext kein eindeutiger Hinweis darauf ist, dass die DaF-Lernenden die Bildung des Genitivs nicht beherrschen. In dem Fall der DaF-Schülerin ID 4 kann also nicht ausgeschlossen werden, dass sie am Ende des dritten Schuljahres mit dem C-Test-Niveau von 65 Punkten schon Genitiv hätte bilden können. Da die Studie die deutschen Sprachkenntnisse in der freien schriftlichen Verwendung untersucht und ein zusätzlicher Grammatiktest den Rahmen der Untersuchung gesprengt hätte, wurde kein direkter Grammatiktest eingesetzt. Die Frage, ob die Schülerin (ID 4) am Ende der Datenerhebungszeit über den Genitiv verfügt, bleibt damit offen.

Weitere drei Analyseverfahren wurden zur Feststellung der Komplexität der Lernertexte durchgeführt:

    a) der Quotient von Nebensätzen mit Verbendstellung und der gesamten Segmente

    b) der Quotient der *error-free T-units* und der T-units

    c) die durchschnittliche Segmentlänge.

Die ermittelten Werte zeigten jedoch kein eindeutiges Bild in Relation mit der Genitiv-Verwendung, so dass diesbezüglich noch weitere Forschungen an einem breiter angelegten Korpus nötig sind.

Zusammenfassend lässt sich jedoch feststellen, dass mindestens ein mittleres Sprachniveau erforderlich zu sein scheint, um sich mit der Komplexität des Genitivs bei produktiven Aufgaben (hier speziell beim Schreiben) erfolgversprechend auseinandersetzen zu können.

Die Dativ-Verwendung schließt an die Analyse des Genitivs in den Lernertexten. Hierzu kann festgehalten werden, dass keine korrekte Dativform in der ersten Datenerhebung vorhanden ist. Weiterhin zeigen die Auswertungsergebnisse, dass es zwei Testpersonen[57] in dem ganzen ungarischen DaF-Korpus gibt, die während der drei Jahre keine korrekte Dativform realisierten. Ihre Texte weisen jedoch pro Person 2–4 Konstruktionen auf, in denen Dativ erforderlich wäre. Die DaF-Lerner haben diese Kasusformen nicht richtig gebildet. Die maximalen C-Test-Punkte, die diese Probanden erreichten, liegen in beiden Fällen bei 50 Punkten. Der niedrigste C-Test-Wert, bei dem eine Schülerin (ID 14) Dativ richtig verwendete, beträgt 35 Punkte.

Eine interessante Frage ist, wie die Dativ- und Genitiv-Verwendung miteinander zusammenhängen können. Die Analyse der Lernertexte zeigt diesbezüglich, dass diejenigen Schülererzählungen, die keine korrekte Dativ-Verwendung beinhalten, auch keine korrekte Genitivkonstruktion vorweisen. Ein Rückblick auf die Ergebnisse des Genitivs zeigt uns weiterhin, dass es auch solche Lerner gibt, die den Dativ schon richtig verwenden, über den Genitiv aber noch nicht verfügen[58]. Weiterhin lässt sich durch die longitudinale Analyse der Lernertexte feststellen, dass sieben von den neun Probanden Dativ vor dem Genitiv verwenden. Die zwei weiteren Lernenden (ID 13 und 16) zeigen folgendes Bild: Bei ID13 kommen Genitiv- und Dativformen in der gleichen Datenerhebung vor. Zu dieser Zeit erreichte diese Schülerin bereits 67 Punkte beim C-Test. Anhand dieses relativ hohen Wertes kann angenommen werden, dass sie den Dativ ähnlich wie die anderen Lerner schon früher hätte nutzen können[59]. Bei dem anderen Schüler (ID16) wird Genitiv zwar in einer früheren Erhebung (am Ende des zweiten Schuljahres) als Dativ (am Ende des dritten Schuljahres) verwendet, in den früheren Lernertexten sind aber keine fehlerhaften Dative vorhanden.

Demzufolge kann für zukünftige Forschungsarbeiten die Hypothese abgeleitet werden, dass die ungarischen Muttersprachler den deutschen Genitiv produktiv erst dann korrekt verwenden, wenn ihre deutsche Lernersprache im Bereich der Dativ-Verwendung weit fortgeschritten[60] ist.

Die zwei ungarischen Deutschlerner_innen mit dem 2-Kasus-System (Nominativ und Akkusativ) starten zwar keine Versuche für den Genitiv, zeigen aber Konstruktionen, die Dativ erfordern würden. Diejenigen Stellen, an denen statt

---

57 ID 2 und 12
58 ID 4, 8, 10 und 14
59 Bei der Schülergruppe mit dem 4-Kasus-System liegen die Dativ-Werte zwischen 39-57 Punkten.
60 Eine durchgehend korrekte Dativ-Verwendung ist m.E. keine Voraussetzung dafür, dass die Lernenden bereits über den Dativ verfügen. Mindestvoraussetzung ist das Vorhandensein frei gebildeter korrekter Dativkonstruktionen, d.h. unter Ausschluss von Chunks.

Dativ ein anderer Kasus verwendet wurde, deuten darauf hin, dass die zwei Lerner den Dativ noch nicht erworben haben.

Beispiel 6: ID 2, K1, Segm. 7178, CP 43
    <u>Der Hund</u> schmeckt die etwas nicht.

Formal betrachtet könnte angenommen werden, dass der Schüler (ID 2) das Wort *Hund* als feminine Form im o.g. Segment verwendet. Im gleichen Text zeigt sich jedoch, dass er über den richtigen Nominativ (*der Hund*) verfügt:

Beispiel 7: ID 2, K1, Segm. 7182, CP 43
    dass der Hund die etwas nicht aß

Auch in seiner letzten Erzählung wird statt Dativ (dem Hund) die *Default*-Nominativform (*der Hund*) verwendet:

Beispiel 8: ID 2, K3, Segm. 8436, CP 50
    und gab die Suppe der Hund Bozont.

Da der Schüler (ID 2) Dative in PPs in seinen Texten ab dem Ende des ersten Erhebungsjahres verwendet, kann Baten (2013) sowie Baten und Lochtman (2014) entsprechend festgehalten werden, dass die präpositionalen Kasus einen wichtigen Schritt bei der Aneignung des deutschen Kasussystems bedeuten.

Beispiel 9: ID 2, K1, Segm. 7184, CP 43
    Dort esse aßen Sie zum Vorspeise Gulasch, zum Hauptgericht Wiener-
    schnitzel mit Pomes frites.

Vermutlich handelt es sich bei der PP „zum Hauptgericht" um einen *Chunk*, dessen Konstruktion (zum + Substantiv) auf das Wort „Vorspeise" ohne Berücksichtigung des Genus-Unterschieds übertragen wurde („zum Vorspeise").

Die Erzählungen am Ende des zweiten und dritten Schuljahres enthalten bei ID 2 auch Präpositionen mit Dativ (*nach*, *mit*), die mit dem bestimmten Artikel nicht verschmelzen:

Beispiel 10: ID 2, K2, Segm. 7999, CP 42

   Nach dem Schwierigkeit war sie in Konditorei.

Beispiel 11: ID 2, F3, Segm. 8408, CP 50

   Mit dem Netz Angeln Sie ein kleinen Fisch.

Die sechs deutschen Lernertexte von ID 2 machen insgesamt deutlich, dass die deutschen Kasus eine sehr komplexe Erwerbsaufgabe für die ungarischen DaF-SuS bedeuten, die schrittweise gemeistert wird. Wie versprachlichten die DaF-SuS die fünfte Szene der *Konditorei*-Geschichte? Folgende Beispiele aus dem ungarischen DaF-Korpus wurden mit der Filterung nach „und gab die Suppe" zusammengestellt.

Beispiel 12: ID 14, K1, Segm. 7444, CP 35

   und gab das Essen dem Hund.

Beispiel 13: ID 12, K1, Segm. 7376, CP 38

   und gab die Suppe den Hund.

Beispiel 14: ID 7, K1, Segm. 7292, CP 52

   und er gab sie dem Hund.

Beispiel 15: ID 18, K2, Segm. 8358, CP 59

   und gab die Suppe für den Hund.

Beispiel 16: ID 13, K2, Segm. 8239, CP 85

   und gab die Suppe dem Hund

Beispiel 17: ID 13, K3, Segm. 8893, CP 85

   und gab die unessbare Suppe dem Hund.

Diesen Beispielen kann zum einen entnommen werden, dass die Dative in der Lernersprache ggf. auch auf einem mittleren Sprachniveau mit anderen Kasus-formen ersetzt werden, zum anderen ist auch ein Ausbau des nominalen Dativs mit einem flektierten Adjektiv auf einem höheren Sprachniveau am Ende des dritten Erhebungsjahres zu erkennen.

Insgesamt lässt sich ein Ausbau des deutschen Kasussystems in Nominalphrasen bei den ungarischen Deutschlernenden (s. Tab. 30) erkennen. Dieser geht von einem 2-Kasus-System (Nominativ und Akkusativ) durch die Erweiterung mit dem Dativ zum 3- und dann später mit dem Genitiv zum 4-Kasus-System über. Die Genitiv-Verwendung steht nach dem Sprachniveau, das anhand des C-Tests gemessen wurde, deutlich hinter den C-Test-Werten für den Akkusativ- und Dativgebrauch.

Dieses Ergebnis ist insoweit überraschend, weil die Probanden bereits einen mehrjährigen Deutschunterricht erhielten und wie die Lehrwerkanalysen in Kapitel 9 zeigen, wurden alle vier Kasusformen den DaF-Lernenden vor der Erhebungszeit bereits vermittelt. Aus diesem Grund kann festgehalten werden, dass die deutschen Kasusformen bei der produktiven Sprachverwendung Unterschiede in ihrer Komplexität zeigen. Die deutsche Lernersprache in ihren ersten Anfängen wurde hier nicht erfasst. Sicher ist aber, dass der Akkusativ derjenige Kasus ist, der neben dem Nominativ in seiner Funktion zuerst verwendet wird, woran sich der Dativ und erst später der Genitiv anschließen. Bei den zwei ungarischen Probanden (ID 2 und 12), die keine korrekte Dativ-Formen realisiert haben, ist jedoch die Dativ-Verwendung in PPs belegt. Dies entspricht auch den Annahmen von Kwakernaak (2002 und 2005) und den Forschungsergebnissen von Baten (2013), wonach die Präpositionen beim Erwerb des Dativs eine wichtige Rolle spielen.

Des Weiteren kann festgehalten werden, dass die zwei DaF-SuS (ID 2 und ID 12) nicht über die richtigen Kasusformen des Dativs verfügen, sie drücken jedoch die Dativ-Funktion durch die Wortfolge indirekt aus. Damit scheint sich das komplexe deutsche Kasussystem bezüglich seiner formalen Seite trotz der expliziten Grammatikvermittlung im Deutschunterricht auch erst nach längerer Lernzeit schrittweise bei den DaF-SuS abzubilden. Dabei bildet der Nominativ die *Default*-Form (erster Schritt). Im zweiten Schritt werden die Akkusative (die, den, das, eine, einen, ein etc.) formal gefestigt und die Dativ-Formen werden im dritten Schritt gelernt. Wie auch bei Kwakernaak (2002 und 2005) beschrieben wurde, spielen beim Erwerb des deutschen Kasussystems auch die Pronomina eine wichtige Rolle. Ihre Verwendung lässt sich später als die Verwendung von bestimmten und unbestimmten Artikel beobachten, da die ungarischen DaF-SuS anfangs statt der pronominalen die nominalen Wiederaufnahmen auf der Textebene bevorzugen. Die Erzählungen von ID 2 enthalten insgesamt nur vier Akkusative von *es*, insgesamt jedoch 47 Formen im Nominativ von *er, sie* und *es*. P-Determinanten *(ihre, sein, seine)* und *das* als Deixis wird erst ab dem Ende des zweiten Lernjahrs verstärkt verwendet. Damit kann festgehalten werden, dass der Ausbau der Kasusformen insgesamt spiralförmig verläuft, die Kasus jedoch zeigen in den schriftlichen Lernertexten einen sequenziellen Erwerb.

10.4.2 Zusammenhang zwischen V-End und Genitiv-Verwendung

Betrachtet man die Genitiv-Verwendung longitudinal und setzt man sie mit der Wortstellung in Relation, kann festgestellt werden, dass die ungarischen SuS die Genitive entweder in der gleichen Datenerhebungszeit wie die Verbendstellung oder eine Erhebungszeit später verwenden. Bis alle Probanden früher oder später Satzkonstruktionen mit Verbendstellung verwenden, konnte der Genitiv nur bei neun von fünfzehn Testpersonen nachgewiesen werden. Drei von ihnen[61] verwenden die Verbendstellung zum ersten mal in der gleichen Datenerhebung wie Genitiv.

Die folgende Tabelle zeigt die genauen Konstellationen pro Person.

Tabelle 31: Chronologische Belege der Verbendstellung und der Genitiv-Verwendung bei den ungarischen Probanden

ID	Verbendstellung		Genitiv-Verwendung	
	vorhan-den	zum ersten Mal belegt	vorhan-den	zum ersten Mal belegt
1	*ja*	*Ende des ersten Erhebungsjahres*	*ja*	*Ende des ersten Erhebungsjahres*
2	ja	Ende des ersten Erhebungsjahres	nein	-
3	ja	Ende des ersten Erhebungsjahres	ja	Ende des zweiten Erhebungsjahres
4	ja	Ende des zweiten Erhebungsjahres	nein	-
5	ja	Ende des ersten Erhebungsjahres	ja	Ende des dritten Erhebungsjahres
7	ja	Ende des ersten Erhebungsjahres	ja	Ende des zweiten Erhebungsjahres
8	ja	Ende des zweiten Erhebungsjahres	nein	-

---

61 ID 1, 13 und ID 15 (in der Tabelle kursiv dargestellt)

10	ja	Ende des ersten Erhebungsjahres	nein	-
11	ja	Ende des ersten Erhebungsjahres	ja	Ende des zweiten Erhebungsjahres
12	ja	Ende des zweiten Erhebungsjahres	nein	-
13	*ja*	*Ende des ersten Erhebungsjahres*	*ja*	*Ende des ersten Erhebungsjahres*
14	ja	Ende des ersten Erhebungsjahres	nein	-
15	*ja*	*Ende des zweiten Erhebungsjahres*	*ja*	*Ende des zweiten Erhebungsjahres*
16	ja	Anfang des ersten Erhebungsjahres/ Ende des zweiten Erhebungsjahres	ja	Ende des ersten Erhebungsjahres
18	ja	Ende des ersten Erhebungsjahres	ja	Ende des dritten Erhebungsjahres

Diese Ergebnisse zeigen Ähnlichkeiten mit den Forschungsergebnissen der DiGS-Studie, wo auch die frankophonen Deutschlernenden schnellere Fortschritte im Bereich der Syntax als beim Kasuserwerb aufwiesen. Wie oben gezeigt werden konnte, verfügen die ungarischen DaF-SuS mit dem Niveau der Verbendstellung immer über die Inversion. Dies trifft bei den Schweizerischen Probanden nicht zu. Neben dem Unterschied im Erwerbsverlauf von Inversion und Verbendstellung in den zwei DaF-Gruppen, sind auch weitere Merkmale (wie L1, teilweise das Alter) bei den zwei Probandengruppen unterschiedlich. Dennoch kann übergreifend festgehalten werden, dass die Genitiv-Verwendung erst beim Vorhandensein komplexerer Satzmuster zu beobachten ist.

10.5 Komplexität im verbalen Bereich

Wie sehen die einzelnen verbalen Phasen im ungarischen DaF-Korpus aus? Im Folgenden werden konkrete Beispiele für die in der DiGS-Studie ermittelten Phasen I–VI. geliefert. Anschließend wird die Zuordnung der Lernertexte zu den Verbalphasen aus methodologischer Sicht reflektiert.

10.5.1 Verbalphasen im ungarischen DaF-Korpus

Für die sechs Phasen der DiGS-Studie werden im Folgenden Textpassagen mit Angabe des Sprachniveaus sowie der Erhebungszeit zitiert. Alle Verbformen werden zur besseren Orientierung mit Unterstrich hervorgehoben, auch diejenigen, die für die vorliegende Phase nicht prototypisch sind. Da die longitudinalen Daten von einer Testperson zur Abdeckung aller Phasen nicht ausreichend sind, werden an dieser Stelle mehrere Probanden mit einbezogen. Dadurch, dass hier nicht nur einzelne Segmente sondern im Kontext eingebettete Beispiele angegeben werden, erhält man ein genaueres Bild zur Einschätzung des Sprachstandes.

Phase I.: Präkonjugale Phase (Infinitive; Chunks)

Beispiel 18: ID 2, *Fischfang* I., Segm. 6845–6852, 21 CP

Segm. 6845	Der Jung <u>sagen</u> den Opa.
Segm. 6846	Wir <u>gehen</u> folyópart[62]
Segm. 6847	und wir <u>visszaengedni</u>[63] der Fisch.
Segm. 6848	Sie <u>gehen</u> folyópart
Segm. 6849	und visszaengedni der Fisch.
Segm. 6850	Der Fisch <u>freuen</u> der Wasser.
Segm. 6851	Der Kleinfisch hinter <u>ist</u> ein Großfisch
Segm. 6852	und er <u>essen</u> <u>isst</u> der Kleinfisch.

Phase II.: Regelmäßige Konjugation der Verben im Präsens

Beispiel 19: ID 16, *Fischfang* I., Segm. 7096–7098, 30 CP

Segm. 7096	Sie <u>nehmen</u> der Fisch nach Hause.
Segm. 7097	m Hause <u>tunt</u> Vater auf dem Tisch.
Segm. 7098	Der Sohn <u>weint</u> der Fisch,

---

62 Flussufer
63 zurücklassen (Infinitiv)

Phase III.: Konjugation der unregelmäßigen Verben im Präsens; MV + Inf.

Beispiel 20: ID10, *Fischfang* II., Segm. 7760–7762, 44 CP

Segm. 7760	Dann der Mann <u>nimt</u> ein k̶l̶ kleines Fisch.
Segm. 7761	Sie <u>gehen</u> nach Hause mit dem Fisch.
Segm. 7762	Sie <u>möchten</u> Fischsuppe <u>machen</u>,

Phase IV.: Auxiliar + Partizip

Beispiel 21: ID 3, *Fischfang* II., Segm. 7625–7634, 51 CP

Segm. 7625	Der Fisch
Segm. 7626	Es <u>war</u> einmal ein Kind.
Segm. 7627	Dieses Kind <u>hat</u> ein Großvater <u>gehabt</u>.
Segm. 7628	Er und ihrer Großvater <u>haben</u> <u>gedankt</u>,
Segm. 7629	dass sie <u>ängeln</u> <u>gehen</u>.
Segm. 7630	Neben das dem Dorf,
Segm. 7631	wo sie <u>haben</u> <u>gewohnt</u>, eine ein See <u>war</u>.
Segm. 7632	Mit dem Eimer und mit dem Kescher sie <u>haben</u> zu dem den See <u>gegangen</u>.
Segm. 7633	Sie <u>haben</u> ein sehr großen großer Fisch <u>geängelt</u>.
Segm. 7634	Sie <u>waren</u> froh.

Phase V.: Präteritum

Beispiel 22: ID16, *Konditorei* I., Segm. 7488–7494, 61 CP

Segm. 7488	Der Mann <u>machte</u> gerade das Essen.
Segm. 7489	Der Junge <u>war</u> böse,
Segm. 7490	denn er <u>mochte</u> davon nicht <u>essen</u> <u>möchte</u>.
Segm. 7491	Er <u>isst</u> dieses Essen nicht gern.
Segm. 7492	Sie <u>saßen</u> am Tisch,
Segm. 7493	aber der Junge <u>mochte</u> das Begin des Essens nicht <u>essen</u> <u>wollte</u> nicht <u>essen</u>.
Segm. 7494	Der Mann <u>begann</u> mit ihm <u>rufen</u>.

Phase VI.: übrige Formen

Beispiel 23: ID13, *Konditorei* II., Segm. 8882–8885, 67 CP

Segm. 8882	Am Mittag sie <u>setzten</u> ^{sie} <u>sich</u> an den Tisch, <u>um zu</u> <u>essen</u>.
Segm. 8883	Aber die Suppe <u>war</u> nicht <u>zu essen</u>.
Segm. 8884	Dem kleinen Thomas <u>gefiel</u> die Suppe gar nicht,
Segm. 8885	deshalb <u>aß</u> sie das ^{er davon} nicht

Wie die Beispiele zeigen, kann ein Anstieg der C-Test-Ergebnisse bei den ungarischen DaF-Daten nach der Phasenabfolge festgestellt werden. Die Zuordnung der Schülertexte zu den verbalen Phasen und die Überprüfung der Phasenreihenfolge erweisen sich bei dem ungarischen DaF-Korpus aus folgenden Gründen jedoch als problematisch:

Die Wahl der Erzähltempora ist für die Bestimmung des Erwerbsstandes entscheidend. In der DiGS-Studie wird die Phase IV. durch die Perfektformen und die Phase V. durch das Präteritum bestimmt. Interessant wäre zu wissen, ob diese Reihenfolge auch auf die ungarischen Probanden zutrifft, d.h. ob die ungarischen Muttersprachler ähnlich wie die frankophonen Lerner das Präteritum erst nach dem Perfekt erwerben. Wählt aber ein Schüler in seinen Texten Präteritum als Ankertempus (vgl. Meng 2001), kommt das Perfekt ggf. nur als Nebentempus zur Verwendung, die Geschichte kann jedoch auch ohne Perfektformen realisiert werden. Beim fehlenden Perfekt kann der Erwerb der Perfektbildung nur durch Vergangenheitsformen in Konjunktiv II. bestätigt werden. In diesem Fall wäre der Schülertext jedoch der Phase VI. zuzuordnen, was keine Erklärung bei der Überprüfung der Erwerbsreihenfolgen liefert.

Ähnlich problematisch ist, wenn ein Text im Präsens erfasst wurde. Zeugen die fehlenden Vergangenheitsformen in jedem Fall davon, dass diese Probanden über die aktive Verwendung des Präteritums oder des Perfekts noch nicht verfügen? Hilfe bei dieser Frage kann das Vergleichskorpus muttersprachlich deutscher Texte bieten, das zeigt, dass auch manche deutsche Schüler ihre Erzählungen im Präsens verfassen. Demnach lässt sich nicht sagen, dass die Tempuswahl für Präsens immer eine Vermeidungsstrategie der DaF-Lernenden wäre oder sie sich durch die fehlenden Kenntnisse der Vergangenheitsformen erklären lassen. In einigen Fällen jedoch kann bei den deutschsprachigen Schülertexten der ungarischen Probanden anhand der eingefügten ungarischen Wörter eine Konzeption festgestellt werden, die die Geschichte in der Vergangenheit lokalisiert, auf Deutsch jedoch im Präsens erzählt wird:

Beispiel 24: ID 4, *Fischfang* I., Segm. 6903–6908

Segm. 6903	(…) Sie gehen wieder zu Donau.
Segm. 6904	Sie *visszaengedni*[64] den Fisch.
Segm. 6905	Der Fisch *cserébe teljesítette egy kívánságuka*t[65].
Segm. 6906	Aber sie wünschen nichts.
Segm. 6907	Meine Meinung,
Segm. 6908	dass der Jung machen richtigen.

Die Schülerin mit der ID-Nummer 4 kannte das Wort für *zurücklassen* (*visszaengedni*, Segm. 6904) nicht, weshalb sie die ungarische Infinitivform angegeben hat. Warum in dem deutschen Text nicht die entsprechende ungarische finite Verbform erscheint, kann nur vermutet werden. Formal betrachtet entspricht die 3. Person Plural im Deutschen dem Infinitiv, d.h. die Schülerin hat nach dieser Interpretation den Unterschied zwischen finiten und infiniten Verbformen nicht bedacht. Nach der zweiten Interpretationsmöglichkeit lässt sich dieses Phänomen auf die Spezifika des Fremdsprachenunterrichts zurückführen. Im DaF-Unterricht werden die neuen Verben in Infinitivform vermittelt. Durch diese Vorgehensweise wechselte die Schülerin im Schreibprozess in einen Zwischenmodus der Mutter- und der Zielsprache und gab diejenige verbale Form an, die ihr z.B. bei der Verwendung eines ungarisch-deutschen Wörterbuches weitergeholfen hätte. Diese zwei Erklärungen können an dieser Stelle nicht überprüft werden, festgehalten werden sollte aber, dass die ungarische infinite Verbform (*visszaengendi*) den bilingualen Leser auf den Tempuswechsel in der nächsten hier sinngemäß auf Deutsch wiedergegebene Zeile nicht vorbereitet: *Der Fisch hat dafür einen Wunsch von ihnen in Erfüllung gebracht.* Die originale Formulierung entspricht einer typischen ungarischen märchenhaften Wendung, die in Vergangenheit formuliert wurde. In dem Schülertext wechselt die Erzählung in der darauf folgenden Zeile 4 erneut ins Präsens und erfährt auch einen logischen Bruch: Wie konnte der Fisch einen Wunsch von Vater und Sohn erfüllt haben, wenn sie sich nichts gewünscht hatten? Die Komplexität der in L1 entwickelten Erzählung konnte in der Fremdsprache mangels entsprechenden sprachlichen Formen nicht realisiert werden, was zum abrupten Ende der Geschichte führte.

Bei der Analyse des gesamten Schülertextes kann festgestellt werden, dass die Schülerin zum einen neben finiten auch infinite Verbformen verwendet zum an-

---

64 zurücklassen (Infinitiv)
65 Der Fisch hat dafür einen Wunsch von ihnen erfüllt. / Der Fisch erfüllte dafür einen Wunsch von ihnen. (Vergangenheit)

deren noch nicht über die Konstruktion Modalverb + Infinitiv verfügt. Daraus kann geschlussfolgert werden, dass sich die Schülerin zu dem Zeitpunkt der Datenerhebung höchstens auf der zweiten verbalen Stufe befindet. Diese Einstufung wird auch durch die relativ große Anzahl formelhafter Wendungen (Er heißt...; X.Y. ist ... Jahre alt; ... ist sehr schön, usw.) gestützt, die üblicherweise bereits in dem DaF-Unterricht für Anfänger vermittelt werden. Die Bearbeitung dieser festen Formeln bereitet der Schülerin noch Schwierigkeiten, wie dieses sich in der Subjekt-Verb-Kongruenz im folgenden Segment zeigt: *Seine Hobby sind horgászat.*[66]

Ein anderes Beispiel für Tempuswechsel (ID 3, *Fischfang* I.) zeigt, dass die konzeptionell in Vergangenheit lokalisierte und auf Ungarisch entwickelte Geschichte in der deutschen Fassung nur bei den Kopulaverben (*war*, *waren*) die Vergangenheit wiedergibt. Vollverben wie *zurückbringen* (*visszavinni*), *schwimmen* und *essen* sind für die Schülerin entweder gar nicht bekannt oder nur im Präsens bzw. als Infinitiv verfügbar. Die Verbformen im Präteritum werden im Beispiel 25 mit Unterstrich markiert.

Beispiel 25: ID 3, *Fischfang* I., Segm. 6876–6883

Segm. 6876	Denn wir *visszavinni*[67] das Fisch.
Segm. 6877	Ich und mein Großvater ~~boldogok ist~~ <u>waren</u> *boldogok*[68].
Segm. 6878	Das Fisch schwimmt in der See.
Segm. 6879	In der See <u>war</u> einen großer Fisch.
Segm. 6880	Diese Fisch essen meine Fisch.
Segm. 6881	Es ist ~~shrechlich~~ shrhlicht!!!
Segm. 6882	Wir <u>waren</u> *szomorúak*[69] und auch Hungrig.
Segm. 6883	Diese Geschichte ist gut.

Anhand dieser Beobachtung kann die Hypothese aufgestellt werden, dass der Erwerb des Präteritums der Kopula bei den ungarischen DaF-SuS dem Erwerb des Perfekts vorangeht. Unter den insgesamt 155 Präteritumformen des Kopulaverbs im DaF-Korpus gibt es 8 Treffer (6 mal „war", 1 mal „ware" und 1 mal „waren"), die aus den ersten Lernertexten (F1) stammen. Diese Präteritumfor-

---

66 horgászat (Sg.) – Angeln
67 zurückbringen (Infinitiv)
68 glücklich
69 traurig

men lassen sich vier DaF-Lernernden (ID 1, 3, 5 und 15) zuordnen. ID 1, 3 und 15 verwenden das Perfekt erst am Ende des ersten Erhebungsjahres (in K1), bei ID 5 liegt keine Perfektform in seinen sechs Erzählungen vor. Damit stützen auch diese Daten die obige Hypothese.

Für die vorliegende Studie ist die Frage noch offen, wie sich die Tempuswahl im DaF-Korpus abzeichnet. Der nächste Abschnitt geht dieser Fragestellung nach.

10.5.2 Tempus im ungarischen DaF-Korpus

Im Folgenden werden die Ergebnisse zur Tempusverwendung in der Querschnittsanalyse zunächst nach der Datenerhebungszeit und danach nach dem Sprachniveau der DaF-Lernenden vorgestellt. Das Ziel ist dabei, die ermittelten Tempusabfolgen in den ungarischen DaF-Lernertexten mit den Ergebnissen der DiGS-Studie abzugleichen. Hierbei wird auf die Reihenfolge von Perfekt und Präteritum fokussiert. Die nächsten zwei Abbildungen zeigen die Verteilung der Tempora (Präsens, Präteritum und Perfekt) nach der Erhebungszeit und dem Erzählimpuls (*Fischfang-* und *Konditorei*-Geschichten).

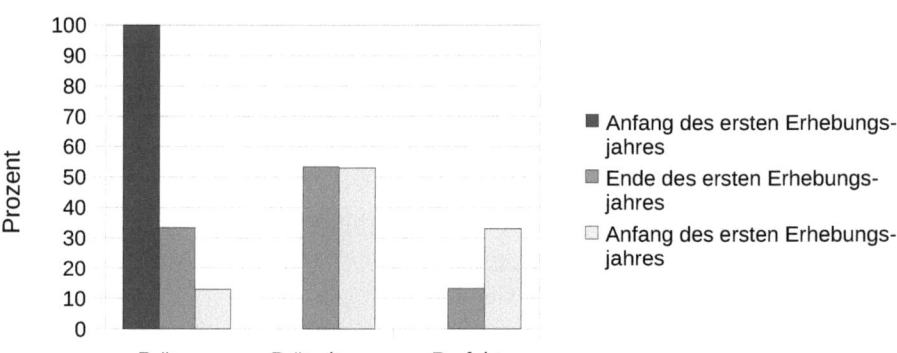

Abbildung 11: Tempora in den L2 *Fischfang*-Texten

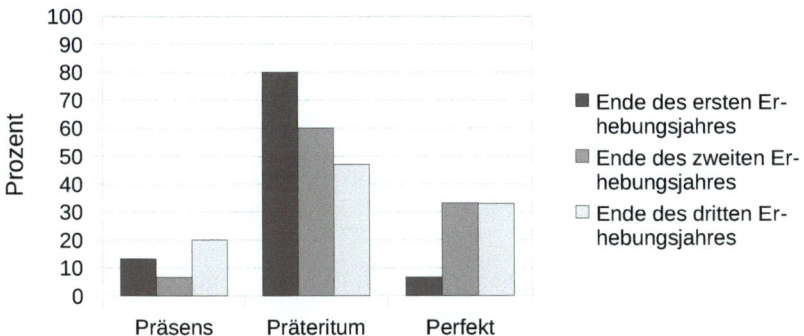

Abbildung 12: Tempora in den L2 *Konditorei*-Texten

Die oberen zwei Abbildungen zeigen, dass in den ersten Fassungen der *Fisch-fang*-Geschichte Präsens als Erzähltempus verwendet wird. In den *Fischfang*-Texten kann auf der longitudinalen Achse ein Rückgang von Präsens als Er-zähltempus erkannt werden. In den *Konditorei*-Texten zeichnet sich demgegen-über keine eindeutige Tendenz diesbezüglich ab, die Werte der Präsens-Verwen-dung bleiben hier allerdings durchgehend unter 20%, d.h. max. jede fünfte Per-son entscheidet sich für die Lokalisierung der Geschichte in der Gegenwart.

Die Verwendung des Präteritums als Erzähltempus zeigt ein anderes Bild. In den *Fischfang*-Texten bleibt die Wahl dieses Tempus in der zweiten und dritten Fassung ungefähr gleich, in den *Konditorei*-Texten ist jedoch ein Rückgang von 80% auf knapp 50% zu erkennen.

Dementsprechend weisen die F1-, F2- und F3-Texte bzgl. der Perfekt-Verwen-dung wiederum von K1-, K2- und K3-Texten abweichende Ergebnisse auf. In den ersten *Fischfang*-Texten wurde keine Perfektform verwendet, die zweite und dritte Fassung von der *Fischfang*-Bildergeschichte zeigen eine zunehmende Verwendung des Perfekts. Im Vergleich dazu bildet sich in den Erzähltexten zur *Konditorei*-Bildergeschichte keine lineare Tendenz ab, da der Anteil der Per-fektformen in den zweiten und dritten Schülertexten gleich ist.

Zusammenfassend lässt sich sagen, dass sich die Tempuswahl der DaF-Lernen-den von Präsens auf Präteritum verschiebt, wobei in den späteren Texten, insbe-sondere in der letzten Erhebung, öfters Perfekt gewählt wird. Dies zeigt eine Unsicherheit bei der Tempuswahl für die Erzählung, d.h. die Funktionalität der Tempora ist für die ungarischen Deutschlernenden noch nicht klar. Aus kontras-tiver Sicht liefert hierfür die ungarische Muttersprache insoweit eine Erklärung,

als dass das heutige Ungarisch nur über eine einzige Vergangenheitsform verfügt, d.h. die ungarischen Probanden sind für die verschiedenen Tempusformen
der Vergangenheit mit den funktionalen Unterschieden aufgrund ihrer Muttersprache nicht sensibilisiert. Für die DaF-Didaktik bedeutet dies, dass neben der
Formlehre auch die textsortenspezifische und funktionale Verwendung der
Tempora präzise vermittelt werden sollte. Auch z.B. die Frage, wie Lexik und
Grammatik miteinander interagieren, findet in vielen DaF-Lehrwerken besonders auf den unteren Stufen häufig keine Berücksichtigung (s. Kap. 9).

Welche Merkmale der Tempuswahl sich nach dem Sprachniveau erkennen lassen, zeigt die folgende tabellarische Darstellung:

Tabelle 32: Erzähltempora im DaF-Korpus nach Sprachniveau

21–30 CP	46–55 CP	71–80 CP
100% Präsens	47% Präteritum	60% Perfekt
- - - -	37% Präsens	40% Präteritum
- - - -	16% Perfekt	- - - -

Die Analyse anhand der drei Sprachniveaus macht die oben beschriebene Verschiebung bei der Tempuswahl noch deutlicher: in der unteren Niveaugruppe
wurden alle Texte im Präsens als Erzähltempus erfasst, in der mittleren Gruppe
dominiert das Präteritum mit 47%, auf dem oberen Niveau hingegen ist das
Perfekt mit 60% das häufigste Erzähltempus. Dabei ist ein deutlicher Rückgang
bei der Präferenz für Präsens erkennbar (von 100% über 37% auf 0%). Demgegenüber wird Perfekt in der Gruppe mit den meisten C-Test-Punkten am häufigsten verwendet (60%), in der mittleren Gruppe macht es nur 16% aus.

Welche Reihenfolge kann aufgrund dieser Ergebnisse bei dem Erwerb der Verbalphasen bei ungarischen DaF-Lernenden festgestellt werden? Nicht die Dominanz der Tempuswahl ist für den Erwerb entscheidend. Da in der mittleren
Niveaugruppe neben dem Präteritum auch Perfekt Verwendung findet, kann die
von Diehl et al. aufgestellte Erwerbsreihenfolge mit diesen Analyseergebnissen
weder gestützt noch in Frage gestellt werden. Ob Perfekt bei dem Erwerb dem
Präteritum vorangeht oder umgekehrt, kann zukünftig nur durch breit angelegte
Langzeitstudien geklärt werden. Was die longitudinalen Daten der 15 ungarischen DaF-SuS bezüglich der Tempusverwendung zeigen, wird im nächsten
Schritt untersucht.

Die ungarischen DaF-Lernenden können nach der Verwendung von Perfekt und Präteritum in der longitudinalen Analyse in vier Typen eingeteilt werden.

- Typ 1 (zwei Personen[70]) verwendet ausschließlich Präteritum in seinen Texten.
- Typ 2 (eine Person[71]) verwendet in den Erzählungen zuerst Perfekt und später Präteritum.
- Bei Typ 3 (drei Personen[72]) kommen Perfekt- und Präteritumformen in den Lernertexten zeitgleich vor.
- Bei Typ 4 (neun Personen[73]) lassen sich in den früheren Texten Präteritumformen identifizieren und erst in den darauf folgenden Geschichten kommen Perfektformen vor.

Typ 2 entspricht der Phasenreihenfolge in der schweizerischen Studie, Typ 4 zeigt demgegenüber eine umgekehrte Reihenfolge bei den Tempusformen. Das Fehlen des Perfekts bei Typ 1 könnte theoretisch bedeuten, dass die Probanden über Perfekt noch nicht verfügen, Vergleichsdaten vom gleichen Sprachniveau zeigen jedoch, dass es höchstwahrscheinlich aber nicht der Fall ist. Da die Aufgabenstellung in erster Linie die Verwendung von Präteritum fordert, können die Texte auch ohne Verwendung von Perfekt realisiert werden.

In dem vorliegenden Korpus gibt es aber ein Beispiel, in dem eine DaF-Lernerin von Präsens auf Perfekt wechselte (s. Segment 7020).

Beispiel 26: ID 11, *Fischfang* I., Segm.7017–7020

Segm. 7017	Jetzt schon wirklich haben sie schlechte Laune.
Segm. 7018	Ich denke,
Segm.7019	dass der ~~Fich~~ Fisch müssen essen.
Segm.7020	Denn der Fisch <u>hat</u> ~~so~~ auch so <u>gestorben</u>.

Das gleichzeitige Vorkommen der zwei Vergangenheitsformen wirft die Frage auf, ob die eine morphologische Form der anderen doch keine Voraussetzung ist.

Aufgrund dieser divergierenden Ergebnisse kann für die zukünftige Forschung die Frage gestellt werden, ob die Phasenabfolge im verbalen Bereich bei ungarischen Probanden mit agglutinierender Muttersprache, die nur ein Vergangenheitstempus mit synthetischer Bildung verwendet, der verbalen Entwicklungs-

---

70 ID 4 und 5
71 ID 11
72 ID 8, 10 und 14
73 ID 1- 3, 7, 12, 13, 15, 16 und 18

sequenz aus der DiGS-Studie ähnelt. Um diese Frage beantworten zu können, könnten in nachfolgenden Studien bei dem Forschungsdesign zum einen auch andere Erstsprachen berücksichtigt werden, zum anderen neben Erzählungen auch z.b. geschlossene Aufgabestellungen mit klaren Tempusvorgaben vorgesehen werden.

Die Erwerbssequenz der Verbalmorphologie bei den frankophonen DaF-Lernenden lokalisiert die Konstruktion Modalverb + Inf. auf der dritten Stufe, d.h. vor dem Erwerb des Perfekts (Stufe IV.). Diesbezüglich zeigen die ungarischen DaF-Daten eine Übereinstimmung, da alle Probanden, die eine Vergangenheitsform in ihren Erzählungen verwenden, auch über die Klammerstruktur des Modalverbs plus Infinitiv verfügen. Anders ausgedrückt gibt es keinen Probanden, der Perfekt oder Präteritum im Text ohne eine vorherige Konstruktion von Modalverb + Inf. verwendet.

Die Stufe VI. der DiGS-Studie ist insgesamt nur wenig im ungarischen DaF-Korpus belegt: Plusquamperfekt und Konjunktiv kommen in den Texten selten (ID 18 bzw. 15) vor.

10.6 Komplexität auf der Textebene

Bei den Referenzen können bei ID 11 im Vergleich mit der ersten Erzählung zwei neue Elemente bei der Textgestaltung der späteren Fassungen beobachtet werden. Das eine ist die Verwendung der Anapher für 3. Person Sg., das andere ist die Individualisierung der Hauptaktanten durch Eigennamen.

Anaphern werden überwiegend für die Hauptaktanten aber auch als Referenzmittel[74] für den Fisch und das Essen, d.h. auch für Nichtlebewesen eingesetzt. Sie werden ab dem Ende des ersten Erhebungsjahres (K1) verwendet, wobei die Realisierung der phorischen Prozedur[75] am Ende des zweiten Erhebungsjahres in manchen Fällen noch nicht gelingt (s. Beispiel 28).

Beispiel 27: ID 11, K1, CP 55, Segm. 7358–7360

Segm. 7358	Der Opa wurde böser.
Segm. 7359	~~Aber~~ Wann er sah,
Segm.7360	dass der Hund die Suppe nicht essen,

Beispiel 28: ID 11, K2, CP 66, Segm. 8188–8190

| Segm. 8188 | Der Opa war sehr böse. |

---

74 Zum funktional-pragmatischen Referenz-Begriff s. Rehbein (2007: 412); zur Anapher in der Lernersprache s. Grießhaber (2005)
75 Zur „Anapher und phorische Prozedur" s. Hoffmann (2000: 295–305).

Segm. 8189   Sie ~~schrie mit~~[76] schrie mit seinem Enkel,
Segm. 8190   und das Kind weinte.

Beispiel 29: ID 11, K3, CP 79, Segm. 8853–8854
Segm. 8853   Der Opa war sehr böse.
Segm. 8854   Er schritt[77] mit seinem Enkel.

Bei Wiederaufnahmen, die gleichzeitig mit einem Formwechsel von nominalen zu pronominalen Konstituenten wie in Bsp. 27–29 einhergehen, kann bei den ungarischen Probanden öfters eine falsche Genuswahl beobachtet werden (s. Bsp. 28). Dies zeigt, dass der Abruf der nach dem Genus richtigen Anapher größeren Aufwand in der Prozessierung als die formale Beibehaltung des nominalen Referenzmittels (*der Opa*) bereitet.

Neu bei ID 11 ist weiterhin die Individualisierung der Aktanten. Der Aktant *Sohn* erhält in der letzten Erhebungszeit für beide Geschichten den Namen Thomas (s. u.).

Beispiel 30: ID 11, K3, CP 79, Segm.6
       Dabai der Enkel, Thomas passte auf seinen Opa auf.

Beispiel 31: ID 11, F3, CP 79, Segm.13
       und Thomas ~~wei~~ denn der Enkel hieß so,

Die longitudinale Analyse im DaF-Gesamtkorpus zeigt, dass die Namensvergabe nur bei vier von den insgesamt 15 Lernenden in den deutschen Texten nicht erfolgt. Drei von diesen vier Personen verwendeten auch in ihren ungarischen Geschichten keine Eigennamen. Es gibt unter den fünfzehn ungarischen DaF-SuS nur eine Person, die ausschließlich in den deutschsprachigen Erzählungen Eigennamen benutzte. Damit lässt sich feststellen, dass die DaF-SuS den Eigennamen als Referenzmittel in mehr als 85% in ihrer Muttersprache und ihrer Fremdsprache identisch einsetzen oder nicht verwenden.
Trotz der großen Entsprechung bei Verwendung der Eigennamen in L1 und L2 der ungarischen Probanden soll der Frage nachgegangen werden, ob ein Zusammenhang zwischen den Fremdsprachenkenntnissen und der Individualisierung der Aktanten besteht. Die vier Testpersonen, bei denen die Individualisie-

---

76 handschriftliche Schülerkorrektur
77 Gemeint ist: Er stritt mit seinem Enkel.

rung der Aktanten durch Eigennamen kein Gebrauch findet, erreichten folgende maximale C-Test-Punkte: 50; 54; 58 und 71 CP. Die Mindestpunktzahl für die Verwendung der Eigennamen beträgt im vorliegenden Korpus 34 Punkte, was einen relativ frühen aktiven Gebrauch bedeutet.

Damit kann anhand der C-Test-Ergebnisse und der ungarischen Lernerprodukte festgehalten werden, dass die Eigennamen als Literalitätsmerkmal in deutsch-sprachigen Erzählungen bei den DaF-Probanden ab mittlerem Sprachniveau Verwendung finden, sofern die Lernenden die Eigennamen in ihren mutter-sprachlichen Erzählungen als Stilmittel einsetzen.

Noch ein weiteres interessantes Phänomen kann bei der Verwendung der Eigen-namen beobachtet werden. Bis auf zwei Ausnahmen verwenden alle SuS das Stilelement der Eigennamen nach ihrer ersten Erzählung mit Individualisierung auch in den darauf folgenden Texten. Vier Personen tun es ab der ersten Erhe-bung, drei weitere ab der zweiten, zwei ab der dritten und weitere zwei ab der vierten Datensammlung. Die zwei Ausnahmen sind ID 14 und ID 7. Die Schü-lerin mit ID 14 hat nur in der zweiten Erhebungszeit (K1) Belege für die Eigen-namen; ID 7 in den zweiten und dritten Erhebungen.

Damit lässt sich sagen, dass die meisten SuS den Eigennamen als Stilmittel er-kannt und kontinuierlich beibehalten haben. Wahrscheinlich begünstigen besse-re Sprachkenntnisse den Einsatz dieses Stilelementes, sie sind jedoch keine Voraussetzung dafür, da ihre Verwendung eigentlich schon früh[78] erfolgen kann. Vermutlich kommen die ungarischen Probanden in der höheren Niveaugruppe in den fremdsprachlichen Geschichten zur Verwendung der Eigennamen, da sie mittlerweile die Textsorte Erzählung im freieren Fluss gestalten können. Auf dem unteren Sprachniveau bieten Eigennamen eine sprachlich einfache Form, die eine leichte Identifizierung der Aktanten ermöglicht. Demgegenüber scheint die anaphorische Referenz für die ungarischen SuS wie wir oben gesehen haben (s. Bsp. 2) auch am Ende des zweiten Erhebungsjahres auf min. mittlerem Sprachniveau noch immer mit Risiken behaftet zu sein.

10.7 Komplexität in den Lehrwerken und in der Lernersprache

Die Ergebnisse der Lehrwerkanalysen bezüglich der Verbendstellung ergaben, dass die Nebensatzkonstruktion unterschiedlich früh bzw. spät, aber in jedem Lehrwerk verwendet und vermittelt wird (vgl. Kap. 9). Betrachtet man die zwei Lehrwerke, die in der Lernergruppe vor der Datenerhebung von den meisten

---

78   ab 34 CP (s.o.)

SuS benutzt wurden, weist *Das Deutschmobil* die früheste Belegstelle hierfür auf, schon im ersten Band in der Lektion 9 werden Konstruktionen mit *wenn* verwendet. Die Nebensatzkonstruktion wird jedoch erst im zweiten Teil ausführlicher behandelt. Demgegenüber kommt die Verbendstellung in dem Lehrwerk *Schulbus* wesentlich später vor. Die Lehrbuchtextanalyse in *Schulbus 2* ergab so gut wie keinen Treffer für Nebensätze mit Verbendstellung, lediglich in der Lektion 3 und im Anhang des LW sind jeweils zwei Konstruktionen mit finaler Verbstellung zu finden. Damit liegen den Lernenden zu wenige schriftliche Beispiele für eine Input basierte Regelextraktion in dieser Lernphase vor. Erst im Bd. 3 werden *weil*-Sätze in größerem Umfang verwendet und noch später in diesem Teil erscheinen Konstruktionen mit dem Subjunktor *dass* zur expliziten Grammatikvermittlung.

Schaut man sich die Komplexität der Lernersprache zur Anfangszeit der DE an, kann festgehalten werden, dass der Quotient der Segmente mit V-Endstellung und gesamter Segmentzahl des Textes mit einer Ausnahme immer Null ergibt. Der Text von ID 16, der die Ausnahme bildet, weist den Wert von 0,08 auf, da er einen Treffer mit Verbendstellung vorweist. Hier stellt sich die Frage, ob der Schüler zu dem Zeitpunkt über die Konstruktion tatsächlich verfügt. Der zweite Lernertext von ID 16 kann keine Verstärkung für den Erwerb liefern, da darin keine korrekte Nebensatzkonstruktion vorkommt.

Insgesamt zeugen die ersten DaF-Texte trotz des mehrjährigen Deutschunterrichtes nicht von dem Erwerb der deutschen Verbendstellung. Spuren dafür, dass diese Konstruktion den SuS beim Deutschlernen bereits begegnet sind, können wie bei ID 2 (s. Bsp. 32) zwar nicht auf der syntaktischen jedoch auf der lexikalischen Ebene festgestellt werden.

Beispiel 32: ID 2, *Fischfang* I., Segm. 6858–6859

Segm. 6858	Das Geschicht[79] *szomorú*[80],
Segm. 6859	<u>weil</u> der Kleinfisch essen ein Großfisch.

Für die Analyse der lernersprachlichen Komplexität ist bezüglich der Wortstellung die nächste Frage, ab wann inversive Konstruktionen in den Lernertexten verwendet werden. Dabei kann festgehalten werden, dass Inversion bereits in der ersten Datenerhebung in den Erzähltexten von elf SuS vorkommt. Ein Vergleich zwischen den Probandengruppen nach den Lehrwerken ist aufschluss-

---

79 Korrektur: Die Geschichte ist traurig,
80 *szomorú* (ungarisch) = traurig

reich, da dieser zeigt, dass diejenigen SuS, die keine Inversion verwenden, alle das Lehrwerk *Schulbus* in ihrem vorherigen Deutschunterricht benutzt haben.

Alle in Kapitel 9 analysierten DaF-Lehrwerke sehen eine gleiche Vermittlungs-reihenfolge beim Kasus vor. Der erste Kasus ist immer der Nominativ, gefolgt vom Akkusativ, danach vom Dativ und schließlich vom Genitiv. Die Annahme, dass die SuS nach dem mehrjährigem Deutschunterricht die Kasus vielleicht noch nicht an jeder Stelle fehlerfrei, aber drei Kasus (N,A,D) auf jeden Fall funktionsgemäß verwenden, konnte anhand der ersten Daten (*Fischfang* I.) nicht bestätigt werden. Bis auf zwei SuS (ID 1 und 8) beschränkten sich die un-garischen DaF-Lernenden in den ersten Erzähltexten auf Nominativ und Akku-sativ. Die zwei Ausnahmen lassen sich nicht einem Subkorpus nach LW zuord-nen. Insgesamt zeigt sich kein Unterschied bei den Probanden nach ihren Ka-suskenntnissen, der durch vorherigen DaF-LW bzw. Deutschunterricht bedingt wäre.

In den bisher analysierten Bereichen der Syntax und der Nominalmorphologie waren die Vermittlungsreihenfolgen in allen DaF-LW identisch. Die Gramma-tikprogression bezüglich Verbalmorphologie zeigt jedoch Abweichungen, da abgesehen vom Lehrwerk *Das Deutschmobil,* die Vermittlung des Präteritums erst nach der Perfektvermittlung erfolgt. Kann dieser Unterschied bei der Tem-pusverwendung in den ersten Erzählungen erkannt werden? Leider wurden die ersten *Fischfang*-Texte auf Deutsch im Präsens erzählt, aber an einigen Stellen kann erkannt werden, dass dieses Tempus möglicherweise wegen einer Vermei-dungsstragie gewählt wurde. Da außer des Kopulaverbs im Präteritum keine an-deren Vergangenheitsformen in den ersten Lernertexten vorkommen, kann eine Auswirkung der ursprünglichen Vermittlungsreihenfolge nicht festgestellt wer-den. Die Daten zeigen jedoch eine große Diskrepanz zwischen dem Gramma-tikstoff in den Lehrwerken und der tatsächlichen Grammatikverwendung.

11 Grammatikalität in der Lernersprache

Dieses Kapitel fokussiert zunächst die lernersprachliche Grammatikalität im Kasusbereich (Akkusativ, Genitiv und Dativ) und zeigt, welche Veränderungen sich bei der Adjektivverwendung longitudinal abzeichnen. Danach wird auf der Syntaxebene die Subjektrealisierung in den Lernertexten untersucht. Anhand eines ungarischen L1-Schülertextes wird deutlich gemacht, an welchen Stellen aus sprachkontrastiver Sicht Transferphänomene beim Deutschlernen erwartet werden können. Die daran anschließenden Analysen zu den lernersprachlichen Merkmalen der DaF-Texte werden zum einen in Abhängigkeit vom Sprachniveau zum anderen in Bezug auf die syntaktische Struktur durchgeführt. Weiterhin greift die Arbeit bezüglich der Grammatikalität die lernersprachliche Verwendung der Satzverknüpfungen auf und überprüft, ob Subjunktionen uneingeschränkt als Indikator für komplexe Lernersprache gelten. Darüber hinaus werden zwei Analysen zur Feststellung der lernersprachlichen Grammatikalität aus dem CAF-Forschungsgebiet durchgeführt: Zum einen wird der Anteil der fehlerfreien Lerneräußerungen ermittelt, zum anderen werden die Selbstkorrekturen untersucht.

11.1 Grammatikalität im nominalen Bereich

11.1.1 Datenanalyse zur Kasusverwendung

Im Folgenden werden die Formen für Akk. Mask. Sing., die Genitivkonstruktionen sowie Dativverwendungen in den Lernertexten näher betrachtet. Mit dem Akk. Mask. Sing. wird ein Teilbereich der deutschen Kasusmorphologie behandelt, in dem die Formbestimmung weniger Interpretation für die Analyse als bei den anderen zwei Genera verlangt. Wie Kapitel 10.4 zeigt, ist ein schrittweiser Ausbau des deutschen Kasussystems bei den ungarischen DaF-SuS zu erkennen. In diesem Kapitel wird untersucht, ob die Kasusformen im Quer- und Längsschnitt grammatikalisch korrekter verwendet werden. Dabei stellen sich die Fragen, wann in den Schülertexten abweichende Kasusformen realisiert werden und ob sich Unterschiede bei den Kasusfehlern nach den Sprachkenntnissen abzeichnen. Die Analyse der Lernerdaten fokussiert auf die Relation zwischen Form und Funktion (vgl. Kap. 5.4).

11.1.1.1 Akkusativ in der Lernersprache

Die Ergebnisse zur Akkusativverwendung nach der Datenerhebungszeit und
nach den C-Test-Ergebnissen sollen in diesem Kapitel untersucht werden. Darauf folgt eine exemplarische longitudinale Analyse über die Akkusativverwendung bei einer DaF-SuS. Die lernersprachlichen Formen werden auch aus
sprachkontrastiver Sicht interpretiert.
Damit sind die o.g. Analysen ein wichtiger Teilbereich der Kasusverwendung.
Aus diesem Grund erfolgt in diesem Abschnitt ein Auszug aus meiner Publikation (Fekete 2009: 160–165), in dem diese Fragestellungen diskutiert werden.
Die Darstellungen der Abbildung 13 und 14 wurden dabei optimiert.

Als ein sicheres Zeichen für den Erwerb des Akkusativs gilt im Deutschen die
Benutzung des Akkusativs in Singular Maskulinum, da die Akkusativformen in
Femininum und Neutrum mit dem Nominativ übereinstimmen. Das Vorkom-
men der Akk. Mask. Sg. Formen in den Schülertexten hängt vom Inhalt der Er-
zählung ab und ist durch die *Fischfang*-Geschichte motiviert, da hier des Öfte-
ren Bezug auf *den Fisch* genommen werden muss.
Im Folgenden werden die korrekt realisierten Kasusformen mit denen in Relati-
on gesetzt, für die statt Akk. Mask. Sg. ein anderer Kasus benutzt wurde (in der
Abbildung gekennzeichnet als „Akk. Mask. Sg.-"). Die Gesamtzahl von Akk.
Mask.(+) und Akk. Mask.(-) ergibt 100% in jeweils allen drei Teilkorpora
(*Fischfang* I.–III.), die nach den Erhebungszeiten gebildet wurden.

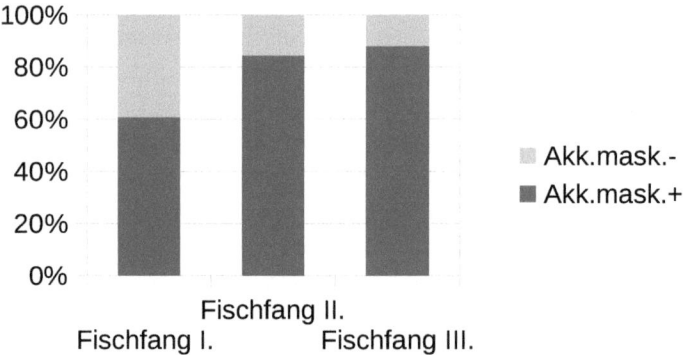

Abbildung 13: Akk. Mask. nach den drei Datenerhebungszeiten

Die Verteilung der Akkusativ Maskulinum Formen im Korpus zeigt in Relation zur Erhebungszeit, dass die Zahl der richtigen Formen nach zwei Schuljahren sichtbar zunimmt (von 60% auf 84%) bzw. ein Rückgang der nicht richtig realisierten Akk. Mask. Formen (von 40% auf 16%) zu erkennen ist. Auch am Ende des dritten Erhebungsjahres ist diese Tendenz noch erkennbar (mit 88% der richtigen Formen), wenn sie auch nicht mehr so stark ist wie zwischen *Fischfang* I. und *Fischfang* II.

Was aber ergibt die Untersuchung der Akk. Formen in den drei Leistungsgruppen? Werden die Lernertexte mit zunehmenden Sprachkenntnissen im Kasusbereich besser oder bleibt die Problematik der Kasusrealisierung konstant?

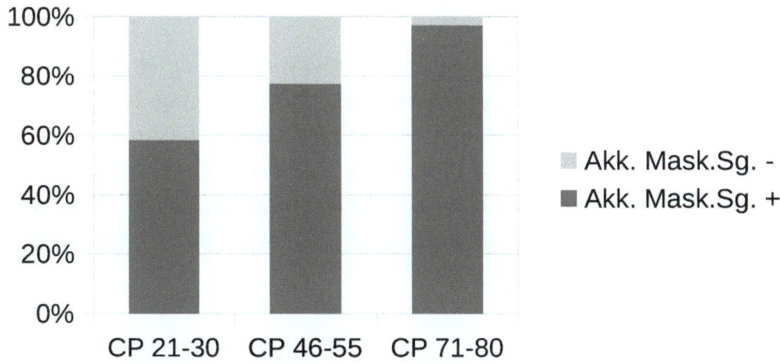

Abbildung 14: Akk. Mask. nach C-Test-Punktzahl

Die nach dem Sprachniveau (C-Test) differenzierte Analyse der Akk. Mask.-Formen zeigt eine klare Entwicklungstendenz. Zwar bleibt dieser Bereich auch in der höheren Leistungsgruppe weiterhin fehlerbehaftet, der Fehleranteil beträgt aber insgesamt nur 3%.

Im Folgenden werden die fehlerhaften Akkusativ-Formen näher betrachtet. Diehl et al. (2000) zeigen, dass frankophone Deutschlerner die Kasusmarkierung auch in Abhängigkeit von der Satzposition realisieren. Am Satzanfang werden die Argumente demnach mit Nominativ gekennzeichnet, postverbale Subjekte erscheinen aber öfters im Akkusativ. Bei den ungarischen DaF-Lernern konnte das gleiche Phänomen beobachtet werden: ca. 73% der nicht richtig realisierten Nominative werden mit einem Akkusativ ersetzt. Statt dem Nominativ wird der Akkusativ nicht nur bei der inversiven Wortfolge, sondern auch bei den koordinativ verbundenen zweiten Subjekten öfters verwendet. Weiterhin konnte festgestellt werden, dass die meisten Fehler, bei denen statt Nominativ ein anderer Kasus gewählt wird, bei den Personalpronomina vorkommt.

Schaut man sich die Ergebnisse nach den Leistungsgruppen an, zeigt die Analyse, dass bei den Anfängern und bei den Lernern auf der mittleren Niveaustufe die Fehlerzahl etwa gleich groß ist. In Anbetracht der Größe der beiden Teilkorpora bedeutet dies jedoch, dass dieser Fehlertyp bei den Schülern in der Anfängergruppe häufiger vertreten ist.

Zusammenfassend kann festgestellt werden, dass die falsche Verwendung der Nominativformen sowohl von der Satzposition als auch von der Realisierungsform (Personalpronomen vs. NP) abhängt und mit zunehmenden Sprachkenntnissen weniger häufig vorkommt.

Wie zeichnet sich die Entwicklung der Akkusativ-Verwendung in den Lernertexten ab? Die obigen Analysen anhand der Datenerhebungszeit und des Sprachniveaus sind Momentaufnahmen, die auf dem korrekten oder abweichenden Kasusgebrauch *verschiedener* Probanden basieren. Um die individuelle Entwicklung mit Hilfe eines konkreten Beispiels longitudinal abzubilden, werden drei deutsche Texte von *einer* ungarischen Schülerin (ID 11) hinsichtlich ihrer Kasusverwendung analysiert.

Im Lernertext von ID 11 werden die Formen für Ergänzungen im Akk. durch einen Unterstrich markiert.

Beispiel 33: ID 11, *Fischfang* I., Segm. 7003–7011

Segm. 7003	Sie finden ei<u>nen</u> Fisch
Segm. 7004	Kochen wir <u>der Fisch</u>
Segm. 7005	Sie kochen <u>der Fischsuppe</u>.
Segm. 7006	Der Großvater will <u>der Fisch</u> putzen,...
Segm. 7007	Ich habe <u>schlechte Laune</u>.
Segm. 7008	Ich will nicht <u>der Fisch</u> kochen
Segm. 7009	..., sonder ~~bringen~~ wir bringen <u>der Fisch</u> zu dem See.
Segm. 7010	... und er ißt <u>der klein Fisch</u>.
Segm. 7011	Jetzt schon wirklich haben sie <u>schlechte Laune</u>.

In den neun Segmenten kommt die Akkusativmarkierung nur in den Segmenten 2 sowie in 6 und 10 richtig vor. Der Ausdruck „schlechte Laune haben" wurde möglicherweise zum einen als *chunk* gelernt, d.h. er ist eine unanalysierte Form, zum anderen kann er formal gesehen auch ein Nominativ sein. Aus diesem Grund zeugt er nicht von einer sicheren Kasusbildung. Unser Zweifel wird durch die Segmente 3–5 und 7–9 gestärkt, in denen Nominative statt Akk. Mask. Singulare vorkommen. Interessant ist das Segment 4 „Sie kochen der Fischsuppe." Bei der Fehleranalyse dieses Segments können folgende Punkte beobachtet werden: 1. falsches Genus 2. falscher Kasus 3. die Verwendung des bestimmten Artikels statt des Nullartikels. Zu diesem Zeitpunkt erreichte die Schülerin 24 Punkte im C-Test, der Text ist also ein Beispiel für die untere Niveaustufe.

Beispiel 34: Formen für Akk. bei ID 11 in *Fischfang* II., Segm. 7777–7788

Segm. 7777	Sie hatten *Glück*,
Segm. 7778	sie nahmen *ein Fisch* aus. [Segm. 7779]
Segm. 7780	~~,um das Fisch zu kochen.~~ ,dass sie *das Fisch* kochen.
Segm. 7781	~~Aber~~ Aber, wann Opa *das Fisch* aufputzen möchte,
Segm. 7782	Er möchte *das kleine Fisch* nicht mehr kochen.
Segm. 7783	Deshalb er und sein Opa brachte *das Fisch* zurück in den See
Segm. 7784	und sie warfen sie *das Fisch* ~~in den See~~ zurück.
Segm. 7785	Sie möchten *seinen Freund* sehen.
Segm. 7786	und ~~Dieser~~ dieser Fisch ~~aß fraß~~ frass *das kleine*.
Segm. 7787	wenn sie das Fisch in einem Akvarien lagen.
Segm. 7788	So ~~könnten sie~~ können sie das Fisch immer sehen

Auffällig in diesen Segmenten ist, dass der *Fisch* mit der Ausnahme des Segments 7786 mit einem falschen Genus (Neutrum statt Maskulinum) verwendet wird. Über den Grund dafür kann man nur spekulieren. Interessant ist aber, dass der Genuswechsel bei dem Wort *Fisch* auch mit einem Referenzwechsel auf einen anderen *Fisch* verbunden ist. Die Schülerin verwendet das Neutrum nicht nur mit dem bestimmten Artikel, sondern auch mit dem unbestimmten Artikel konsequent. Weiterhin wird der Akkusativ Maskulinum in Segment 7785 richtig gebildet, nur der Numerus des Possessivpronomens stimmt nicht. Neu ist im Vergleich zum ersten Text, dass das Adjektiv *klein* flektiert wird. Die Schülerin erreichte in dieser Datenerhebung 66 Punkte beim C-Test.

Beispiel 35: Formen für Akkusativ in *Fischfang* III., Segm. 8612–8627

Segm. 8612	Sie hatten ~~Glück~~ Erfolg,...
Segm. 8615	...,dass sie eine feine Suppe machen werden.
Segm. 8617	... und begonnen den Fisch zu putzen.
Segm. 8618	Aber der Enkel beleidigte den Fisch...
Segm. 8620	...und Thomas [, denn der Enkel hieß so,]
Segm. 8621	wollte den Fisch nicht mehr essen.
Segm. 8622	Thomas und sein Opa brachten den Fisch zurück zur See.
Segm. 8623	Der Fisch freute sich sehr.
Segm. 8626	... und fresste den kleine.
Segm. 8627	Wenn der ~~grö~~ große Fisch den kleine Fisch nicht ~~fresste~~ gefresst hatte,...

ID 7 verwendet in diesem Text das richtige Genus und bildet die NPs überwiegend richtig. Die Adjektive erhalten ein Flexiv, das aber noch nicht der Norm entspricht. Die formale Seite der Akkusativrealisierung zeigt im Vergleich zu den früheren Texten größere Varianz. Hier kommen mehr Adjektive und auch ein Reflexiv- und Relativpronomen vor. Das Segment ist jedoch ein Beispiel dafür, dass die Muttersprache auch eine fortgeschrittene Lernerin auf das falsche Gleis bringen kann. Die Zielhypothese zu diesem Satz lautet: Aber der Enkel hatte Mitleid mit dem Fisch. Die Schülerin (ID 7) kannte vermutlich den entsprechenden deutschen Ausdruck nicht und das ungarische Verb *megsajnálni* führte sie zu einer falschen Annahme. Sie versuchte ein deutsches entsprechendes Verb zu verwenden, indem sie vermutlich von dem Wort *sajnos (= leider)* ausging und ein deutsches Verb mit einer anderen Bedeutung (*beleidigen*) wählte.

Zusammenfassend für die Quer- und die Längsschnittanalyse kann festgestellt werden, dass die Realisierung der Akkusativ-Formen in den Schülertexten eine durchgehende Entwicklung zeigt, die sich aber über lange Zeit erstreckt und nur auf einem hohen Sprachniveau zu einem normkonformen Formgebrauch führt.

Weiterhin zeigen die Lernerdaten, dass die Kontrastivhypothese keine vollständige Erklärung liefert, warum sich der richtige Gebrauch des Akkusativs in DaF über so lange Zeit erstreckt. Der Großteil der in den Lernertexten benutzten transitiven deutschen Verben regiert auch im Ungarischen den Akkusativ: *fan-*

gen, sehen, lieben, kochen, finden, putzen, (zurück)nehmen, packen, zurückbringen, zurückwerfen, (auf)essen, fressen, töten, bemerken. Die einzige Ausnahme bildet das Vollverb *haben*, das im Ungarischen folgender Konstruktion entspricht: Kopula und Nominativ mit Besitzerzeichen (sowie dem entsprechenden Personalpronomen im Dativ). Nach der Kontrastivhypothese sollte der positive Transfer den ungarischen Lernenden die richtige Verwendung des deutschen Akkusativs ermöglichen. Betrachtet man die Ergebnisse der mittleren Leistungsgruppe, muss wider Erwarten eine große Anzahl fehlerhafter Akkusativ-Formen konstatiert werden. Auf ähnliche Weise wird die richtige Anwendung des Akkusativs in der Genfer Studie bei französischen Muttersprachlern erst der letzten Phase zugeordnet (vgl. Kap. 5.2). Auch für die niederländischen DaF-Lerner bedeutet die Markierung des Akkusativs auch nach ca. 400 Stunden Unterricht eine große Schwierigkeit: lediglich ca. 20% der Akkusative werden normgerecht gebildet (vgl. Kwakernaak 1996: 278). Die Schwierigkeit des deutschen Kasuserwerbs liegt also nicht allein an typologischen Unterschieden des Deutschen und des Ungarischen, sondern auch an der Komplexität der deutschen Kasusmorphologie.

11.1.1.2 Genitiv in der Lernersprache

Wie das vorherige Kapitel zeigt, erweist sich der Genitiv als komplex, da er zum einen auch trotz eines mehrjährigen Deutschunterrichts erst in den späteren Texten verwendet wird, und zum anderen auch ein fortgeschrittenes Mindestniveau durch den C-Test festgestellt werden konnte, bei dem erst Genitive in den Schülertexten vorkommen. In Hinblick auf die Grammatikalität muss festgehalten werden, dass die Genitivkonstruktionen in den Erzählungen an manchen Stellen zwar formal richtig gebildet werden, sie drücken jedoch nicht adäquat das aus, was eigentlich gemeint ist (vgl. Bsp. 36).

Beispiel 36: ID 7, F3, Segm. 8564
„Das war keinen Tag des Fisches."
statt: Das war kein guter Tag für den Fisch.
Auf Ungarisch: Ez nem a hal(nak a) nap*ja* volt.
wörtl.: Das nicht *{bestimmter ARTIKEL}* Fisch*{Gen./Dat.}*
Tag*{POSS}* war.

Im Beispiel 36 wird bei der Verneinung zwar nicht Nominativ sondern Akkusativ verwendet, dieses Beispiel zeigt aber, dass der Lerner die ungarische Konstruktion mit dem deutschen Genitiv verbindet. In dem Textfluss wäre durch pronominale Wiederaufnahme auch folgende Formulierung möglich: *Das war nicht sein Tag.* In diesem Satz müsste die Schülerin nur das ungarische Besitzerzeichen mit dem deutschen Possessivpronomen ausdrücken. Möglicherweise ist aber eine zielsprachliche Formulierung für sie noch nicht möglich, da in ihrer Lernersprache funktional betrachtet Besitzerzeichen, Genitiv und Dativ alternierend vorkommen und sie verfügt nicht über die konventionelle präpositionale Formulierung.

Das zweite Beispiel (s. Bsp. 37) für die lernersprachliche Genitiv-Verwendung weist noch mehr Komplexität auf, was auch die richtige Realisierung zu erschweren scheint.

Beispiel 37: ID 13, F3, Segm. 8664

Original:	„Damit sie die Freiheit des Fisches zurückgeben."
Zielformulierung:	Damit sie dem Fisch seine Freiheit zurückgeben.
Auf Ungarisch:	Hogy visszaadják a hal(nak a) szabadságát.
Wörtlich:	Damit (sie) wiedergeben{finalis 3.Pl.} {bestimmter ARTIKEL} Fisch({Dat.} {bestimmter ARTIKEL}) Freiheit{POSS Akk. Sg.}.

Insgesamt lässt sich festhalten, dass Genitive im ungarischen DaF-Korpus mit höheren Sprachkenntnissen häufiger und grammatikalisch zunehmend richtiger vorkommen. Die richtige Wahl zwischen Genitiv, Dativ und Besitzerzeichen sowie der im Ungarischen nicht vorhandenen *habeo*-Konstruktion fällt jedoch den ungarischen DaF-SuS auch auf dem fortgeschrittenen Niveau nicht immer leicht. Welche Merkmale die Dativ-Verwendung im DaF-Korpus aufweisen, wird im nächsten Abschnitt dargestellt.

11.1.1.3 Dativ in der Lernersprache

Wie im Kapitel 10.4 gezeigt werden konnte, kommen Dativ-Formen erst dann in den fremdsprachlichen Schülertexten vor, wenn die DaF-SuS zwischen *casus rectus* und *casus obliquus* unterscheiden können. Als nächster Schritt erfolgt in der Lernersprache die Differenzierung zwischen Akkusativ und Dativ.

Im Folgenden wird die Verwendung der Dativ-Formen sowohl im Quer- als auch im Längsschnitt analysiert.

Im DaF-Korpus konnten zwei IDs[81] identifiziert werden, bei denen kein korrekter Dativgebrauch in NP vorkommt. Nach der Datenerhebungszeit lässt sich feststellen, dass die erste Erhebung im Gesamtkorpus keine korrekte Dativ-Verwendung vorweist. Zwar gibt es insgesamt drei Belegstellen für Dativ-Formen, statt dieser sollten jedoch Akkusativ-Formen verwendet werden, d.h. die drei Dative kommen in den F1-Texten als Varianten für Akkusativ vor.

Beispiel 38: ID 1, F1, Segment 6729–6732, CP 39

   mein Opa angelnt

   und ich sehe *ihm*.

   Dann kommt ein Fisch

   und mein Großvater fangt *ihm*.

Beispiel 39: ID 8, F1, Segment 6963–6965, CP 21

   Aber ich finde nicht gut,

   deshalb bitte ich *ihr*,

   wir bringen der Fisch [in der See].

In Relation zu den Nominativ- und Akkusativ-Formen ist die Anzahl der Dativ-Formen im DaF-Korpus relativ gering. Diese Verteilung zeichnet sich aber auch bei den muttersprachlichen Texten ab. Insgesamt liegen 90 Belegstellen für Dativ im DaF-Korpus vor, von denen 13 Treffer einer falschen Kasuswahl zuzuordnen sind. Damit werden ca. 15% der Dativ-Formen für einen anderen Kasus eingesetzt. Unter den Dativ-Formen mit falschem Kasus ist die Verwendung von Akkusativ statt Dativ mit neun Treffern die häufigste, Nominativ und Genitiv-Formen statt Dativ kommen jeweils nur zweimal vor. Mit dieser Datenzahl lässt sich natürlich keine allgemeine Tendenz feststellen, trotzdem ist die Aufschlüsselung dieser Daten nach C-Test-Ergebnissen interessant. Die folgende Tabelle stellt die Spannbreite der C-Test-Punkte bei den drei Kategorien der falschen Kasusverwendung für Dativ dar.

---

81 ID 2 und ID 12 (s. Kap. 10.4)

Tabelle 33: Die niedrigsten und höchsten C-Test-Werte bei falscher Dativ-Verwendung

	Dativ statt Nominativ	Dativ statt Akkusativ	Dativ statt Genitiv
Trefferzahl	2 Treffer	9 Treffer	2 Treffer
min. C-Test-Punktzahl	59 CP	21 CP	47 CP
max. C-Test-Punktzahl	69 CP	73 CP	57 CP
Mittelwert	64 CP	50,4 CP	52 CP
Standardabweichung	5 CP	16,017 CP	5 CP

Wie Tabelle 33 zeigt, kommen die Dativ-Formen statt Akkusativ im DaF-Korpus nicht nur am häufigsten vor, sondern sie sind von der unteren bis zur oberen Niveau-Stufe zu finden. Die anderen zwei Kasusfehlertypen umfassen eine nicht so große Spannbreite, da sie auf der unteren Stufe nicht belegt wurden und auch die maximal erreichte Punktzahl etwas unter der oberen Niveaustufe liegt.

Was zeigen aber diejenigen Textstellen der lernersprachlichen Erzählungen, wo zwar Dativ erforderlich wäre, stattdessen aber ein anderer Kasus gewählt wurde?

Tabelle 34: Die niedrigsten und höchsten C-Test-Werte bei falschem Kasus statt Dativ

	Nominativ statt Dativ	Akkusativ statt Dativ	Nominativ oder Akkusativ statt Dativ (nicht eindeutig interpretierbar)	Prp. + A
Trefferzahl	11 Treffer	13 Treffer	1 Treffer	1 Treffer
min. C-Test-Punktzahl	24 CP	44 CP	50 CP	42 CP
max. C-Test-Punktzahl	58 CP	79 CP	- -	- -
Mittelwert	39,82 CP	52,46 CP	- -	- -
Standardabweichung	17,206 CP	8,916 CP	- -	- -

Die häufigsten Kasusformen, die statt Dativ in den Lernertexten vorkommen, sind der Nominativ und der Akkusativ, präpositionale Konstruktionen sind nur selten zu beobachten. Bezüglich des Sprachniveaus kann festgestellt werden, dass der Nominativ schon in den ersten Lernertexten mit geringeren Kenntnissen vorkommt, demgegenüber erscheint der Akkusativ als Ersatzform für Dativ erst auf einem fortgeschrittenem Niveau.

Die Lernerdaten deuten darauf hin, dass die präpositionalen Konstruktionen viel im Lernprozess dazu beitragen, dass die DaF-Lerner die nicht präpositionalen Kasus zielsprachlich realisieren lernen. Turgay (2011) zufolge kann kein Unterschied zwischen den Rektionsarten bei PPs im kindlichen L2-Erwerbsprozess festgestellt werden. Im Gegensatz dazu zeigen Baten und Willems (2012: 237) anhand der Daten niederländischsprachiger DaF-Lerner, dass „die Opposition zwischen Akkusativ und Dativ zunächst nach Präpositionen mit fester Rektion erworben wird und erst danach nach Präpositionen mit Doppelrektion". Da die Überprüfung dieser Standpunkte anhand der ungarischen DaF-Daten die Arbeit sprengt, soll an dieser Stelle nur kurz auf die Kasusverwendung mit Präpositionen nach den Sprachniveaus eingegangen werden. Dabei wird die Wortart *Präposition* nicht nach ihren Subklassen wie Wechselpräpositionen versus Präpositionen nur mit einem festen Kasus oder nach ihrer Vorkommenshäufigkeit (seltene versus häufige Präpositionen) differenziert, da die Anzahl und die Varianz der Präpositionen im Korpus insgesamt gering ausfällt und somit eine longitudinale Analyse nicht möglich ist. Abbildung 15 stellt die Akkusativ- und Dativverwendung mit Präpositionen in den Lernertexten in den drei Niveaustufen im F-Korpus dar.

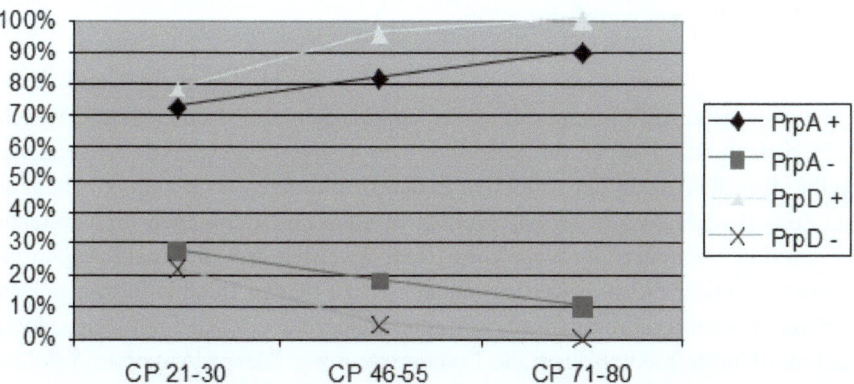

Abbildung 15: Korrektheitsrate der Kasusverwendung mit Präpositionen in den Leistungsgruppen im ungarischen F-Korpus

Wie der Abbildung 15 entnommen werden kann, werden die präpositionalen Kasusformen sowohl bei Akkusativ als auch bei Dativ mit dem Anstieg des Sprachniveaus zunehmend korrekt verwendet. Dabei werden Präpositionen mit

Dativ im Vergleich zu dem präpositionalen Akkusativ grammatikalisch korrekter gebraucht. Diese Ergebnisse zeigen auch, dass die ungarische DaF-Probandengruppe Akkusativ und Dativ in PPs bereits auf dem unteren Sprachniveau verwendet und die zielsprachliche Verwendung auf der Gruppenebene mit zunehmenden Sprachkenntnissen tendenziell korrekter ist. Interessante weiterführende Analysen bieten die Präpositionen aus der funktional-pragmatischen Sicht (vgl. Grießhaber 1999). Bei der relationierenden Prozedur bilden das zu lokalisierende Objekt, die Präposition mit ihrer Kasusrektion, das Bezugsobjekt sowie ggf. das Verb ein Beziehungssystem. Bei türkischen DaZ-SuS liegen Grießhaber (2007) zufolge besondere Schwierigkeiten bei komplex-lokalen Beziehungen vor, die auch auf einem höheren Sprachniveau beobachtbar und durch Transfer aus dem Türkischen auf das Deutsche erklärbar sind. Ob der Gebrauch der deutschen lokalen Präpositionen auch bei den ungarischen Muttersprachlern durch die L1 mit beeinflusst wird, könnte zukünftig anhand eines eigens dafür erstellten Korpus überprüft werden. Die obigen Entwicklungsverläufe (s. Abb. 15) bilden in der vorliegenden Studie zwar eine allgemein zunehmend richtige Verwendung der Kasus in PPs ab, die Verwendung der PPs mit Akkusativ zeigt sich jedoch auch mit sehr guten Sprachkenntnissen als fehleranfällig.

11.1.2 Adjektivverwendung

Eine Erzählung kann durch Adjektive ausgeschmückt, spannender und interessanter werden. Im Gesamtkorpus der ungarischen DaF-Lerner befinden sich 224 Tokens und 35 Types für Adjektive. Die Analyse zur Adjektivverwendung ergibt, dass die Anzahl der Adjektive in den Erzählungen auch kontextabhängig ist. Zum Erzählanlass *Fischfang* werden in allen drei Fassungen im Vergleich zu den drei Versionen der *Konditorei*-Texte zwei bis drei mal mehr Adjektive verwendet. Die Adjektive werden tendenziell zu beiden Erzählanlässen in den späteren Texten grammatikalisch korrekter eingesetzt. Es zeichnet sich jedoch auch der Unterschied ab, dass die Lernertexte mit größerem Anteil an Adjektiven (F1, F2, und F3) fehlerbehafteter sind als die Erzählungen mit weniger Adjektiven (K1, K2 und K3).

Beispielhaft verdeutlicht Schülerin ID 8, welche Veränderungen und Probleme bei der Adjektivverwendung vorliegen können. Im ersten Erzähltext der Schülerin werden nur zwei Adjektive verwendet, das eine auf Ungarisch (*másik*, d.h. anderer), das andere Adjektiv auf Deutsch ohne Flexion (*groß*). Im *Konditorei*-Text am Ende des ersten Erhebungsjahres verwendet die Schülerin kein Adjektiv. Am Ende des zweiten Erhebungsjahres werden die Phrasen länger und komplexer (s. folgendes Beispiel).

Beispiel 40: ID 8, K2, Segm. 7754–7756

Segm. 7754	Danach gingen sie nach Hause,
Segm. 7755	issten eine guten kleine chinesischen Essen
Segm. 7756	und vergessten die träurige Geschichte.

Insgesamt kann bei den ungarischen DaF-Probanden festgehalten werden, dass sie in den ersten Erzählungen im Vergleich mit den darauf folgenden Geschichten weniger deutsche Adjektive verwendet haben. Die Adjektive zeigen longitudinal eine zunehmende Integration in der NP durch die Nominalflexion. Wie der Lernertext von einer anderen Schülerin mit ID 13 zeigt, gelingt den DaF-SuS auf dem höheren Sprachniveau eine zunehmend zielsprachlich korrekte Verwendung der Adjektive (s. Bsp. 41).

Beispiel 41: ID 13, F3, Segm. 8670–8675, CP 85

Segm. 8670	Es dauerte aber nicht lange,
Segm. 8671	weil ein größerer Fisch schwamm zu dem kleinen Fisch
Segm. 8672	und er fresste den armen Fisch.
Segm. 8673	Vater und sein Sohn hatten Mitleid mit ihm.
Segm. 8674	Aber das ist die Natur,
Segm. 8675	~~das~~ der größere Fisch frisst den kleineren.

11.2 Grammatikalität auf der syntaktischen Ebene

11.2.1 Zur Subjektrealisierung

Das Ungarische ist eine Pro-drop-Sprache, d.h. das ungarische Verb kann auch das Akkusativobjekt (AO) mitkodieren, weswegen Subjekte und AO im Ungarischen seltener als in der deutschen Sprache erscheinen. Das Deutsche ist eine Topic-drop-Sprache, d.h. diejenigen Konstituenten (Subjekte, Objekte oder andere), die sich in der ersten Position im Hauptsatz befinden, können im Diskurs weggelassen werden (vgl. Bußmann 2002). Beispiel 42 aus dem ungarischen Subkorpus zur Bildergeschichte *Jagdeifer und Reue* zeigt zunächst, wie Subjekte und AO in einer ungarischsprachigen Erzählung realisiert werden und macht

durch die metasprachliche Beschreibung die Unterschiede zwischen den ungarischen und deutschen Verfahren deutlich. In den darauf folgenden zwei Abschnitten wird eine Klassifizierung der lernersprachlichen Subjektrealisierung
aufgrund der sprachlichen Differenzen aufgestellt sowie die Subjektverwendung in den DaF-Lernertexten nach Sprachniveau und der syntaktischen Komplexität untersucht.

11.2.1.1 Subjekte in den (L1) ungarischen Lernertexten

Folgendes Beispiel aus dem ungarischen L1-Subkorpus macht die Unterschiede
zwischen der Subjektrealisierung im Ungarischen und Deutschen deutlich. Der
Text ist im Rahmen der ersten Datenerhebung zur „Vater und Sohn"-Geschichte
mit dem Titel *Jagdeifer und Reue* entstanden. Nach der Transliteration liegt an
dieser Stelle die Erzählung in ihren minimalen satzwertigen Einheiten geglie-
dert und nummeriert vor. Die erste und nummerierte Zeile umfasst immer die
Lernererzählung, die zweite beinhaltet die Glosse, in der dritten steht die sinn-
gemäße Übersetzung. Anschließend erfolgt in dem Beispiel die Typologisie-
rung der Subjektrealisierung.

Beispiel 42: Subjekte in L1 ungarischer Erzählung (ID 1)

(1)	**Egyszer egy vadász és az unokája vadászni mentek.**
	Einmal ein Jäger und das Enkelkindsein jagen gingen.
	'Einmal ging ein Jäger mit seinem Enkelkind auf die Jagd.'

(2)	**A fiú, Péter, mindig előre rohant,**
	Der Junge, Peter, immer vor*nach* rannte,
	'Der kleine Peter lief die ganze Zeit nach vorne,'

(3)	**mert olyan kicsi és halk volt,**
	da so klein und leise war,
	'da er so klein und leise war,'

(4)	**hogy az állatok nem vették észre.**
	(da)ss das Tiere nicht nahmen Gehirn*auf.*
	'bemerkten ihn die Tiere nicht.'

(5)	**Amint így futkosott az erdőben,**
	Wie so (hin und her) lief der Wald*in,*
	'Als er im Wald hin und her lief,'

(6)   **egy kis nyulat pillantott meg egy tisztáson.**

ein klein Hasen (Akk.) erblickte ein Wiese*auf.*

'erblickte er einen kleinen Hasen auf einer Wiese.'

(7)   **Elbújt egy fa mögé**

Versteckte*sich* ein Baum dahinter

'Er versteckte sich hinter einem Baum'

(8)   **és jelzett a papájának.**

und zeichnete der Opa*seinem.*

'und gab seinem Vater ein Zeichen.'

(9)   **A papa is elbújt egy fa mögé**

Der Opa auch versteckte*sich* ein Baum dahinter

'Auch der Opa versteckte sich hinter einem Baum'

(10)   **és feltöltötte a puskáját.**

und auflud das Gewehr*seine.*

'und lud sein Gewehr.'

(11)   **Célzott,**

Zielte,

'Er zielte,'

(12)   **lőtt**

schoss

'schoss'

(13)   **és el is találta a kisnyulat,**

und x auch traf d(er) Kleinhasen(*Akk.*),

'und traf sogar den kleinen Hasen,'

(14)   **mely hófehér, rózsaszín orrú volt.**

der schneeweiß, rosafarbe nasig war.

'der schneeweiß war und eine rosa Nase hatte.'

(15)   **Mikor meglátta a kisunoka,**

Als sah d(as) Kleinenkelkind,

'Als das kleine Kind dieses sah,'

(16)   **örvendezett**

freute*sich*

'freute es sich'

(17)   **és ujjongott.**

und jubelte.

'und jubelte.'

(18)   **Közelebb mentek**
       Näher gingen
       'Sie gingen näher'

(19)   **és látták a kisnyúl szenvedéseit.**
       und sahen d(Sg.) Kleinhase Leiden*seine*.
       'und sahen wie der kleine Hase litt.'

(20)   **Megfogták**
       Nahmen*den*
       'Sie nahmen ihn'

(21)   **és elindultak hazafelé.**
       und losgingen Hause*nach*.
       'und gingen nach Hause.'

(22)   **Útközben a kisunoka sírva fakadt.**
       Wegzwischen d(er) Kleinenkel weinend brachen (aus).
       'Unterwegs nach Hause brach der Kleine in Tränen aus.'

(23)   **Mikor megkérdezte a nagyapa,**
       Als fragte der Großvater,
       'Als der Opa ihn fragte,'

(24)   **hogy miért sír,**
       w- arum weint,
       'warum er weint,'

(25)   **csak ennyit mondott:**
       nur soviel sagte:
       'sagte er nur so viel'

(26)   **– Én nem akartam megölni.**
       - Ich nicht wollte töten.
       '- Ich wollte ihn nicht töten.'

(27)   **Erre mind a ketten sírva fakadtak.**
       Darauf beide die zu zweit weinend brachen.
       'Daraufhin brachen beide in Tränen aus.'

(28)   **Szerintem az élő állat jobb, mint a halott.**
       Nach*mir* das lebendige Tier besser als das tote.
       'Meiner Meinung nach ist das lebendige Tier besser als das tote.'

Der Schülertext besteht aus 28 Segmenten, d.h. satzwertigen Einheiten. In insgesamt 11 ungarischen Segmenten liegen Subjekte vor, d.h. in 17 Segmenten werden keine Subjekte bzw. nach der UG sog. Nullsubjekte realisiert. Die Subjektrealisierungen[82] in den zwei Sprachen lassen sich auf der Textebene in drei Typen einteilen:

- Bei Typ A wird das Subjekt sowohl im Ungarischen als auch im Deutschen z.B. bei der Aktanteneinführung (Zeile 1) realisiert.
- Typ B umfasst die subjektlosen satzwertigen Einheiten im Ungarischen, denen abweichend vom Ungarischen eine pronominale Wiederaufnahme im Deutschen entspricht.
- Typ C umfasst diejenigen subjektlosen satzwertigen Einheiten im Ungarischen, bei deren Übersetzung auch die deutsche pronominale Wiederaufnahme weggelassen wird.

Die Tabelle 35 zeigt die drei Subjekttypen im Text und in seiner Übersetzung (vgl. Bsp. 42).

Tabelle 35: Subjektrealisierung im ungarischen Lernertext (Bsp. 42) und in dessen deutscher Übersetzung

Typ A Subjekte im Ungarischen und im Deutschen (11 Treffer)	Typ B Kein Subjekt im Ungarischen vs. Pronomen im Deutschen (8 Treffer)	Typ C Kein Subjekt im Ungarischen und im Deutschen (9 Treffer)
Zeile 1	Zeile 3	Zeile 8
Zeile 2	Zeile 5	Zeile 10
Zeile 4	Zeile 6	Zeile 11
Zeile 9	Zeile 7	Zeile 12
Zeile 14	Zeile 16	Zeile 13
Zeile 15	Zeile 18	Zeile 17
Zeile 22	Zeile 20	Zeile 19
Zeile 23	Zeile 24	Zeile 21
Zeile 26	Zeile 25	
Zeile 27		
Zeile 28		

---

82 Zum *Thematisieren* und zum *Themen fortführen* im Deutschen sowie insb. zur Analepse und Katalepse s. Hoffmann 2014

Bei den acht Stellen von Typ B, an denen sich die Subjektrealisierung im Ungarischen und Deutschen unterschiedlich abzeichnet, liegen unterschiedliche Strategien der zwei Sprachen bezüglich der Referenzwiederaufnahme bzw. -fortführung vor. Die ungarische Erzählung greift an diesen Stellen das Subjekt nicht auf, da der Leser es sowohl satzintern als auch über die Satzgrenze hinaus mental ‚mittransportiert'. Das Deutsche hingegen überschreitet die Satzgrenze bei der Subjekttilgung nicht, sondern das Subjekt kann nur im anschließenden Hauptsatz getilgt werden. Damit müssen die ungarischen DaF-SuS für eine richtige Subjektrealisierung nicht nur die syntaktischen sondern auch die diskursiven Regeln des Deutschen entsprechend umsetzen.

Folgender Abschnitt systematisiert die Verfahren, die die ungarischen DaF-SuS bei der deutschen Subjektrealisierung einsetzen und analysiert die lernersprachlichen Merkmale in Abhängigkeit von den Sprachkenntnissen und der syntaktischen Struktur.

11.2.1.2 Subjekte in den L2-deutschen Lernertexten

Die Lernenden können hinsichtlich der Subjektrealisierung in deutscher Sprache wie folgt vorgehen: Sie bilden

- Segmente mit regulärem Subjekt;

Beispiel 43: ID1, F1, Segm. 6728–6730

Segm. 6728	Mein Opa und ich gehen zum See angeln.
Segm. 6729	Mein Opa angelt
Segm. 6730	und ich sehe ihm.

- ohne Subjekt korrekte Sätze (z.B. Imperativ für 2.Person Sing.);

Beispiel 44: ID 13, F2, Segm. 7844

„Bitte töte es nicht,

- Segmente, in denen das Subjekt explizit realisiert wird (s. Segm. 7765);

Beispiel 45: ID10, F2, Segm. 7764–7765

Segm. 7764   Sie fahren zurück den See

Segm. 7765   und sie zurück nimt der Fisch.

• Segmente, in denen das Subjekt implizit referiert wird (s. Segm. 8552);

Beispiel 46: ID5, F3, Segm. 8551–8552

Segm. 8551   Der Mann und seinen Sohn nahmen brachte den
              Fisch zum See zurück,

Segm. 8552   und warfen den Fisch in den See.

• Segmente, in denen das Subjekt normwidrig fehlt.

Beispiel 47: ID14, K3, Segm. 8925

              Dort bestellen viel Eis und Kuchen.

Um der Frage nachzugehen, ob sich die Subjektrealisierung nach dem Sprachniveau verändert, werden diese Kategorien im Folgenden durch ihre relative Häufigkeit miteinander verglichen. Dabei wird die Subkorpusgröße nach dem Sprachniveau als 100% betrachtet und der Anteil der o.g. Kategorien ermittelt (s. Abb. 16).

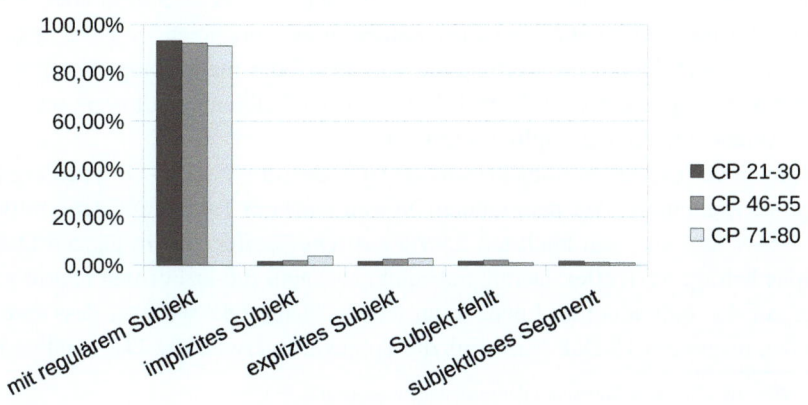

Abbildung 16: Deutsche Subjektrealisierung in den DaF-Texten nach Sprachniveau

Die quantitative Auswertung der Subjektrealisierung zeigt nach dem Sprachniveau insgesamt nur wenig Unterschiede. Da das Subjekt im Ungarischen seltener als im Deutschen realisiert wird, könnte man annehmen, dass die deutschsprachigen Texte der ungarischen Probanden viele inkorrekte Sätze mit fehlenden Subjekten aufweisen. Der Anteil der fehlenden Subjekte im DaF-Korpus ist jedoch durchgehend klein, wobei die meisten normwidrig fehlenden Subjekte auf dem mittleren Sprachniveau[83] zu finden sind. Auf dem höchsten Sprachniveau können diesbezüglich die wenigsten Fehler[84] beobachtet werden.

Wann werden Subjekte von den ungarischen DaF-Lernenden weggelassen? In 75% der Fälle kommt dieser Fehlertyp in Sätzen vor, in denen auch ein Objekt steht (s. auch Bsp. 47). Mit 15% aller Fehlerfälle ist der zweithäufigste Fall, dass eine Richtungsangabe in dem Satz steht. Die falsche Tilgung von *es* als Subjekt und die Subjektweglassung in Nebensätzen mit Objektfunktion sind seltene Kombinationen, die erst auf fortgeschrittenem Niveau vorkommen[85]. Bezüglich der syntaktischen Komplexität und gemessen anhand der Profilstufen lässt sich feststellen, dass die Profilstufe 3 am meisten von diesem Fehlertyp betroffen ist, da 63,64% aller Subjektweglassungen bei Inversion vorkommen. Die Verteilung der Profilstufen im DaF-Korpus ist nicht gleich, da der Anteil der höheren Profilstufen geringer[86] ausfällt. Dies bedeutet, dass der Anteil des Fehlertyps Subjektweglassung bei der Stufe 3 unter allen Stufen der größte ist.

Interessant ist der leichte Anstieg der implizit realisierten Subjekte nach dem Sprachniveau. In der unteren Leistungsgruppe sind es 1,65%, in der mittleren Gruppe 1,99% und in der leistungsstarken Gruppe macht es 3,92% aller Subjekte aus. Eine Erklärung finden diese Zahlen in der zunehmenden Komplexität der Lernertexte. Durch die Verbindung von zwei oder mehr Hauptsätzen wird es den SuS möglich, dass sie auf das Subjekt bei Referenzerhalt ohne wiederholte Aktantenaufnahme implizit referieren.

Der Anteil der expliziten Subjektrealisierung in den drei Niveau-Gruppen ergibt folgende Ergebnisse: Auf dem unteren Niveau macht er 1,65%, auf dem mittleren 2,56% und auf dem höchsten 2,96% aus. Die Trefferzahl im ganzen DaF-Korpus beträgt 61 Treffer. Damit erscheint der Anteil dieser Formen relativ gering, auf der individuellen Ebene kann jedoch festgestellt werden, dass zwölf von den insgesamt 15 DaF-SuS explizite Subjekte[87] verwenden. Dabei fällt auf,

---

83 1,99% aller Subjekte fehlen auf der mittleren Niveaustufe.
84 Der Anteil der fehlenden Subjekte auf dem höchsten Niveau macht 0,98% aus.
85 Die C-Test-Ergebnisse liegen dabei zwischen 42 und 79 CP.
86 Hierbei werden nur die Profilstufen 1-4 einbezogen, da die Stufe 0 im DaF-Korpus nur insgesamt 2% ausmacht und der Anteil der Stufen 5 und 6 bei Null liegt.
87 Die Ausnahmen sind ID 1, 4 und 10.

dass die explizite Subjektrealisierung bei zehn SuS in min. zwei Erhebungszeiten belegt werden. Die zwei Ausnahmen hierbei sind ID 5 und ID 11, die diese Referenz (s. Bsp. 48) nur einmalig in der letzten bzw. vorletzten Erhebung einsetzten.

Beispiel 48: ID 5, *Konditorei* 3, Segm. 8787–8788, CP 63

    Segm. 8787   Sogar der Hund ~~bekommt~~ bekam einen Knoche

    Segm. 8788   und er aß sie.

Wie sieht die Verteilung der expliziten Subjekte nach der Profilstufe aus?

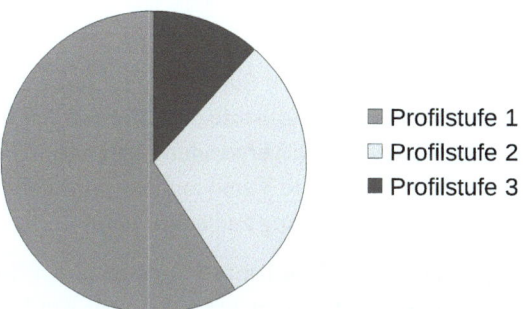

Abbildung 17: Verteilung der expliziten Subjekte nach der Profilstufe

Wie Abbildung 17 zeigt, kommt die explizite Subjektrealisierung auf der ersten Profilstufe am häufigsten (59%) vor. Sie betrifft halb so oft die Profilstufe 2 (29,5%) und nur mit 11,5% die Profilstufe 3 (s. Bsp. 49).

Beispiel 49: ID10, K3, Segm. 8838–8839

    Segm. 8838   Dann ~~gehen~~ haben sei ins Konditorei gegangen

    Segm. 8839   und haben <u>sie</u> mit dem Hund dort ~~mittag~~ gegessen.

In Hinblick darauf, dass die erste Profilstufe im gesamten DaF-Korpus am häufigsten, die zweite Profilstufe etwa halb so oft und die dritte Profilstufe noch seltener vorkommt, ist die Verteilung der expliziten Subjektrealisierung nicht überraschend.

Die Verwendung expliziter Subjekte in den Lernertexten kann zwei Gründe haben: Zum einen scheint das Textverständnis den SuS von der Leserperspektive durch die expliziten Referenzen auf die Aktanten mehr gesichert zu sein, zum anderen fungiert die explizite Subjektrealisierung auch als stilistisches Mittel, mit dem Textelemente in den Fokus gerückt werden können. Beim ersteren greifen die SuS zur expliziten Subjektrealisierung aus gewisser Unsicherheit, beim zweiten liegt eine gekonnt gewählte sprachliche Form vor. Aus diesem Grund muss die Auswertung der expliziten Subjekte noch weiter differenziert betrachtet werden. Die Abbildung 17 zeigt zwar einen leichten Anstieg dieser Formen nach Sprachniveau, was jedoch nicht als direkter Hinweis auf Korrektheit oder Komplexität verstanden werden darf. Die Verwendung der expliziten Subjekte kann erst dann als *overuse* eingestuft werden, wenn sie ohne stilistische Funktion vorkommt.

Nach einer funktionalen Analyse der expliziten Subjekte kann festgestellt werden, dass alle expliziten Subjekte auf der Profilstufe 3 getilgt werden müssten, d.h. sie sind keine Stilelemente, sondern ihre Verwendung kann als *overuse* bezeichnet werden. Im Gegensatz zur Profilstufe 3 sind auf den Profilstufen 1 und 2 beide Typen der expliziten Subjektrealisierung zu beobachten.

Anhand der wenigen Belegstellen auf der Profilstufe 3 kann an dieser Stelle nur eine erste Klassifizierung für die expliziten Subjekte aufgestellt werden. Dabei können drei Typen der nicht getilgten Subjekte festgehalten werden. Bei dem ersten Fehlertyp steht eine inversive Satzstruktur im vorangehenden Segment, welche Wortfolge korrekterweise auch im darauf folgenden Segment beibehalten wird, jedoch wird das Subjekt beim gleichbleibenden Aktanten nicht normentsprechend getilgt (s. folgende Beispiele). Die explizite Subjektrealisierung erfolgt hierbei pronominal.

Beispiel 50: ID 1, K1, Segm. 6768–6779, CP 52

    Segm. 6768   Dann plötzlich stand ich auf

    Segm. 6779   und stellte ich die Suppe im Teller unseres Hunds.

Beispiel 51: ID 10, K3, Segm. 8838–8839, CP 54

    Segm. 8838   Dann ~~gehen~~ haben sie ins Konditorei gegangen

    Segm. 8839   und haben sie mit dem Hund dort ~~mittag~~ gegessen.

Beim zweiten Fehlertyp verwenden die DaF-SuS eine falsche inversive Konstruktion mit explizitem Subjekt ohne vorangehende inversive Struktur (Bsp. 52).

Beispiel 52: ID 2, K1, Segm. 7187–7188, CP 43

Segm. 7187	Sie aßen ein feines
Segm. 7188	und gingen Sie nach Hause.

Beispiel 53: ID 14, K1, Segm. 7452–7453, CP 35

Segm. 7452	Er machte in die Küche Ordnung
Segm. 7453	und ging er mit Frank in einen Konditorei.

Beispiel 54: ID 16, F3, Segm. 7828–7829, CP 67

Segm. 7828	Sie gingen zurück zu den Ufer
Segm. 7829	und ließen sie den Fisch frei zu leben.

Der dritte Fehlertyp der expliziten Subjektrealisierung weist durch den eingeschobenen Nebensatz die komplexeste Form auf (s. Bsp. 55).

Beispiel 55: ID 2, F2, Segm. 7604–7605, CP 42

Segm. 7604	Ein Opa den Schnurbart Meister heißt,
Segm. 7605	geht er mit ihren Enkelkind nach Angeln.

Zusammenfassend kann festgehalten werden, dass die Subjektrealisierung bei den ungarischen SuS folgendes Bild ergibt: Obwohl das Ungarische eine Pro-Drop-Sprache ist, lassen sich nur relativ wenige Stellen in den DaF-Texten mit fehlenden Subjekten identifizieren. Dabei sind insbesondere die inversiven Konstruktionen von diesem Fehlertyp betroffen. Weiterhin lässt sich anhand der expliziten Subjektrealisierung bei den meisten Probanden erkennen, dass die Subjektverwendung in angeknüpften Hauptsätzen und in Nebensätzen Probleme bereitet.

11.2.2 Satzverknüpfungen

Die Analyse der Satzverknüpfungen werden an dieser Stelle mit der Konjunktion verbundener Wortstellung durchgeführt, da die Relation zwischen der Wortebene und der Syntax besonders interessant erscheint, wie die folgenden Beispiele zeigen.

Beispiel 56: ID 11, F1, Segm.7007–7009, CP 24

Segm. 7007	Der Großvater will der Fisch putzen,
Segm. 7008	dann der Enkel sagt ihr Großvater:
Segm. 7009	„Ich ~~habe~~ habe schlechte Laune.

Beispiel 57: ID 11, F1, Segm. 7018–7019, CP 24

Segm. 7018	Ich denke,
Segm. 7019	dass der ~~Fich~~ Fisch müssen essen.

Den beiden Beispielen ist zu entnehmen, dass der Erwerb von Subjunktionen auf zwei Ebenen stattfindet. Die Schülerin kann auf der lexikalischen Ebene die Satzverknüpfungen korrekt verwenden, syntaktisch zeigen diese Stellen jedoch Probleme mit der Inversion und mit der Verbendstellung. Bemerkenswert ist, dass der ganze Schülertext F1 von ID 11 keine richtige Nebensatzkonstruktion zeigt. Ab Ende des ersten Erhebungsjahres ist die Lernerin aber schon in der Lage, die Verbendstellung mit großer Souveränität zu verwenden (s. Bsp. 58–60).

Beispiel 58: ID 11, K1, Segm. 7359–7362, CP 55

Segm. 7359	~~Aber~~ Wann er sah,
Segm. 7360	dass der Hund die Suppe nicht essen,
Segm. 7361	dann bemerkte er,
Segm. 7362	dass die Suppe wirklich schecht ist.

Beispiel 59: ID 11, F2, Segm.7781–7782, CP 66

Segm. 7781	~~Aber~~ Aber, wann Opa das Fisch aufputzen möchte,
Segm. 7782	sein Enkeln weinte.

Beispiel 60: ID 11, F3, Segm. 8614–8617, CP 79

Segm. 8614	Sie entschieden[en],
Segm. 8615	dass sie eine feine Suppe machen werden.
Segm. 8616	So sie gingen nach Hause
Segm. 8617	und begonnen den Fisch [zu] putzen.

Insgesamt lässt sich festhalten, dass der lexikalische Erwerb dem syntaktischen Erwerb vorangehen kann. Dies hat einerseits für die Annotation der Lernerdaten andererseits für die Beurteilung der Sprachkenntnisse Konsequenzen. Für die Analyse der Lernerkorpora ist es notwendig, dass die Satzverknüpfungen sowohl auf der Ebene des Wortes als auch auf der Ebene der Syntax annotiert werden müssen. Für die Sprachstandfeststellung kann geschlussfolgert werden, dass das Vorhandensein der Subjunktionen kein ausreichender Beleg für die Verbendstellung ist.

11.2.3 Error-free T-units (EfTu)

Unter dem Begriff *accuracy* verstehen Foster und Skehan (1996) *„freedom from error"*. Während die lernersprachliche Komplexität an sich als Interlanguage analysiert werden kann, ist die Analyse von *accuracy* immer mit zielsprachlichen Normen verbunden (vgl. Wolfe-Quintero; Inagaki & Kim 1998).

Die Veränderungen der efTu/Tu-Werte lassen sich longitudinal in vier verschiedene Verläufe einordnen. Zum einen gibt es SuS, die während der Erhebungszeiten (F1–F3 bzw. K1–K3) grammatikalisch zunehmend korrektere Texte verfasst haben. Diese Lernertypen werden im Folgenden als Lin+ bezeichnet. Der zweite Lernertyp weist einen u-förmigen Verlauf mit zunächst sinkenden (z.B. bei F1 und F2) und anschließend steigenden Werten (F2 und F3) auf. Der dritte Lernertyp zeigt einen Ω-förmigen Verlauf, da seine efTu-Werte z.B. zwischen K1 und K2 steigen, zwischen K2 und K3 jedoch fallen. Bei dem vierten Lernertyp sinken die Werte während der gesamten Datenerhebung (Lin-).

Da angenommen werden kann, dass die Bildergeschichten einen Einfluss auf die Grammatikalitätswerte haben können, werden die efTu/Tu-Werte der SuS im Folgenden nach Erzählanlass (F- versus K-Subkorpus) aufgeschlüsselt und im darauf folgenden Analyseschritt die individuellen Verläufe der F- und K-Geschichten miteinander verglichen. Dabei stellt sich die Frage, ob die F- und

K-Verläufe auf der individuellen Ebene ähnlich oder abweichend ausfallen. Die folgende Tabelle stellt die Lernertypen anhand der longitudinalen efTu/Tu-Werte in den F- und K-Subkorpora im Überblick dar.

Tabelle 36: Lernertypen nach Abhängigkeit der Bildergeschichte

Lernertypen nach Grammatikalität (efTu/Tu)	F-Subkorpus	K-Subkorpus
Lin+	5 Personen	1 Person
U	4 Personen	4 Personen
Ω	5 Personen	4 Personen
Lin-	1 Person	6 Personen

Bereits auf den ersten Blick ist erkennbar, dass die Probandenzahl bei den Lernertypen in den zwei Subkorpora nur wenig Ähnlichkeiten aufweist, da mit Ausnahme des u-förmigen Lernertyps die anderen drei Lernertypen in den zwei Subkorpora unterschiedlich stark vertreten sind.

Hierbei gibt es insgesamt drei Probanden, bei denen die Verläufe von F1–F3 mit denen der K1–K3 übereinstimmen. ID 5 und ID 8 gehören mit dem Ω-förmigen Verlauf dazu, sowie ID 10 vom Lernertyp Lin-. Da zwischen den Erhebungen F1 und F2 zwei Schuljahre und zwischen den Erhebungen K1 und K2 nur ein Schuljahr liegt, wird im Folgenden der Vergleich der F2–F3- und K2–K3-Verläufe auf der individuellen Ebene durchgeführt. Diese Verlaufsabschnitte beziehen sich auf die gleiche Zeit, nämlich auf das dritte Erhebungsjahr. Die Daten zeigen in diesem Fall größere Übereinstimmung: Bei neun Probanden sind gleiche (positive oder negative) Veränderungen sowohl bei den F- als auch bei den K-Texten zu erkennen; bei sechs Probanden gehen die Veränderungen zwischen F2–F3 und K2–K3 in unterschiedliche Richtungen (s. Tab. 37).

Tabelle 37: Individuelle Verläufe der Grammatikalität im dritten Erhebungsjahr nach Erzählanlass

Übereinstimmende Verläufe von efTu/Tu zwischen F2 und F3 sowie K2 und K3: insgesamt 9 Probanden	
mit Zunahme	4 Probanden
mit Abnahme	5 Probanden
Abweichende Verläufe von efTu/Tu zwischen F2 und F3 sowie K2 und K3:insgesamt 6 Probanden	
F2 und F3 mit Zunahme *versus* K2 und K3 mit Abnahme	5 Probanden
F2 und F3 mit Abnahme *versus* K2 und K3 mit Zunahme	1 Proband

Bei den longitudinalen Ergebnissen zur Grammatikalität anhand der EfTu/Tu-Werte stimmen bei neun Personen die Verläufe überein, bei sechs DaF-Probanden sind abweichende Verläufe zu erkennen. Damit lässt sich zusammenfassend festhalten, dass sich die Grammatikalität in den Lernertexten auf der individuellen Ebene im gleichen Zeitraum überwiegend gleich verändert. Wie die abweichenden Verläufe von sechs Probanden jedoch zeigen, kann nicht davon ausgegangen werden, dass eine einmalige Erhebung die lernersprachliche Grammatikalität vollkommen wiedergibt, da individuelle Variationen bei den Lernertexten von gleicher Erhebung vorliegen. Die abweichenden Verläufe können dadurch bedingt sein, dass die F2- und K2-Texte sowie ein Jahr später die F3- und K3-Texte in denselben Unterrichtsstunden verfasst wurden. Diese doppelte Textproduktion bedeutete für die DaF-SuS zeitlich bedingt eine höhere kognitive Anforderung, was wiederum unterschiedliche Auswirkungen zeigt. Die F-Texte von fünf Probanden zeigen zunehmend mehr grammatikalisch richtige Einheiten, im Gegensatz dazu zeigen die vergleichbaren K-Texte sinkende Grammatikalitätswerte. Bei einer Person nehmen umgekehrt die EfTu/Tu-Werte bei den *Konditorei*-Texten ab, bei den *Fischfang*-Texten jedoch zu.

Im nächsten Abschnitt wird die lernersprachliche Grammatikalität anhand der Selbstkorrekturen in den Lernertexten untersucht.

11.2.4 Selbstkorrekturen in den DaF-Lernertexten

Dieser Abschnitt untersucht die Selbstkorrekturen (SK) der ungarischen DaF-Lernenden. Sie sind als Untersuchungsgegenstand von Interesse, weil sie nach der Sequenzanalyse die bereits erworbene(n) Sprachstufe(n) und diejenigen sprachlichen Phänomene widerspiegeln, die sich in der Lernersprache gerade in Bearbeitung befinden. Selbstkorrekturen zeigen zwar nicht an, wie richtig die Lerner die Zielsprache verwenden, sie sind aber ein Zeichen dafür, inwieweit die Lerner die sprachliche Korrektheit anstreben. In den CAF-Studien werden die SK für die Erfassung von *fluency* verwendet (vgl. Kap. 5.5). Damit ergibt sich eine zweifache Relevanz, die SK im DaF-Korpus näher zu betrachten.

Im Folgenden wird das methodologische Vorgehen bei der Erfassung und Auswertung der SK, die für die Analyse aufgestellten Fragen sowie Hypothesen und die Analyseergebnisse präsentiert.

11.2.4.1 Methodologischer Umgang mit Selbstkorrekturen

Die einzelnen Selbstkorrekturen in den handschriftlichen Lernertexten (durchgestrichene, später eingeführte Wörter, etc.) wurden zunächst in die Datenbank mit Kodierungen aufgenommen und anschließend auf der Segmentebene kategorisiert (s. u. SK-Typen). Folgendes Beispiel zeigt die handschriftliche SK, die in der vorliegenden Studie verwendete transliterale Darstellung der SK sowie die für die Datenbank kodierte Version der Lernerdaten.

Beispiel 61: Korrektur bei der Wortfolge, ID 7, F1, Segment 6945
original handschriftlich:

in der Studie zitierte Form: und ~~nehmen~~ wir ᵃᵉʰᵐᵉⁿ den Fisch nach Hause mit.
SK mit Kodierung in der Datenbank: und <Tag_3>nehmen wir <Tag_4>nehmen den Fisch nach Hause mit.

Selbstkorrekturen, die die Wortstellung betreffen, wurden bei der Transliteration mit <Tag_3> und <Tag_4> kodiert. Dabei steht der Code <Tag_3> für die ursprüngliche Stelle des Wortes, <Tag_4> kennzeichnet die von der Schülerin vergebene neue Wortposition im Satz.

Lexikalische, morphologische, orthografische SK wurden gebündelt mit <Tag_1>, die neu angegebenen Formen wurden mit <Tag_2> für die Datenbankbearbeitung zur besseren Wiederfindung erfasst.

Beispiel 62: Morphologische Korrektur, ID 1, K1, Segment 6763
original handschriftlich: *dass die Suppe schlecht sah aus*

in der Studie zitierte Form: dass die Suppe schlecht ~~saht~~ sah aus.
SK mit Kodierung in der Datenbank: dass die Suppe schlecht <Tag_1>saht <Tag_2>sah aus.

Grund für diese Vorgehensweise ist, dass diese Kodierungen den originalen Text vollständig darstellen sowie das maschinelle Suchen bei der Auswertung der Lernerdaten ermöglichen. Für die Beantwortung der Forschungsfragen bzw. für die Bestätigung oder Widerlegung der Hypothesen (s. u.) wurden die Selbstkorrekturen in dem zweiten Annotationsdurchgang in fünf SK-Typen eingeordnet.

Hierzu wurden folgende Kategorien zu SK-Typen aufgestellt:
- morphologische Korrekturen (weitere Bezeichnung: SK Morphologie)
- Korrekturen, die die Ebene der Syntax betreffen (weitere Bezeichnung: SK Syntax)
- Korrekturen, die die Erzählung inhaltlich oder stilistisch betreffen (weitere Bezeichnung: SK Erzählung)
- sonstige Korrekturen (z.B. Orthographie) (weitere Bezeichnung: SK sonstiges)
- nicht eindeutig identifizierbare Korrekturen (weitere Bezeichnung: SK nicht eindeutig).

Die SK wurden nach Korrekturtypen auf der Segmentebene mit ihrer Anzahl erfasst. Der folgende Abschnitt zeigt, wie die Verteilung der einzelnen Korrekturtypen im gesamten DaF-Korpus aussieht.

11.2.4.2 Überblick zu den Selbstkorrekturen im DaF-Korpus

Neben den Korrekturtypen wurde auch die Anzahl der SK für die quantitative Auswertung ermittelt. Insgesamt weist das DaF-Korpus 504 Korrekturen auf, von denen die morphologischen SK den größten Anteil (44,6%) ausmachen. Die Abbildung 18 bietet einen Überblick über die Verteilung der SK im DaF-Korpus.

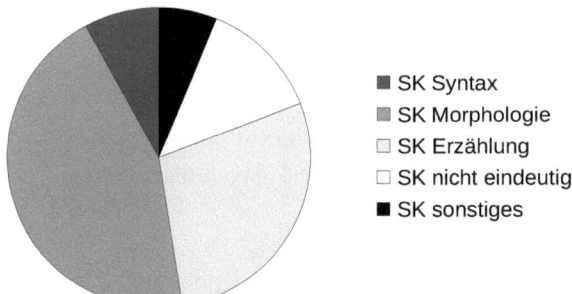

Abbildung 18: Selbstkorrekturen über alle Datenerhebungen gesamt (Relative Häufig-
            keit)

Neben der Dominanz der morphologischen SK (44,6%) ist die geringe Anzahl der syntaktischen Selbstkorrekturen (7,9%) auffällig. Knapp jede dritte Selbstkorrektur betrifft nicht die zwei großen Analysebereiche der Morphologie und der Syntax, sondern lässt sich der Ebene der Erzählung (28%) zuordnen. Hierzu gehören u. a. Wortkorrekturen durch Synonyme oder Änderung des Textaufbaus. Im nächsten Abschnitt werden vier Fragestellungen und Hypothesen für die weitere Analyse der SK im DaF-Korpus aufgestellt.

11.2.4.3 Forschungsfragen zu Selbstkorrekturen im DaF-Korpus

Die Analyse der SK ist mit folgenden drei Fragestellungen und Hypothesen (H1–3) verbunden:

Fragestellung 1: Wie ändert sich der Anteil der SK in den Lernertexten in Abhängigkeit der Lernzeit (1a) und des Sprachniveaus (1b)?
Anzunehmen ist, dass die SK im Anfängerbereich noch einen relativ geringen Anteil haben, da SK erst dann erfolgen können, wenn der Lerner in der Lage ist, die eigenen Fehler in der Sprachproduktion zu erkennen und zu revidieren. Erst mit dem Kennenlernen neuer Formen kann die Anzahl der in der Lernersprache funktional nebeneinander stehenden Formen als Varianten zunehmen. Die eingeschränkte Bearbeitungskapazität ist ein weiterer Grund dafür, warum SK in den Lernertexten durchgeführt werden. Diese Kapazität nimmt mit fort-

geschrittenen Sprachkenntnissen zu, da viele mentale Prozesse automatisch ablaufen. Aus diesem Grund kann angenommen werden, dass der Anteil der SK auf höherem Sprachniveau und nach längerer Lernzeit geringer ausfällt (s. H1). Erste Hypothese (H1): Der Anteil der SK lässt sich mit einem Ω-förmigen Verlauf beschreiben. Davon lässt sich ableiten, dass die meisten Selbstkorrekturen auf dem mittleren Sprachniveau stattfinden.

Fragestellung 2: Welche qualitativen Veränderungen sind bei den SK in Abhängigkeit von dem Sprachniveau festzustellen?
Laut der DiGS-Studie (vgl. Diehl et al. 2000: 364) wechseln sich die Erwerbsphasen im Verbalbereich und in der Syntax schneller als bei dem nominalen Kasuserwerb ab. Ob sich diese Ergebnisse auch bei den SK abzeichnen, war kein Gegenstand der schweizerischen Untersuchung. In der vorliegenden Studie wird hierzu eine Hypothese (H2) formuliert, die im Folgenden durch qualitative Querschnittanalysen überprüft wird. Erwartet wird, dass die SK einen den Studienergebnissen aus der Schweiz parallelen Verlauf aufweisen und die Hypothese (H2) keine Bestätigung findet.
Zweite Hypothese (H2): Es kann kein qualitativer Unterschied nach dem Fehlertyp bei den SK weder nach der Lernzeit noch nach dem Sprachniveau festgestellt werden.

Fragestellung 3: Sind Unterschiede bei den SK nach der Komplexität der Strukturen zu erkennen?
Die in Kapitel 10 dargestellten Ergebnisse zur Komplexität der Lernersprache dienen zur Einstufung der Komplexität der SK. Der Schwerpunkt der Analyse liegt dabei auf der Syntax. Die SK werden dementsprechend nach der Hypothese 3 auf ihre Komplexität überprüft:
Dritte Hypothese (H3): Komplexe Strukturen werden häufiger als einfache Strukturen korrigiert.

11.2.4.4 Analyseergebnisse

Die erste Forschungsfrage zum Anteil der SK in den Lernertexten richtete sich zum einen nach der Lernzeit in der Gruppe (1a), zum anderen nach dem erzielten Sprachniveau (1b). Hierzu wurde die Relation zwischen der Selbstkorrekturzahl und der Segmentzahl ermittelt[88].

---

88 Vgl. Anhang Tabelle A6.

Nach der Datenerhebungszeit zeichnete sich bei den beiden Erzählanlässen die letzte Datenerhebung als korrekturreichste ab:

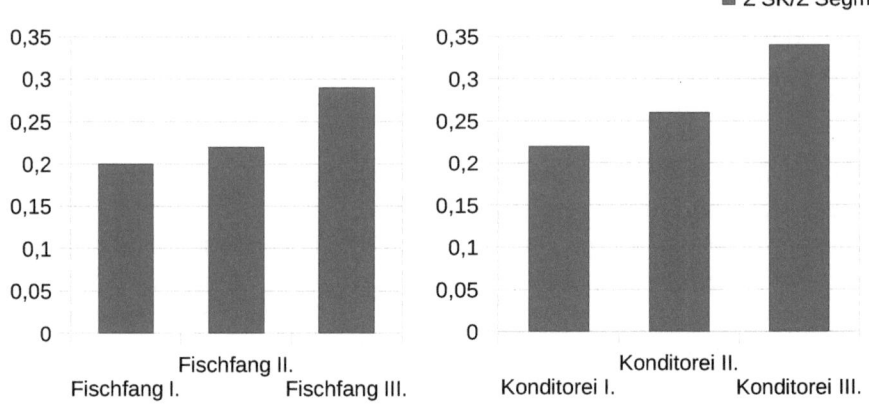

Abbildung 19: Selbstkorrekturen in den Subkorpora *Fischfang* und *Konditorei*

Bezüglich der zwei Bildergeschichten lässt sich feststellen, dass die sog. *Konditorei*-Geschichten im Vergleich zu den *Fischfang*-Erzählungen bei den ungarischen Muttersprachlern in allen drei Fassungen (K1–K3) mehr SK aufweisen. Dies kann mit der Reihenfolge der Datenerhebung zusammenhängen, da die *Konditorei*-Geschichten in der gleichen Sitzung wie die *Fischfang*-Texte, aber chronologisch immer nach ihnen erfasst wurden. Dementsprechend ist vorstellbar, dass die Konzentrationsleistung der DaF-Probanden schon etwas nachließ. Weiterhin kann der unterschiedliche Anteil der SK auch in der unterschiedlichen Geschichtenstruktur der zwei Bildergeschichten liegen. Die *Fischfang*-Aufgabe ist durch die Ortswechsel (am Fluss, Zuhause und wieder am Fluss) mehr vorstrukturiert, demgegenüber erfordert die *Konditorei*-Geschichte von den Erzählern mehr eigene Konstruktion, was ggf. zu mehr Selbstkorrekturen führt.

Die longitudinalen Analysen der SK zeigen eine allgemeine Zunahme der Korrekturen bei den DaF-Probanden während der gesamten Datenerhebungszeit, welches Phänomen auch den oben beschriebenen Resultaten der Querschnittanalyse entspricht. Zwar lassen sich auch einige SuS[89] mit insgesamt nur wenigen SK identifizieren, ihre Korrekturen wurden aber überwiegend in den späte-

---

89 ID 4, 12 und 18

ren Texten durchgeführt. Folgende Tabelle zeigt ein typisches Beispiel für die SK der DaF-Gruppe.

Tabelle 38: Selbstkorrekturen von ID 11 in den F-Texten

	Fischfang I.	*Fischfang* II.	*Fischfang* III.
Σ SK / Σ Segment	0,30	0,48	0,71
Σ SK / Σ Wörter	0,06	0,08	0,13

Der Tabelle 38 ist zu entnehmen, dass der Anteil der SK sowohl in Relation mit der gesamten Wörterzahl als auch mit der gesamten Segmentzahl des jeweiligen Textes bei dem longitudinalen Vergleich einen Anstieg zeigt. Dies ist wie oben beschrieben für die gesamte Probandengruppe für DaF charakteristisch.

Neben diesem typischen Verlauf der SK können die SK jedoch bei der gleichen Testperson in den Texten zu der parallelen Bildergeschichte anders aussehen. So korrigiert z.B. die Schülerin mit ID 11 in ihrer zweiten Fassung der *Konditorei*-Geschichte (K2) überdurchschnittlich viel, demgegenüber zeigt die letzte Version der *Konditorei*-Erzählung (K3) einen Rückgang der SK (s. Tab. 39).

Tabelle 39: Selbstkorrekturen von ID 11 in den K-Texten

	Konditorei I.	*Konditorei* II.	*Konditorei* III.
Σ SK / Σ Segment	0,41	0,6	0,32
Σ SK / Σ Wörter	0,08	0,11	0,06

Zusammenfassend kann während der dreijährigen Erhebungszeit eine allgemeine Zunahme der SK festgehalten werden, die jedoch mit Variationen sogar im gleichen Setting einhergehen kann.

Welcher Zusammenhang besteht aber zwischen dem Anteil der SK und dem Sprachniveau (Frage 1b)?

Da in dem Korpus durch die letzte Erhebungszeit sowohl die mittlere als auch die höhere Niveaustufe stark vertreten sind, stellt sich die Frage, ob sich der Anteil der Selbstkorrekturen mit der Sprachentwicklung verändert (Fragestellung 1b). Dazu wird im Folgenden untersucht, wie sich die Anzahl der SK zu der Segmentzahl auf den drei Niveaustufen verhält (s. Abb. 20).

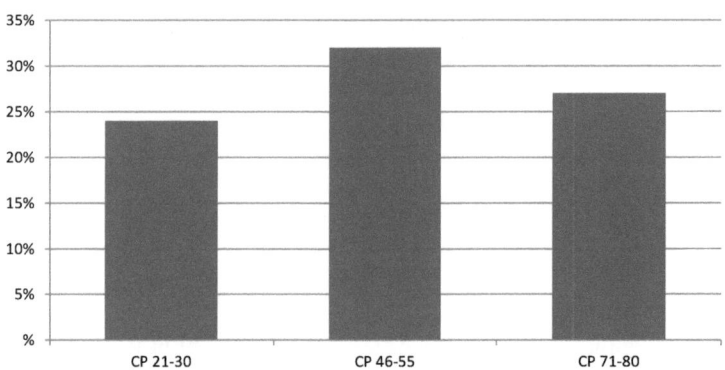

Abbildung 20: Anteil der SK auf der Segmentebene nach dem Sprachniveau

Die Resultate der Analyse nach dem Sprachniveau (s. Abb. 20) zeigen, dass sich anteilsmäßig die meisten SK mit 32,2% auf der mittleren Niveaustufe befinden. Auf der ersten Niveaustufe macht die Relation zwischen SK und Segmentzahl 23,25% aus, auf der höchsten Stufe beträgt sie 27,36%.

Damit liegen auf den ersten Blick zwei verschiedene Verläufe der SK vor: ein zunehmender Verlauf anhand der Lernzeit und ein Ω-förmiger Verlauf anhand der drei Sprachniveaus. Die Analyse nach dem Sprachniveau zeigt ein insgesamt differenziertes Bild.

Hypothese 1 nahm einen Ω-förmigen Verlauf der SK nach dem Sprachniveau an, welche Annahme hier bestätigt wurde.

Die qualitative Analyse zur Veränderung der SK-Typen nach dem Sprachniveau (s. Fragestellung 2) ergibt folgende Ergebnisse: Bei der Verteilung der SK nach dem Sprachniveau zeichnet sich ein weiteres Merkmal ab, wonach der Anteil der syntaktischen SK auf der ersten Niveau-Gruppe mit 10% relativ hoch gegenüber den Resultaten der anderen zwei Niveau-Gruppen (4,3% bzw. 5,2%) liegt. Ein Zuwachs der SK in der zweiten und dritten Gruppe zeichnet sich im morphologischen Bereich und bei der Textgestaltung (Wortwahl und Erzählstruktur) ab. Insgesamt deuten die Analyseergebnisse darauf hin, dass viele Formen auf der mittleren Stufe bei der Morphologie sowohl in der nominalen als auch in der verbalen Flexion in der Lernersprache noch alternierend nebeneinander stehen. Man sollte jedoch nicht vergessen, dass an dieser Stelle nur diejenigen Selbstkorrekturen erfasst und analysiert werden konnten, die auf dem Papier tatsächlich durchgeführt wurden. Es kann also angenommen werden, dass die Unsicherheit bei der Morphologie und möglicherweise auch in anderen sprachlichen Bereichen insgesamt noch etwas größer ist.

Welche SK-Typen lassen sich auf dem höheren Sprachniveau beobachten? Bei ID 11 weist weder die F3- noch die K3-Geschichte mit 79 CP syntaktische SK auf. Beide Erzählungen zeigen aber mehrere SK auf der Erzähl ebene und im morphologischen Bereich. Dabei wird oft die Tempusform der Verben korrigiert wie zum Beispiel in K3 *saßen* statt *sitzen* in Segment 9 oder es wird das Hilfsverb bei Konjunktiv ausgetauscht (*hatte* versus *ware* im Segment 22 in F3).

Die zweite Hypothese (H2) nahm an, dass kein qualitativer Unterschied bei den SK nach dem Sprachniveau festgestellt werden kann. Die Analyseergebnisse widerlegen die H2, da die SK eine Verschiebung von Syntax auf die Morphologie und Erzähl ebene zeigen.

Weiterführend stellt sich die Frage, ob die Lernenden komplexere Strukturen seltener als einfache Strukturen korrigieren (Fragestellung 3). Um diese Frage beantworten zu können werden die syntaktischen SK näher untersucht. Wie das Kapitel 10 zeigt, weisen die deutschen Satzstrukturen eine unterschiedliche Komplexität auf. Als einfachste gilt die SVO-Wortfolge, darauf folgt die Klammerstruktur, woran sich die Inversion und erst danach die Verbendstellung anschließen. Was kann also aufgrund der syntaktischen SK festgestellt werden? Liegt ein Unterschied bei den syntaktischen SK nach Sprachniveau und Komplexität vor?

Bei den syntaktischen SK sind zwei Korrekturtypen als Unterkategorien vorhanden: Bei der ersten Unterkategorie (Typ A) ändert die Korrektur die Profilstufe, demgegenüber führt die Korrektur bei Typ B nicht zur Veränderung der ursprünglichen Profilstufe. Zum zweitgenannten Korrekturtyp gehören z.B. die nominalen oder präpositionalen Ergänzungen oder die Umstellung der Verneinungspartikel.

Das Verhältnis zwischen der syntaktischen SK vom Typ A und Typ B ist etwa zwei zu eins (67,5% bzw. 32,5%). Für unsere Fragestellung sind die SK von Typ A entscheidend. Die quantitative Auswertung dieser Selbstkorrekturen ergibt, dass die meisten Änderungen von Typ A im DaF-Korpus die Profilstufen 2 und 3 betreffen.

Beispiel 63: Korrektur für Profilstufe 2

Segment 6945 (ID 7): und ~~nehmen~~ wir [nehmen] den Fisch nach Hause mit.

Beispiel 64: Korrektur für Profilstufe 3

Segment 8882 (ID 13): Am Mittag ~~sie~~ setzten [sie] sich an den Tisch,

Aus statistischer Sicht ist dieses Ergebnis insoweit überraschend, dass die Profilstufe 1 als am stärksten vertretene Stufe im DaF-Korpus weniger als die darüber liegenden nächsten zwei Stufen korrigiert wird. Anhand der Vorkommenshäufigkeit der Profilstufen wären doppelt so viele SK bei Profilstufe 1 als bei Profilstufe 2 zu erwarten und die Relation zwischen Profilstufen 2 und 3 wäre zwei zu drei. Gegen diese Erwartung auf statistischer Basis werden die komplexeren Strukturen (Profilstufe 2 und 3) am häufigsten korrigiert.

Damit kann H3, wonach komplexe Strukturen von den DaF-SuS seltener korrigiert werden, widerlegt werden.

Weiterhin konnte festgestellt werden, dass die syntaktischen SK von Typ A überwiegend auf dem mittleren Sprachniveau (CP 46–55) angesiedelt sind.

Die SK auf der Stufe 4 zeigen folgendes Bild: Im Anfängerbereich kommt nur einmal die Verbendstellung vor, die ohne SK steht. Ähnlich wie bei der Analyse der SK-Verteilung (s. Tab. 20) zeigt auch hier die mittlere Niveaugruppe von 46–55 C-Test-Punkten den größten Anteil an Selbstkorrekturen, wobei die Hälfte der SK im morphologischen Bereich angesiedelt ist.

Zusammenfassend kann festgehalten werden, dass die ungarischen Probanden bei den SK zwar individuelle Variationen bezüglich der Häufigkeit zeigen, nach dem Sprachniveau zeigen sie aber auf dem mittleren Niveau die meisten SK. Die syntaktisch komplexeren Strukturen werden im Vergleich zu der einfachen kanonischen Wortfolge häufiger korrigiert. Des Weiteren kann eine Verschiebung der SK-Arten von der syntaktischen zur morphologischen SK und zur SK auf der Erzählebene beobachtet werden.

Diese Ergebnisse entsprechen der DiGS-Studie, die einen schnelleren Fortschritt in der Syntax als bei der Morphologie beschreibt.

11.3 Grammatikalität und Komplexität in den DaF-Lernertexten

Die im Kapitel 6 formulierte Frage nach der Relation der zwei Kategorien Grammatikalität und Komplexität wird in diesem Abschnitt untersucht. In CAF-Forschungsarbeiten wird angenommen, dass der Lerner bei der Sprachproduktion die drei Kategorien nicht gleich stark fokussiert, sondern nur eine bevorzugt. Wie stehen also bei den ungarischen DaF-Lernenden die Analysekategorien Grammatikalität und Komplexität zueinander? Im Folgenden werden die für die Ermittlung der Komplexität und Grammatikalität in den Lernertexten durchgeführten Arbeitsschritte zusammengefasst, woran sich die Analyseergebnisse und deren Auswertungen anschließen.

Für die Feststellung der Komplexität wurde folgende Analyse für jede Datenerhebungszeit pro Lerner durchgeführt: die Segmentzahl mit Verbendstellung wurde durch die gesamte Segmentzahl des Textes dividiert (s. Kap. 10.3.4). Als Vergleichsgröße wurde der Mittelwert für jede Datenerhebungszeit ermittelt.

Für die Ermittlung der Grammatikalität wurde der Quotient von efTu und TU berechnet. Ähnlich wie bei der Komplexität wurde diese Berechnung sowohl für die einzelnen Erhebungszeiten pro Probanden als auch für die Kalkulation des Mittelwertes innerhalb der Gruppe durchgeführt.

Anschließend wurden die Texte nach überdurchschnittlichen Werten gefiltert. Dabei zeigte sich, dass es nur zwei Schülerinnen (ID 7 und ID 11) von den 15 Testpersonen gibt, deren Texte in beiden Analysebereichen signifikant über dem Durchschnitt liegen. Aber auch bei ihnen übertreffen nicht alle Texte durchgehend den Mittelwert: bei ID 11 sind es die letzten zwei Erhebungen, bei ID 7 nur die Texte der vorletzten Erhebung. Im Verhältnis zu den Lernertexten, in denen entweder nur auf die Grammatikalität oder die Komplexität fokussiert wird, kommt die doppelte Fokussierung insgesamt selten vor.

Was aber kennzeichnet diese zwei Schülerinnen (ID 7 und ID 11)? Ihre C-Test-Ergebnisse spiegeln eine kontinuierliche Sprachentwicklung[90] wider. Ein näherer Blick darauf zeigt, dass die C-Test-Werte der jeweiligen Erhebungszeit bei den beiden Schülerinnen einander sehr ähnlich ausfallen und ein großes Intervall von anfänglichen 24 bzw. 27 bis zu finalen 79 bzw. 73 Punkten umfassen. Damit gehören diese Testpersonen spätestens ab Ende des ersten Erhebungsjahres zur Spitzengruppe.

Was den SILL-Fragebogen betrifft, gehen die Ergebnisse der zwei Probandinnen etwas auseinander (s. Tab. A5). ID 7 hat die meisten Punkte innerhalb der Gruppe, demgegenüber liegen die SILL-Werte von ID 11 mit Ausnahme der Gedächtnisstrategien (Teilbereich A) im mittleren Bereich. Da aber in der ungarischen Lernergruppe zwei weitere SuS (ID 16 und 3) mit ähnlich hohen (25 Punkte) und sogar höheren Werten (29 Punkte) im Teilbereich A vorkommen, kann der überdurchschnittliche Einsatz der Gedächtnisstrategien keine simple Erklärung für den Lernerfolg von ID 11 sein.

---

90   ID 11 (24; 55; 66 und 79 CP), ID 7 (27; 52; 69 und 73 CP)

12 Resümee

Im Folgenden werden die Forschungsergebnisse der im Kapitel 6 formulierten Forschungsfragen zusammengefasst (Kap. 12.1), die Grenzen der vorliegenden Studie aufgezeigt und für die anschließende Forschung weiterführende Fragestellungen abgeleitet (Kap. 12.2).

12.1 Zusammenfassung

In diesem Abschnitt werden die Ergebnisse der Fragestellungen zusammenfassend dargestellt.

1) Wie zeichnen sich die Komplexität und die Grammatikalität in den schriftlichen Lernerprodukten in den Quer- und Längsschnittsanalysen ab?
Zunächst kann festgehalten werden, dass das Gesamtkorpus der ungarischen DaF-Lernenden eine eindeutige Entwicklung sowohl in Hinblick auf die lernersprachliche Komplexität als auch auf die Grammatikalität über die dreijährige Erhebungszeit zeigt. Dabei konnte bzgl. der lernersprachlichen Komplexität festgestellt werden, dass die individuellen Entwicklungen in denselben Untersuchungsbereichen (z.B. beim Wortschatz) in der DaF-Gruppe durchaus unterschiedliche Ausprägungen wie kontinuierlich lineare Steigung, Ω- oder u-förmigen Verlauf abbilden können. Auf der syntaktischen Ebene konnte ermittelt werden, dass die Verbendstellung für die Ermittlung der lernersprachlichen Komplexität ein gutes Messinstrument ist. Im morphologischen Bereich zeichnete sich bei der Kasusverwendung ab, dass sich die Komplexität in der Lernersprache auch nach einem mehrjährigen Deutschunterricht erst vom (Nominativ und) Akkusativ über Dativ bis einschließlich Genitiv schrittweise entwickelt. Damit verläuft der Kasusausbau in der Lernersprache der ungarischen Probanden entsprechend den in der DiGS-Studie beobachteten Phasen. Weitere Analyseergebnisse, die die Sequenzforschung betreffen, werden bei der zweiten Fragestellung näher vorgestellt.
Die Analyse der Akkusativ-Maskulin-Formen zeigte longitudinal wie auch im Querschnitt bezüglich der grammatischen Korrektheit eine zunehmend zielsprachliche Realisierung. Auch bei der präpositionalen Kasusverwendung konnte nach dem Sprachniveau der Anstieg von korrekten Formen beobachtet werden. Hierbei stellt sich die Frage, ob diese Entwicklung evtl. durch einen Wiederholungseffekt im Datenerhebungsdesign bedingt ist. Die kritische Auseinandersetzung mit dieser forschungsmethodologischen Frage erfolgt weiter in Kapitel 12.2. Weitere lernersprachliche Merkmale der deutschen Kasusverwendung konnten bei Genitiv und Dativ identifiziert werden, deren Analyse an-

schließend aus sprachkontrastiver Sicht durchgeführt wurde. Die Analyse der Subjekt-Realisierungen erfolgte unter Berücksichtigung der Textebene, da diese Formen in beiden Sprachen von der Referenzfortführung bzw. Wiederaufnahme abhängig sind. Hierbei wurde festgestellt, dass die DaF-Texte der ungarischen Probanden relativ wenig Subjektauslassungen vorweisen. Strukturell betrachtet sind insbesondere die inversiven Konstruktionen durch die normwidrige Subjekttilgung betroffen. Die Inversion wird von den DaF-SuS auf dem mittleren Sprachniveau (46–55 CP) häufig mit Selbstkorrekturen überarbeitet. Auf dem höheren Sprachniveau (71–85 CP) verschiebt sich die Art der Selbstkorrekturen von der syntaktischen zur morphologischen Selbstkorrektur und auch die Erzählebene wird häufiger einer Selbstkorrektur unterzogen. Parallelen mit der Entwicklung des Deutschen als Fremdsprache bei den frankophonen Lernern sind diesbezüglich insoweit erkennbar, dass die Schweizer Probanden schnellere Fortschritte beim Erwerb der deutschen Wortstellung als bei der Morphologie gezeigt haben.

2) Was zeigen die Analysen der ungarischen Lernertexte bezüglich der Sequenzforschung der DaF- und DaZ-Studien?

Bezüglich der Erwerbsreihenfolgen wurde in der vorliegenden Studie der Frage nachgegangen, ob eine Sequenzierung bei der Verwendung inversiver Konstruktionen und der Verbendstellung in den DaF-Lernertexten durch eine longitudinale Analyse erkennbar ist. Hierbei zeigten die DaF-Daten ein überwiegend einheitliches Bild, welches den von Pienemann und Grießhaber ermittelten Erwerbsstufen entspricht. Damit zeigt sich eine Abweichung von den Erwerbsreihenfolgen der DiGS-Studie, die die Inversion erst nach dem Nebensatz sequenziert (Diehl et al. 2000)[91]. Ähnlich wie die Schweizer DaF-Lernenden haben die ungarischen SuS die Erwerbsphasen[92] trotz intensiven Unterrichts nicht vollständig ausgebaut.

Ein Vergleich der syntaktischen Entwicklung mit der Kasusverwendung bei den ungarischen DaF-Lernenden zeigte in Kapitel 10, dass Genitiv-Konstruktionen nie vor der Verbendstellung in den Lernertexten realisiert wurden. Des Weiteren zeigten die ungarischen DaF-Erzählungen in der longitudinalen Analyse, dass Präpositionen einen wichtigen Zwischenschritt beim Erwerb der Akkusativ-Dativ-Opposition bedeuten. Diese Analyseergebnisse korrespondieren mit dem

---

91 Vgl. Kap. 3.
92 Die klaren Grenzlinien der Stufen entsprechen nicht der hier beobachteten Entwicklung. Aus diesem Grund wird für die Beschreibung der eigenen Studienergebnisse das Bild der Phasen verwendet.

Kasuserwerb niederländischer DaF-SuS (vgl. Kwakernaak 2005 und Baten 2013). Der Syntaxerwerb verläuft nicht nur bei den frankophonen sondern auch bei den ungarischen Probanden insgesamt schneller als der Ausbau des deutschen Kasussystems. Welche genaue Rolle der Wortschatz bei dem Spracherwerb spielt, ist im heutigen Forschungsstand noch nicht geklärt (vgl. Grießhaber 2009, Pallotti 2009). Auch die Entwicklung des Deutschen als Fremdsprache im vorliegenden Korpus deutet darauf hin, dass komplexe Wechselbeziehungen zwischen den Elementen wie zwischen den Ebenen Wort und Syntax sowie Wort und Text bestehen (vgl. Ehlich 2013). Für das Erstere ist der Erwerb von *weil* ein Beispiel. Die longitudinalen Daten des Schülers ID 2 ergaben zum Beispiel, dass diese Subjunktion im ersten Schritt lexikalisch erworben wurde, die syntaktisch korrekte Realisierung mit Nebensatz aber erst im zweiten Lernschritt möglich war. Die komplexen Wechselbeziehungen zwischen der Wort- und Textebene, die auch die Ebenen der Morphosyntax und Syntax betreffen, konnten bei der Referenzverwendung gezeigt werden.

3) Stehen die zwei Kategorien Grammatikalität und Komplexität konkurrierend zueinander oder verläuft die Sprachentwicklung eher parallel?
Ein longitudinaler Vergleich der Messwerte für Grammatikalität und Komplexität führte zum Ergebnis, dass die ungarischen SuS nur selten (s. ID 7 und 11) sowohl auf die Grammatikalität als auch die Komplexität gleichzeitig fokussieren.

4) Wie verhalten sich die DaF-Daten im Vergleich zu deutschen muttersprachlichen Daten?
In allen untersuchten sprachlichen Bereichen wurde festgestellt, dass die deutschen SuS im Vergleich zu der ungarischen DaF-Gruppe komplexere Formen verwendet haben, jedoch war auch zu erkennen, dass die Unterschiede zwischen den zwei Lernergruppen während der drei Jahre immer kleiner geworden sind. Dabei konnte sowohl bei den muttersprachlichen als auch bei den fremdsprachlichen Texten eine lernersprachliche Varianz beobachtet werden.

5) Wenn Unterschiede zwischen den DaF- und DaM-Daten vorliegen, lassen sie sich auf die Muttersprache der ungarischen Probanden zurückführen?
Spezielle sprachliche Merkmale wie die normwidrige Subjektweglassung bei Inversion sind eindeutig für die Fremdsprachenlerner typisch. Diese Art der Subjekttilgung kann bei dem Sprachenpaar Deutsch-Ungarisch aus kontrastiver Sicht erklärt werden. Das Ungarische als Pro-Drop-Sprache verwendet die Sub-

jekte im Vergleich zum Deutschen seltener, überwiegend dann, wenn ein Fokuswechsel vorliegt. Wenn die deutschsprachige Textproduktion auf Basis einer ungarischsprachigen Gedankenentwicklung erfolgt und die inversiven Konstruktionen noch nicht fest ausgebaut sind, erscheint das Subjekt nicht an der falschen Stelle, d.h. vor dem finiten Verb, sondern es wird in der Äußerung getilgt.

Auf der Textebene konnte durch die Analyse von Form und Funktion festgestellt werden, dass adversative Satzverknüpfungen unterschiedlichen Gebrauch bei L1- und L2-SuS zeigen.

6) Wie stehen die Grammatikprogressionen der DaF-Lehrwerke (DaF-LW) zu der lernersprachlichen Entwicklung?

Das Kapitel 9 untersuchte die Grammatikprogressionen in den der Datenerhebung vorausgehenden bzw. begleitenden DaF-LW u. a. nach der Vermittlungsreihenfolge von Kasus, der Verbstellungen und der Verbalmorphologie.

Die Reihenfolge der nicht präpositionalen Kaususvermittlung ist in allen Lehrwerken identisch, sie verläuft vom Nominativ über Akkusativ, anschließend zum Dativ und schließlich zum Genitiv. Laut Curriculum hatten alle Probanden alle Kasusformen vor der ersten Datenerhebung gelernt. In den ersten Lernertexten (*Fischfang* I.) finden sich überwiegend Nominativformen, als zweiter Kasus wird häufig auch Akkusativ verwendet, aber keine(r) der fünfzehn DaF-SuS hat in der ersten Datenerhebung Genitiv-Konstruktion realisiert oder den Dativ funktionsgemäß verwendet (s. Kap. 10). Auch die drei nicht normentsprechenden Dativ-Verwendungen lassen sich nicht einem Subkorpus nach LW zuordnen. Die präpositionalen Kasusformen (Prp.A und Prp.D) kommen zwar nicht bei jeder ID aber in jedem nach Lehrwerk geordneten Subkorpus vor.

Damit lässt sich festhalten, dass insgesamt kein Einfluss der DaF-Lehrwerke bei der Kasusverwendung in der ersten Erhebungszeit festgestellt werden kann. Allerdings ist eine große Diskrepanz zwischen den curricularen Vorgaben und dem produktiven Lernerwissen im Kasusbereich zu erkennen.

Die syntaktische Vermittlungsreihenfolge ist in allen Lehrwerken vor der ersten Datenerhebung gleich, wobei die Verbendstellung erst nach der Inversion unterrichtet wird. Bezüglich der sequenziellen Verwendung der deutschen Wortstellung zeigte sich eine überwiegend einheitliche Reihenfolge bei jedem nach LW spezifizierten Subkorpus ab, wonach die Verbendstellung der Inversion folgt. Bezüglich des zeitlichen Aspektes konnte aber festgehalten werden, dass diejenigen SuS, die keine Inversion in ihren ersten Erzähltexten verwenden, alle das LW *Schulbus* im vorherigen Deutschunterricht benutzt haben.

Bei den o.g. Bereichen der nominalen Morphologie und der Syntax zeichneten sich gleiche Vermittlungsreihenfolgen in den Lehrwerken vor der ersten Datenerhebung ab. Unterschiedliche Progressionen konnten im dritten Bereich, d.h. bei der Verbalmorphologie speziell bei der Tempusvermittlung festgestellt werden. Hier variierte die Reihenfolge von Perfekt und Präteritum. Ein einheitliches Merkmal der ersten Erzählungen ist, dass die Texte auf Deutsch durchgehend im Präsens verfasst worden sind. Es liegen insgesamt nur acht Tokens für das Kopula im Präteritum (3 Types: *war*, *waren* und *ware*[93]) vor, alle anderen deutschen Verben werden nur im Präsens benutzt. Da die SuS die ihnen unbekannten Wörter an manchen Stellen in ihrem Text mit dem entsprechenden ungarischen Wort ersetzt haben, fällt bei den ungarischen Verben auf, dass sie in Vergangenheitsform stehen. Dies deutet darauf hin, dass die angedachte Erzählung in der Vergangenheit lokalisiert ist. Damit zeigt sich eine große Diskrepanz zwischen dem Lehrstoff in den DaF-LW und dem produktiven Grammatikgebrauch der Lernenden. Bezüglich der Erwerbsreihenfolge von Präteritum und Perfekt können die Lernertexte keine Informationen liefern. Da die zweite Textproduktion am Ende des Schuljahres nach der erneuten Vermittlung der beiden Tempora erfolgte, können auch diese Lernertexte keinen Aufschluss auf die Wirkung der Grammatikprogression auf die Erwerbsreihenfolge geben.

Auch der C-Test wurde in der vorliegenden Studie als Messinstrument zum Sprachstand und zur Sprachentwicklung eingesetzt. Was zeigen die Testergebnisse der Subkorpora nach den DaF-LW?
Bei der ersten Datenerhebung wurde die DaF-Gruppe aus verschiedenen Schulen neu zusammengesetzt. Die SuS wurden nach den im vorherigen Deutschunterricht verwendeten DaF-Lehrwerken speziell für diese Fragestellung eingruppiert. Dabei zeigen die ersten C-Test-Ergebnisse keinen eindeutigen Vorrang einer bestimmten Lernergruppe nach DaF-LW.

7) Welche Relationen zeichnen sich zwischen den Lernermerkmalen (Lernstrategieverwendung, Vorkenntnisse in DaF) und der Sprachentwicklung anhand quantitativer Verfahren ab?
Pearsons Korrelationskoeffizient zeigt zwischen den SILL-Ergebnissen und den C-Test-Ergebnissen in zwei von vier Fällen Signifikanz (s. Abb. 4). Damit liegt kein einheitliches Bild über den Zusammenhang der Lernerstrategien und der gemessenen Sprachkenntnisse vor.

---

93   „ware" kommt im Lernertext (ID 15 F1) neben der 1. Person Sg. vor.

Auch die longitudinalen Analysen zeigen ähnliche Ergebnisse. Zwar nicht alle jedoch die meisten SuS, die während der dreijährigen Erhebung eine kontinuierliche Sprachentwicklung aufweisen, verfügen auch über überdurchschnittliche SILL-Werte in der Gruppe. Weiterhin konnte festgestellt werden, dass die höchsten SILL-Punkte in den meisten Fällen auch mit guten C-Test-Ergebnissen einhergehen. Daraus kann geschlussfolgert werden, dass gute Sprachkenntnisse und eine über längere Zeit laufende Sprachentwicklung auch mit großem Lernstrategieeinsatz einhergehen können. Die Sprachentwicklung scheint aber auch von anderen Faktoren beeinflusst zu sein, die das Gesamtbild modifizieren. An dieser Stelle besteht noch Forschungsbedarf, um z.B. die Frage zu klären, inwieweit der sprachliche Input und motivationale, strategische Lernermerkmale, sowie biologische Voraussetzungen wie Gedächtnisvermögen und IQ, als Einflussfaktoren für die Sprachentwicklung gelten.

12.2 Diskussion und Ausblick

Wie Skehans und Fosters Arbeiten zeigen, können die Merkmale der Aufgabenstellung einen Einfluss auf die Komplexität und die Grammatikalität sowie darauf haben, wie fließend die Sprachproduktion erfolgt. So können z.B. dialogisch gestaltete Aufgaben laut Skehan (2001) den Lernern eine stärkere Fokussierung auf die Form und damit eine größere grammatische Korrektheit sowie Komplexität ermöglichen. Ein weiterer untersuchter Faktor war die Vertrautheit mit der Thematik. Bei diesem Faktor konnten die Forscher jedoch in ihren Studien keinen Einfluss auf die Grammatikalität und die Komplexität feststellen, nur die Messwerte für *fluency* zeigten sich davon variabel. Die für die Aufgabenlösung zur Verfügung stehende Zeit erwies sich als ein weiterer Einflussfaktor für ggf. sogar alle drei Bereiche von CAF (vgl. Foster & Skehan 1996).

Das Forschungsdesign der vorliegenden Studie ist vom ersten Faktor (dialogische Form) nicht betroffen. Die Vertrautheit mit der Thematik ist bei den ungarischen Probanden jedoch durch den wiederholten Einsatz der Bildergeschichten gegeben, was jedoch nach Skehan (2001) die Messwerte für Grammatikalität und Komplexität nicht beeinflusst. Der dritte Faktor (Arbeitszeit) ist ein Einflussfaktor, was bei der Interpretation der Ergebnisse berücksichtigt werden sollte. In der vorliegenden Studie wurde den SuS für die Textproduktion immer 20 Minuten für die schriftliche Erzählung gegeben. Da das Forschungsinteresse auf den zwei Bereichen Grammatikalität und Komplexität liegt, wurde keine Zeitmessung bei der Texterstellung durchgeführt, d.h. es wurde nicht erfasst, ob die SuS für das Schreiben ggf. weniger Zeit in Anspruch genommen haben. Für zukünftige Studien wäre es jedoch empfehlenswert, die tatsächliche Arbeitszeit zu erfassen, damit die Analyseergebnisse auch unter diesem Aspekt reflektiert werden können. Eine künstliche Reduzierung der vorgegebenen Arbeitszeit in den nachfolgenden Erhebungen wäre m.E. eher problematisch, da sie die reale Textproduktionszeit nicht transparent macht.

Die vorliegende Studie basiert auf schriftlichen Erzählungen von Bildergeschichten und zeigt, dass die Impulsart (F- versus K-Korpus) die Lernersprache mit beeinflusst. Weiterführende Studien könnten zum einen die mündliche Sprachkompetenz erfassen, zum anderen wären auch Arbeiten von Interesse, die die Lernersprache anhand verschiedener Textsorten elizitieren.
Die doppelte Erhebung im gleichen Setting ermöglicht sowohl ein umfangreicheres Korpus, als auch eine kritische und differenzierte Analyse der Lernersprache (s. u. a. die Vergleiche der F- und K-Korpora in Kap. 10 und 11).

Bildergeschichten als Erzählanlässe werden forschungsmethodologisch häufig diskutiert. Die fehlende kommunikative Funktion (Fix 2006), die großen kognitiven Anforderungen, die u. a. in der Transformation der bildlichen dargestellten Geschichte in verbale Form besteht, zeigen die allgemeinen Grenzen dieses Erhebungsinstruments. Nach Becker (2001) lassen sich die Bildergeschichten bezüglich der Erfassung der Erzählkompetenzen im Vergleich mit anderen Stimuli als mittelgut einstufen. Für die vorliegende Arbeit wurde diese Stimulusart gewählt, weil sie gut vergleichbare Lernertexte elizitiert. Eine offene Aufgabenstellung zur Erzählung von selbst erlebten Geschichten oder Phantasiegeschichten wäre auch aus der zeitlichen Perspektive problematisch gewesen, da die Ideenentwicklung wesentlich mehr Zeit als die Planung bei der Nacherzählung in Anspruch genommen hätte (vgl. Portmann 1993). Das von Bredel (2001) und Knapp (2001) kritisch dargelegte Phänomen, wonach die Kinder bei der Bildergeschichte nicht die Geschichte erzählen, sondern nur auf die Einzelbilder Bezug nehmen, konnte bei den Texten der ungarischen Probanden nicht beobachtet werden. Damit war auch die Analyse der Lernerdaten auf der Textebene (s. Kap. 10 und 11) möglich.

Die ungarischen DaF-Daten weisen zum einen individuelle Entwicklungsverläufe (Tendenzarten bei der Segment- und Textlänge sowie Wortschatzentwicklung), zum anderen allgemeine Phasenabfolgen bei der Grammatikaneignung auf. Da die Dynamik des Fremdsprachenerwerbs durch langsamere oder schnellere Fortschritte aber auch durch Rückschritte variabel ausfällt und auch nach ein paar Monaten Lernzeit noch keine messbare Veränderung erkennbar sein kann, wäre eine lückenlose Langzeiterhebung für Folgestudien wünschenswert. Der Zeitaufwand bei der longitudinalen Erhebung und die Datenauswertung fordern jedoch viel Ressourcen, die in einem Einzelprojekt nur begrenzt zur Verfügung stehen.

Didaktische Konsequenzen:
Der auffälligste Unterschied zwischen dem Grammatikstoff in den DaF-Lehrwerken und der Lernersprache kann im Kasusbereich festgehalten werden. Ähnlich wie die frankophonen DaF-SuS der Schweizer Studie, scheinen auch die ungarischen Probanden den Kasus trotz des mehrjährigen Deutschunterrichts zu Beginn der DE nicht zu beherrschen. Dieses Wissen wird durch den intensiven Sprachunterricht in den darauf folgenden Jahren zwar ausgebaut, die Sprachkompetenzen der einzelnen SuS weisen aber eine sehr unterschiedliche Bandbreite auf. Welche didaktischen Konsequenzen lassen sich hiervon ableiten? Bei der Beurteilung der Schülerleistung sollte in Betracht gezogen werden, dass die richtige Grammatikverwendung, die alle Kasus umfasst, erst auf einem (sehr) hohen Niveau möglich ist. Didaktische Empfehlungen lassen sich von der *Teachability Hypothesis* ableiten: Verwendet ein Lerner den Genitiv, kann auch angenommen werden, dass er über die anderen drei Kasus bereits verfügt. Wenn aber die Textanalyse der DaF-SuS nur Nominative und Akkusative zeigt, würden Übungen zum Genitiv zur Überlastung führen. Des Weiteren erwiesen sich die pronominale und die präpositionale Kasusverwendung als wichtiger Zwischenschritt beim Erwerb des deutschen Kasussystems. Ähnlich wie die in der Profilanalyse fokussierten Wortstellungsmuster (Grießhaber 2013) könnte zukünftig auch die Kasusverwendung der DaF-Lernenden durch ein spezielles Instrument schnell ermittelt und für Lehr- und Lernzwecke nutzbar gemacht werden.
Die Verteilung der Profilstufen im Lehrwerk *Start! NEU* zeigt, dass die komplexeren syntaktischen Strukturen nur im geringen Umfang und nicht der Grammatikvermittlung entsprechend vorkommen (s. Abb. 7 und 8). Möglicherweise würde ein reicherer Input den Syntaxerwerb begünstigen.

Weiterhin offen bleibt jedoch die in der Forschung und Didaktik viel diskutierte Frage, ob Grammatik explizit oder implizit gelehrt werden soll (vgl. Norris & Ortega 2000). Auch auf die Effektivität der deduktiven oder induktiven Grammatikvermittlung kann an dieser Stelle nicht direkt Bezug genommen werden.

Die Deutschlehrerin der ungarischen DaF-Gruppe berichtete zwar darüber, dass beide Vermittlungen im Deutschunterricht praktiziert wurden, trotzdem schienen die DaF-SuS beim Kasuserwerb keine schnellen Fortschritte erzielen zu können.

Zum Kasuserwerb könnte eine detaillierte Inputanalyse nach Inputmenge und -qualität wie Zusammensetzung des Inputs aus längeren kohärenten Einheiten oder aus kürzeren separaten Einheiten sowie zur Frequenz und Salienz ein vollständigeres Bild ermöglichen. Diese Forschungsaspekte können bei DaZ nur partiell erfasst werden, im Vergleich dazu kann die Inputanalyse bei der Fremdsprachenforschung jedoch vollständiger und genauer erfolgen.

13 Literatur

Aguado, K. (2002): Formelhafte Sequenzen und ihre Funktionen für den L2-Erwerb. In: *Zeitschrift für Angewandte Linguistik (ZfAL)* 37, 27–49.

Aguado, K. (2012): Progression, Erwerbssequenzen und *Chunks*. Zur Lehr- und Lernbarkeit von Grammatik im Fremdsprachenunterricht. In: *Arbeitskreis Deutsch als Fremdsprache - Deutsch als Zweitsprache in der Schweiz* – Rundbrief, Nr. 64/2012, Lehr- und Lernbarkeit, Teil 2, 7–22.

Ahrenholz, B. (2006): Zur Entwicklung mündlicher Sprachkompetenzen bei Schülerinnnen und Schüler mit Migrationshintergrund. In: Ahrenholz, B. & Apeltauer, E. (Hrsg.): *Zweitspracherwerb und curriculare Dimensionen*. Tübingen, Stauffenburg Verlag, 91–109.

Augst, G. & Faigel, P. (1986): *Von der Reihung zur Gestaltung. Untersuchungen zur Ontogenese der schriftsprachlichen Fähigkeiten von 13–23 Jahren.* Unter Mitarbeit von Karin Müller und Helmut Feilke. Frankfurt/Main: Peter Lang.

Bachmann, T. (2002): *Kohäsion und Kohärenz: Indikatoren für Schreibentwicklung. Zum Aufbau kohärenzstiftender Strukturen in instruktiven Texten von Kindern und Jugendlichen.* Innsbruck: Studien Verlag.

Bailey, N., Madden, C. & Krashen, S. (1974): Is there a „natural sequence" in adult second language learning? In: *Language Learning* 21: 235–43.

Ballestracci, S. (2007): Zum DaF-Erwerb ausgewählter grammatischer Strukturen der deutschen Sprache durch italophone Studierende. Ergebnisse und didaktische Konsequenzen. In: *Studi Linguistici e Filologici Online* 5.1 Dipartimento di Linguistica - Universitá di Pisa. (http://www.humnet.unipi.it/slifo/vol5.1/Ballestracci_5.1.pdf, Zugriff am 29.12.2015)

Ballestracci, S. (2010): Der Erwerb von Verbzweitsätzen mit Subjekt im Mittelfeld bei italophonen DaF-Studierenden. Erwerbsphasen, Lernschwierigkeiten und didaktische Implikationen. In: *Linguistik online* 41, 1/ 10: 25–39.

Bárdos, J. (2000): *Az idegen nyelvek tanításának elméleti alapjai és gyakorlata.* Budapest: Nemzeti Tankönyvkiadó.

Baten, K. (2013): *The Acquistion of the German Case System by Foreign Language Lerners*. Amsterdam: Benjamins.

Baten, K. & Willems, K. (2012): Kasuserwerb in der Präpositionalphrase von Standpunkt der Verarbeitbarkeitstheorie (Processability Theory). In: *Deutsche Sprache* 40, 221–239.

Baten, K. & Lochtman, K. (2014): Das deutsche Kasussystem im Fremdsprachenerwerb. Ein Forschungsüberblick. In: *Muttersprache* 1/2014, 1–25.

Baur, R. S. (1980): Die Suggestopädie – eine neue Methode der Fremdsprachenvermittlung. In: *Die Neueren Sprachen* 1, 61–68. [Nachdruck in: Batz, R./ Bufe, W. (Hg.): *Moderne Sprachlernmethoden*. Darmstadt 1991, 291–315].

Bausch, K.-R. & Kasper, G. (1979): Der Zweitspracherwerb: Möglichkeiten und Grenzen der „großen" Hypothesen. In: *Linguistische Berichte* 64/79, 3–35.

Baayen, R. H. (2008): *Analyzing Linguistic Data: A practical introduction to statistics*. Cambridge: Cambridge University Press.

Behrens, H. (2008): Corpora in language acquisition research: History, methods, perspectives. In: Behrens, H. (Ed.): *Corpora in Language Acquisition Research*. Amsterdam: Benjamins, XI–XXX.

Becker, T. (2001): *Kinder lernen erzählen. Zur Entwicklung der narrativen Fähigkeiten von Kindern unter Berücksichtigung der Erzählform*. Baltmannsweiler: Schneider Verlag Hohengehren.

Berdan, R. (1996): Disentlanging acquisition from language variation. In: Bayley, R. & Preston, D. (Eds.): *Second Language Acquisition and Linguistic Variation*. Amsterdam: Benjamins, 203–244.

Best, K.-H. (2005): Wortlänge. In: Köhler, R., Altmann,G. & Piotrovski, R. G. (Hrsg.): *Quantitative Linguistik. HSK*. Berlin: de Gruyter, Bd. 27, 260–273.

Bickerton, D. (1981): Discussion of "Two perspectives on pidginization as second language acquisition". In: Andersen, R. (Ed.): *New Dimensions in Second Language Acquisition Research*. Rowley, Mass.: Newbury House.

Bittner, D. & Ruhlig, N. (2013): *Lexical Bootstrapping: The Role of Lexis and Semantics in Child Language Development.* Berlin: de Gruyter Mouton.

Bley-Vroman, R. (1983): The comparative fallacy in interlanguage studies: The case of systematicity. In: *Language Learning* 33: 1–17.

Boss, B. (2005): Ist der Erwerb der deutschen Verbalflexion mit dem der Wortstellung verbunden? Beiträge der Sektion F6. Grammatik, Erwerb & Vermittlung. XIII.IDT GRAZ. (http://www.idt-2005.at/downloads/Resolutionen/F5_Boss.pdf, Zugriff am 12.03.2007).

Boueke, D., Schülein, F., Büscher, H., Terhorst, E. & Wolf, D. (1995): *Wie Kinder erzählen. Untersuchungen zur Erzähltheorie und zur Entwicklung narrativer Fähigkeiten.* München: Fink.

Brdar-Szabó, R. (2010): Kontrative Analyse Ungarisch-Deutsch. In: Krumm, H.-J., Fandrych, Ch., Hufeisen, B. & Riemer, C.: *Deutsch als Fremd- und Zweitsprache. HSK.* Berlin: de Gruyter, 35, 1, 732–738.

Bredel, U. (2001): Ohne Worte – Zum Verhältnis von Grammatik und Textproduktion am Beispiel des Erzählens von Bildergeschichten. In: *Didaktik Deutsch* 11/2001, 4–21.

Brown, R. (1973): *A First Language. The Early Stages.* Cambridge: Harvard University Press.

Bußmann, H. (2002): *Lexikon der Sprachwissenschaft.* Stuttgart: Kröner.

Cancino, H., Rosansky, E. & Schumann, J. (1978): The acquisition of English negatives and interrogatives by native Spanish speakers. In: *Second Language Acquisition: A Book of Readings.* Rowley, MA: Newbury House.

Chomsky, N. (1959): Review of „verbal behavior" by B. F. Skinner. In: *Language* 35, 26–58.

Clahsen, H. (1986): *Die Profilanalyse. Ein linguistisches Verfahren für die Sprachdiagnose im Vorschulalter.* Berlin: Edition Marhold im Wiss.-Verl. Spiess.

Clahsen, H. (1988): *Normale und gestörte Kindersprache. Linguistische Untersuchungen zum Erwerb von Syntax und Morphologie.* Amsterdam: Benjamins.

Clahsen, H., Meisel, J. M. & Pienemann, M. (1983): *Deutsch als Zweitsprache. Der Spracherwerb ausländischer Arbeiter.* Tübingen: Gunter Narr.

Clahsen, H. (1984): The acquisition of German word order: a test case for cognitive approaches to L2 development. In: Andersen, R. (Ed.): *Second Language: a Crosslinguistic Perspective.* Rowley, Mass.: Newbury House.

Clahsen, H., Penke, M. & Parodi, T. (1993): Functional Categories in Early Child German. In: *Language Acquistion* 3, 395–429.

Corder, S. P. (1967): The significance of learners' errors. In: *International Review of Applied Linguistics* 5, 161–170.

Cowan, R., Choi, H.E. & Kim, D.H. (2003): Four Questions For Error Diagnoses and Correction in CALL. In: *CALICO Journal* 20(3), 451–463.

Csapó B. (2001): A nyelvtanulást és nyelvtudást befolyásoló tényezők. In: *Iskolakultúra,* XI, 8, 25–35.

Csizér, K. (2012): An overview of L2 motivation research in Hungary. In: Pawlak, M. (Ed.): *New Perspectives in Individual Differences in Language Learning and Teaching.* Berlin: Springer, 233–246.

Csizér, K., Dörnyei, Z. & Németh, N. (2004): A nyelvi attitűdök és második nyelvi motiváció változása 1993 és 2004 között: egy országos vizsgálat eredményei. In: *Magyar Pedagógia,* 104: 4, 393–408.

Csizér, K. & Lukács, G. (2010): The comparative analysis of motivation, attitudes and selves: The case of English and German in Hungary. In: *System* 38: 1, 1–13.

de Bot, K., Lowie, W. M. & Verspoor, M. (2007): An dynamic systems theory approach to second language acquisition. Bilingualism. In: *Language and Cognition* 10, 7–21.

Demuth, K. (2008): Exploiting corpora for language acquisition researcher. In: Behrens, H. (Ed.): *Corpora in Language Acquisition Research. History, methods, perspectives.* Amsterdam: Benjamins, 99–206.

Dentler, S., Hufeisen, B. & Lindemann, B. (Hrsg.) (2000): *Tertiär- und Drittsprachen.* Tübingen: Stauffenburg.

Diehl, E. (1999): Schulischer Grammatikerwerb unter der Lupe: Das Genfer DiGS-Projekt. In: *Bulletin suisse de linguistique appliquée* 70, 7–26.

Diehl, E., Christen, H., Leuenberger, S., Pelvat, I. & Studer, T. (2000): *Grammatikunterricht: Alles für der Katz?* Tübingen: Niemeyer.

Diehl, E., Pistorius, H. & Fayolle Dietl, A. (2002): «Grammatikerwerb im Fremdsprachenunterricht – ein Widerspruch in sich?». In: Börner, W. & Vogel, K. (Hrsg.): *Grammatik und Fremdsprachenerwerb. Kognitive, psycholinguistische und erwerbstheoretische Perspektiven.* Tübingen: Gunter Narr, 143–163.

Dietrich, R. & Weissenborn, J. (2008): Erwerbsprozesse im Erstspracherwerb und Zweitspracherwerb. In: Ahrenholz, B., Bredel, U., Klein, W., Rost-Roth, M. & Skiba, R. (Hrsg.): *Empirische Forschung und Theoriebildung.* Frankfurt/ Main: Peter Lang, 217–226.

Dimroth, C. (2009): Lernervarietäten im Sprachunterricht. In: *Zeitschrift für Literaturwissenschaft und Linguistik*, 39 (153), 60–80.

Douvitsas-Gamst, J., Xanthos, E. & Xanthos-Kretzschmer, S. (1996): *Das Deutschmobil. Ein Lehrwerk in drei Stufen.* München: Klett.

Dörnyei, Z. & Csizér, K. (2002): Some dynamics of language attitudes and motivation: Results of a longitudinal nationwide survey. In: *Applied Linguistics* 23 (4), 421–462.

Dreyer, C. & van der Walt, J.L. (1994): The singnificance of learner variables as predictors of ESL proficiency. In: *Studia Anglica Posnaniensia* 19/2, 91–103.

Dulay, H. & Burt, M. (1973): Should we teach children syntax? In: *Language Learning* 23, 2. 245–258.

Dulay, H. & Burt, M. (1974a): Errors and strategies in child second language acquisition. In: *TESOL Quarterly* 8, 129–136.

Dulay, H. & Burt, M. (1974b): Natural sequences in child second language acquisition. In: *Language Learning* 24, 1. 37–54.

Dulay, H. & Burt, M. (1977): Remarks on Creativity in Language Acquisition. In: Burt, M., Dulay, H. & Finocchiaro, M. (eds.): *Viewpoints on English as a Second Language*, New York: Regents, 95–126.

Dulay, H. & Burt, M. (1980): On acquisition orders. In: Felix, S. (Ed.): *Second Language Development*. Tübingen: Gunter Narr.

Dulay, H., Burt, M. & Krashen, S. (1982): *Language Two.* New York: Oxford University Press.

Eckerth, J., Schramm, K. & Tschirner, E. (2009). Review of recent research (2002–2008) on applied linguistics and language teaching with specific reference to L2 German. In: *Language Teaching,* 42(1), 41–66.

Ehlich, K. (1992) Zum Satzbegriff. In: Hoffmann, L. (Hrsg.): *Deutsche Syntax – Ansichten und Aussichten.* Berlin u. New York: de Gruyter, 386–395.

Ehlich, K. (1996): Kindliche Sprachentwicklung, ihre Daten und ihre Konzeptualisierungen. In: Ehlich, K. (Hg.): *Kindliche Sprachentwicklung.* Opladen: Westdeutscher Verlag, 1–16.

Ehlich, K. (2013): Sprach(en)aneignung – mehr als Vokabeln und Sätze. In: *Osnabrücker Beiträge zur Sprachtheorie* 83 (2013), 21–37.

Ehrman, M. & Oxford, R. (1989): Effects of sex differences, career choice and psychological type on adult language learning strategies. In: *The Modern Language Journal* 73/1 (1081):1–13.

Ellis, R. (1984): *Second Language Classroom Development*. Oxford: Pergamon.

Ellis, R. (1997): *Second Language Acquisition*. Oxford: Oxford University Press.

Ellis, R. (2008): *The Study of Second Language Acquisition*. Second ed. Oxford: Oxford University Press.

Ellis, R. & Barkhuizen, G. (2005): *Analysing Learner Language*. Oxford: Oxford University Press.

European Commission (2006): Europeans and their Languages. Special Eurobarometer 243. Brussels.
(http://ec.europa.eu/public_opinion/archives/ebs/ebs_243_en.pdf
Zugriff am 29.12.2015)

Eisenbeiß, S. (2002): Merkmalgesteuerter Grammatikerwerb. Eine Untersuchung zum Erwerb der Struktur und Flexion von Nominalphrasen. (http://privatewww.essex.ac.uk/~seisen/my%20dissertation.htm, Zugriff am 29.12.2015)

Fekete, O. (2009): Forschungsmethodologische Aspekte zur Kasusverwendung bei ungarischen DaF-Lernenden. In: Böttger, L. & Masát, A. (Hrsg.): *Jahrbuch der ungarischen Germanistik*. Budapest: Gondolat Kiadói Kör Budapest.

Fix, M. (2006): *Texte schreiben. Schreibprozesse im Deutschunterricht*. Paderborn: Schöningh.

Foster, P. & Skehan, P. (1996): The Influence od Planning and Task Type on Second Language Performance. *Studies in Second Language Acquisition* 18/3, 299-323.

Fox, Ch. (Ed.) (2003): *Longman Dictionary of Contemporary English,* Harlow: Longman.

Franceschini, R., Ziegler, G. & Müller, N. (2006): Spracherwerb: generativ – interaktiv. In: *Zeitschrift für Literaturwissenschaft und Linguistik* 36, 143, 5–6.

Fries, C. C. (1945): *Teaching and learning English as a foreign language.* Ann Arbor: University of Michigan Press.

Gass, S. M. & Selinker, L. (2008): *Second Language Acquisition.* Third ed. New York: Routledge.

Givon, T. (1979): *On Understanding Grammar.* New York: Academic Press.

Granger, S. (2002): A bird's-eye view of learner corpus research. In: Granger, S., Hung, J. & Petch-Tyson, S. (eds.): *Computer Learner Corpora Second Language Acquisition and Foreign Language Teaching.* Amsterdam: Benjamins, 3–33.

Granger, S. (2008a): Learner Corpora in Foreign Language Education. In: Van Deusen-Scholl, N. & Hornberger, H. N. (eds.): *Encyclopedia of Language and Education.* Vol. 4. Second and Foreign Language Education, New York: Springer, 337–356.

Granger, S. (2008b): Learner Corpora. In: Lüdeling, A. & Kytö, M. (eds.): *Corpus Linguistics. An International Handbook.* Vol.1. (= HSK 29.1). Berlin: de Gruyter, 259–275.

Grießhaber, W. (1999): *Die relationierende Prozedur. Zu Grammatik und Pragmatik lokaler Präpositionen und ihrer Verwendung durch türkische Deutschlerner.* Münster: Waxmann.

Grießhaber, W. (2002–2007): Zum Verfahren der Sprachprofilanalyse. (online: http://spzwww.uni-muenster.de/~griesha/dpc/profile/profilhintergrund.html, (Zugriff am 29.12.2015)

Grießhaber, W. (2005): Sprachstandsdiagnose im Zweitspracherwerb: Funktional-pragmatische Fundierung der Profilanalyse. (online: http://spzwww.uni-muenster.de/griesha/pub/publist.htm, Zugriff am 29.12.2015)

Grießhaber, W. (2006a): Endbericht der wissenschaftlichen Begleitung. Projekt „Deutsch und PC". WWU Sprachenzentrum.

Grießhaber, W. (2006b): Die Entwicklung der Grammatik in Texten vom 1. bis zum 4. Schuljahr. In: Ahrenholz, B. (Hg.): *Kinder mit Migrationshintergrund – Spracherwerb und Fördermöglichkeiten.* Freiburg i.B.: Fillibach, 150–167.

Grießhaber, W. (2007): „und wir faren in die andere seite" - Der Gebrauch lokaler Präpositionen durch türkische Grundschüler. In: Meng, K. / Rehbein, J. (Hrsg.): *Kindliche Kommunikation – einsprachig und mehrsprachig.* Münster: Waxmann, 371–392.

Grießhaber, W. (2009): L2-Kenntnisse und Literalität in frühen Lernertexten. In: Ahrenholz, Bernt (Hrsg.): *Empirische Befunde zu DaZ-Erwerb und zur Sprachförderung. Beiträge aus dem 3. Workshop Kinder mit Migrationshintergrund.* Freiburg i.B.: Fillibach, 115–135.

Grießhaber, W. (2010a): Linguistische Grundlagen und Lernermerkmale bei der Profilanalyse. In: Rost-Roth, M. (Hg.): DaZ – Spracherwerb und Sprachförderung Deutsch als Zweitsprache. Freiburg: Fillibach, 17–32.

Grießhaber, W. (2010b): *Spracherwerbsprozesse in Erst- und Zweitsprache.* Duisburg: Universitätsverlag Rhein-Ruhr.

Grießhaber, W. (2011): Die Profilanalyse als Bindeglied zwischen Sprachstandsdiagnose und Grammatikunterricht für Deutsch als Zweitsprache. In: Köpcke, K.-M. & Noack, Ch. (Hrsg.): *Sprachliche Strukturen thematisieren.* Baltmannsweiler: Schneider Verlag Hohengehren, 218–233.

Grießhaber, W. (2012): Die Profilanalyse. In: Ahrenholz, B. (Hg.) *Wie man eine weitere Sprache erwirbt.* Berlin: de Gruyter, 173–193.

Grießhaber, Wilhelm (2013): Die Profilanalyse für Deutsch als Diagnoseinstrument zur Sprachförderung. Überblick.
(https://www.uni-due.de/imperia/md/content/prodaz/griesshaber_profilanalyse_deutsch.pdf, Zugriff am 29.12.2015)

Grießhaber, W. & Rehbein, J. (2002): Kontextualisierte Wortschatzanalyse (KWA). Ziele, Probleme und Verfahren. (ENDFAS Arbeitspapier Nr. 1, 1992), Hamburg: Germanisches Seminar (mimeo). In: *PALM* 11/02.

Grotjahn, R. (2002a): Der C-Test im Rahmen des „Test Deutsch als Femrdspra-che" (TestDaF): Erste Forschungsergebnisse. In: Grotjahn, Rüdiger (Hrsg.): *Der C-Test: Theoretische Grundlagen und praktische Anwendungen*. Bochum: AKS-Verlag, Bd. 4., 211–225.

Grotjahn, R. (2002b): Konstruktion und Einsatz von C-Tests: Ein Leitfaden für die Praxis. In: Grotjahn, R. (Hrsg.): *Der C-Test: Theoretische Grundlagen und praktische Anwendungen*. Bochum: AKS-Verlag, Bd. 4., 211–225.

Haberzettl, S. (2005): *Der Erwerb der Verbstellungsregeln in der Zweitsprache Deutsch durch Kinder mit russischer und türkischer Muttersprache*. Tübingen: Niemeyer.

Hashim, R. A. & Sahil, S. A. (1994): Examining learners' language learning strategies. In: *RELC Journal* 25, 1–19.

Hoffmann, L. (2000): Anapher im Text. In: Antos, G. & Brinker, K. et al. (Hrsg.): *Text- und Gesprächslinguistik. HSK 16.1.,* Berlin: de Gruyter, 295–305.

Hoffmann, L. (Hrsg.) (2003): *Funktionale Syntax. Die pragmatische Perspekti-ve.* Berlin: de Gruyter.

Hoffmann, L. (2014, 2. Aufl.): *Deutsche Grammatik. Grundlagen für Lehrer-ausbildung, Schule, Deutsch als Zweitsprache und Deutsch als Fremdsprache.* Berlin: ESV.

Horváth, J. (2001): *Advanced Writing in English as a Foreign Language*. Pécs: Agora Nyomda.

Housen, A. & Kuiken, F. (2009): Complexity, Accuracy and Fluency in Second Language Acquisition. In: *Applied Linguistics*, 30, 4, 461–473.

Housen, A. & Pierrard, M. (2005): Investigating Instructed Second Language Acquisition. In: Housen, A. & Pierrard, M. (Eds.): *Investigations in instructed language acquisition*. 1–30.

Huebner, T. (1979): Order-of-acquisition vs. dynamic paradigm: a comparison of method in interlanguage research. In: *TESOL* Quarterly 13, 21–28.

Huebner, T. (1985): System and variability in interlanguage syntax. In: *Language Learning* 35, 141–163.

Hunt, K. W. (1965): *Grammatical Structures Written at Three Grade Levels*. Champaig, Ill.: National Council of Teachers of English.

Jansen, L. (1991): The development of word order in natural and formal German second language acquisition. In: *Australian Working Papers in Language Development* 5, 1–42.

Juhász, J. (1970): *Probleme der Interferenz*. München: Hueber.

Kaplan, R. M. & Bresnan, J. (1982): Lexical-Functional Grammar: A formal system for grammatical representation. In: Bresnan, J. (Ed.) *The Mental Representation of Grammatical Relations*. Cambridge, 173–281. Reprinted in Dalrymple, M., Kaplan, R. M., Maxwell, J. & Zaenen, A. (Eds.) (1995): *Formal Issues in Lexical-Functional Grammar*, 29–130. Stanford, CLI Publication.

Klein, W. (2001): Typen und Konzepte des Spracherwerbs. In: Götze, L., Helbig, G., Henrici, G. & Krumm, H.-J. (Hrsg.): *Deutsch als Fremdsprache*. Berlin: de Gruyter, 604–616.

Klein, W. & Perdue, C. (1992): *Utterance structure: Developing grammars again*. Amsterdam: Benjamins.

Klein, W. & Perdue, C. (1997): The basic variety (or: Couldn't natural languages be much simpler?). In: *Second Language Research,* 13, 301–347.

Klein Gunnewiek, L. (2000): *Sequenzen und Konsequenzen. Zur Entwicklung niederländischer Lerner im Deutschen als Fremdsprache*. Amsterdam: Rodopi.

Klinger, Lőrinczné (2000): *Német nyelvkönyv gyermekeknek. Schulbus.* Bd. 1–5, Budapest: Lexika Kiadó.

Knapp, W. (2001): Erzähltheorie und Erzählerwerb. Zur Diskussion neuerer Forschungsergebnisse. In: *Didaktik Deutsch* 10/2001, 26–48.

Kocsány, P. & Liksai, M. (1998): *Pass auf!* Bd. 1, Budapest: Nemzeti Tankönyvkiadó.

Kocsány, P. & Liksai, M. & Molnár, M. (1998): *Pass auf! Arbeitsbuch.* Bd. 1, Budapest: Nemzeti Tankönyvkiadó.

Kocsány, P. & Liksai, M. (1999): *Pass auf! Lehrbuch.* Bd. 2, Budapest: Nemzeti Tankönyvkiadó.

Kocsány, P., Liksai, M. & Molnár, M. (1998): *Pass auf! Arbeitsbuch.* Bd. 2, Budapest: Nemzeti Tankönyvkiadó.

Köpcke, K.-M. (1987): Der Erwerb morphologischer Ausdrucksmittel durch L2-Lerner am Beispiel der Personalflexion. In: *Zeitschrift für Sprachwissenschaft* 6, 186–205.

Krashen, S. (1977): The Monitor Model for adult second language performance. In: Burt, M., Dulay, H. & Finocchiaro, M. (eds.): *Viewpoints on English as a Second Language.* New York: Regents.

Kufner, H. L. (1962): *The Grammatical Structures of English and German.* Chicago: University of Chicago Press.

Kuhberg, H. (1990): Zum L2-Erwerb zweier elfjähriger Kinder mit Türkisch und Polnisch als Ausgangssprachen: Eine Longitudinalstudie unter besonderer Berücksichtigung kontrastivlinguistischer Gesichtspunkte. In: *Deutsch lernen – Zeitschrift für den Sprachunterricht mit ausländischen Arbeitnehmern* 15/1, 25–43.

Kwakernaak, E. (1996): *Grammatik im Fremdsprachenunterricht. Geschichte und Innovationsmöglichkeiten am Beispiel Deutsch als Fremdsprache in den Niederlanden*. Amsterdam, Atlanta Rodopi (Deutsch: Studie zum Sprachunterricht und zur interkulturellen Didaktik 1).

Kwakernaak, E. (2002:) Nicht alles für die Katz. Kasusmarkierung und Erwerbssequenzen im DaF-Unterricht. In: *Deutsch als Fremdsprache* 3, 156–166.

Kwakernaak, E. (2005): Kasusmarkierung in niederländischsprachigen Deutschlernernden. Entwurf eines Erwerbsszenarios. In: *Deutsch als Fremdsprache* 42, 222–231.

Lado, R. (1957): *Linguistics Across Cultures: Applied Linguistics for Language Teachers*. Michigan: University of Michigan Press.

Larsen-Freeman, D. & Long, M. H. (1991): *An introduction to second language acquisition research*. London: Longman.

Levelt, W. (1989): *Speaking. From intention to articulation*. Cambridge: MIT Press.

Lu, X. (2010): Automatic analysis of syntactic complexity in second language writing. *International Journal of Corpus Linguistics*, 15(4), 474–496.

Lüdeling, A. (2007): Das Zusammenspiel von qualitativen und quantitativen Methoden in der Korpuslinguistik. In: Kallmeyer, W. & Zifonun, G.: *Sprachkorpora. Datenmengen und Erkenntnisfortschritt*. Berlin: de Gruyter, 28–48.

Lüdeling, A. (2008): Mehrdeutigkeiten und Kategorisierung: Probleme bei der Annotation von Lernerkorpora. In: Walter, M. & Grommes, P. (Hrsg.): *Fortgeschrittene Lernervarietäten*. Tübingen: Niemeyer, 119–140.

Lüdeling, A. & Walter, M. (2009): Korpuslinguistik für Deutsch als Fremdsprache. Sprachvermittlung und Spracherwerbsforschung.
(https://www.linguistik.hu-berlin.de/institut/professuren/korpuslinguistik/mitarbeiter-innen/anke/pdf/LuedelingWalterDaF.pdf, Zugriff am 29.12.2015)

Maros, J. (2003[9]): *Unterwegs*. Budapest: Nemzeti Tankönyvkiadó.

Maros, J. (2003): *Unterwegs NEU A*. Budapest: Nemzeti Tankönyvkiadó.

Maros, J. & Szinnyainé Gottlieb, É. (2003³) : *Start! Neu*. Budapest: Nemzeti Tankönyvkiadó.

Meng, K. (2001): *Russlanddeutsche Sprachbiografien. Untersuchung zur sprachlichen Integration von Aussiedlerfamilien*. Tübingen: Gunter Narr.

Meisel, J. M., Clahsen, H. & Pienemann, M. (1981): On determining developmental stages in natural second language acquisition. In: *Studies in Second Language Acquisition* 3: 109–35.

Mills, A. E. (1985): The Acquisition of German. In: Slobin, D. I. (Hrsg.): *The Crosslinguistic Study of Language Acquisition*. London: Erlbaum, 141–254.

Mißler, B. (1999): *Fremdsprachenlernerfahrungen und Lernstrategien. Eine empirische Untersuchung*. Tübingen: Stauffenburg Verlag.

Mukherjee, J. (2009): *Anglistische Korpuslinguistik. Eine Einführung*. Berlin: Schmidt.

Mukherjee, J. & Rohrbach, J. (2006): Rethinking applied corpus linguistics from a language-pedagogical perspective: new departures in learner corpus research. In: Kettemann, B. & Marko, G. (eds.): *Planing, Gluing and Painting Corpora: Inside the Applied Corpus Linguist's Workshop*. Frankfurt am Main: Peter Lang, 205–232.

Nikolov, M. (1999): Osztálytermi megfigyelés átlagos és hátrányos helyzetü középiskolai csoportokban.In: *Modern Nyelvoktatás, 5, (4)*, 9–31.

Nikolov M. (2003): Angolul és németül tanuló diákok nyelvtanulási attitûdje és motivációja. In: *Iskolakultúra, XIII, 8,* 61–73.

Nikolov, M. & Józsa, K. (2003): *Idegen nyelvi készségek fejlettsége angol és német nyelvből a 6. és 10. évfolyamon a 2002/2003-as tanévben*. OKÉV (Hrsg.), 1–71.

Nikolov, M. & Józsa, K. (2005): Az angol és német nyelvi készségek fejlettségét befolyásoló tényezők. In: *Magyar Pedagógia*, 105, 3, 307–337.

Nikolov, M. & Józsa, K. (2006): Relationships Between Language Achievements in English and German and Classroom-related Variables. In: Nikolov, M, & Horváth, J. (Eds.): *Empirical studies in English applied linguistics,* 197–224.
Nikolov, M. & Ottó, I. (2006): A nyelvi előkészítő évfolyam. In: *Iskolakultúra,* 16, 5, 49–67.

Nikolov, M., Öveges, E. & Ottó; I. (2009): *Zusammenfassung der Ergebnisse der Umfrage „Evaluation des Sprachvorbereitenden Jahrs 2004/2005 – 2008/2009"* (www.goethe.de/ins/hu/bud/pro/BKD/Evaluation2.pdf, Zugriff am 29.12.2015)

Norris, J. & Ortega, L. (2000): Effectiveness of L2 Instruction: A Research Synthesis and Quantitative Meta-Analysis. In: *Language Learning* 50, 417–528.

Nyikos, M. & Oxford, R. (1993): A factor analytic study of language -learning strategy use: Interpretations from information-processing theory and social psychology. In: *The Modern Language Journal,* 77/1, 11–22.

Ochs, E. (1979): Transcripion as theory. In: Ochs, E. & Schieffelin, B. (eds.): *Developmental pragmatics.* New York: Academic Press, 1–117. (http://www.sscnet.ucla.edu/anthro/faculty/ochs/articles/ochs1979.pdf, Zugriff am 29.12.2015)

Odlin, T. (1989): *Language transfer: cross-linguistic influence in language learning.* Cambridge: Cambridge University Press.

Ortega, L. (2003): Syntactic complexity measures and their relationship to L2 proficiency: A research synthesis of college-level L2 writing. In: *Applied Linguistics,* 24, 492–518.

Ortega, L. & Byrnes, H. (Eds.) (2008): *The Longitudinal Study of Advanced L2 Capacities.* New York: Routledge.

Ortega, L. & Iberri-Shea, G. (2005): Longitudinal research in SLA: Recent trends and future directions. In: *Annual Review of Applied Linguistics,* 25, 26–45.

Ortega, L. (2012): Interlanguage complexity. A construct on search of theoretical renewal. In: Szmercsanyi, B. & Kormann, B. (Eds.): *Linguistic complexity: Second language acquisition, indigenization. contact*, Berlin: de Gruyter, 127–155.

Oxford, R. L. & Burry-Stock, J. A. (1995): Assessing the use of language learning strategies worldwide with the ESL/EFL version of the Strategy Inventory for Language Learning (SILL). In: *System* 23, 1, 1–23.

Oxford, R. L. & Nyikos, M. (1989): Variables affecting choice of language learning strategies by university students. In: *The Modern Language Journal* 73/3, 291–300.

Pallotti, G. (2009): CAF: Defining, Refining and Differentiating Constructs. In: *Applied Linguistics,* 30, 4, 590–601.

Parodi, T. (1990): The Acquisition of World Order Regularities and Case Morphology. In: Meisel, J. (Ed.): *Two First Languages: Early Grammatical Development in Bilingual Children.* Dordrecht: Foris, 157–190.

Pataki, M. R. (2000): *Gute Reise, komm gut an!* Celldömölk: Oktatási Módszertani Kiadó.

Perdue, C. (1993): *Adult Language Acquisition: Cross-Linguistic Perspectives.* Vol. 2. The Results. Cambridge: Cambridge University Press.

Perdue, C. (2000): Introduction: Organizing principles of learner varieties. In: *Studies in Second Language Acquisition* 22, 299–305.

Pica, T. (1984): Methods of morpheme quantification: their effect on the interpretation of second language data. In: *Studies in Second Language Acquisition* 6: 69–78.

Pienemann, M. (1980): *Der Erwerb des Deutschen durch ausländische Arbeiterkinder – Folgerungen für den Sprachunterricht.* Materialien Deutsch als Fremdsprache 13.

Pienemann, M. (1985): Learnability and syllabus construction. In: Hyltenstam, K. & Pienemann, M. (Eds.): *Modelling and Assessing Second Language Acquisition.* Clevedon, Avon: Multilingual Matters, 23–76.

Pienemann, M. (1987): Determining the influence of instruction on L2 speech processing. In: *Australian Review of Applied Linguistics,* 10, 83–113.

Pienemann, M. (1998): *Language Processing and Second Language Development. Processability Theory.* Amsterdam: Benjamins.

Pienemann, M. (2002): Unanalysierte Einheiten und Sprachverarbeitung im Zweitspracherwerb. In: *Zeitschrift für Angewandte Linguistik,* 34, 3–26.

Pienemann, M. (2005): *Cross-Linguistic Aspects of Processability Theory.* Amsterdam: Benjamins.

plauen, e. o. (Ohser, E.) (2000): *Gesamtausgabe. Politische Karikaturen, Zeichnungen, Illustrationen und alle Bildgeschichten. Vater und Sohn.* Konstanz: Südverlag.

Portmann, P. R. (1993): Zur Pilotfunktion bewußten Lernens. In: Eisenberg, P. & Klotz, P. (Hrsg.): *Sprache gebrauchen – Sprachwissen erwerben.* Stuttgart: Klett (= Deutsch in Gespräch), 97–117.

Pravec, N. A. (2002): Survey of Learner Corpora. In: *ICAME Journal* 26, 81–114.

Reder, S., Harris, K. & Setzler, K. (2003): The Multimedia Adult ESL Learner Corpus. In: *TESOL Quarterly* 37(3), 546–557.

Redder, A. (2003): Partizipiale Ketten und autonome Partizipialkonstruktionen. In: Hoffmann, L. (Hrsg.): *Funktionale Syntax. Die pragmatische Perspektive.* Berlin: de Gruyter, 155–188.

Rehbein, J. (2007): Erzählen in zwei Sprachen – auf Anforderung. In: Rehbein, J. & Meng, K. (Hg.): *Kindliche Kommunikation – einsprachig und mehrsprachig.* Münster u. a.: Waxmann, 393–459.

Rehbein, J. & Grießhaber, W. (1996): L2-Erwerb versus L1-Erwerb: Methodologische Aspekte ihrer Erforschung. In: Ehlich, K. (Hrsg.): *Kindliche Sprachentwicklung. Konzepte und Empirie.* Opladen: Westdeutscher Verlag, 67–119.

Robinson, P. (2001): Task complexity, task difficulty, and task production: Exploring interactions in a componential framework. *Applied Linguistics* 22, 27–57.

Rosansky, E. (1976): Methods and morphemes in second language acquisition. In: *Language Learning* 26: 409–25.

Rowland, C. F., Fletcher, S. L. & Freudenthal, D. (2008): How big is big enough? Assessing the reliability of data from naturalistic samples. In: Behrens, H. (Ed.): *Corpora in Language Acquisition Research. History, methods, perspectives.* Amsterdam: Benjamins, 1–24.

Sato, C. (1988): Origins of complex syntax in interlanguage development. In: *Studies in Second Language Acquisition* 10, 371–395.

Sächsisches Bildungsinstitut (Hrsg.) (2009): *Niveaubeschreibungen Deutsch als Zweitsprache für die Sekundarstufe I. Zur Beobachtung von Kompetenz und Kompetenzzuwachs im Deutschen als Zweitsprache.* Transferfassung 2009. Autoren: M. Döll, Hans H. Reich u. a. Druck: MAXROI Graphics GmbH.

Selinker, L. (1969): Language transfer. In: *General Linguistics* 9, 67–92.

Selinker, L. (1972): Interlanguage. In: *International Review of Applied Linguistics and Language Teaching.* 10/3, 209–231.

Selinker, L. (1984): The current state of interlanguage studies: An attempted critical summary In: A. Davies, A., Criper, C. & Howatt, A. (eds.): *Interlanguage.* Edinburgh: Edinburgh University Press.

Seidlhofer, B. (2002): Pedagogy and local learner corpora: working with learning-driven data. In: Granger, S., Hung, J. & Petch-Tyson, S. (eds.): *Computer Learner Corpora, Second Language Acquisition and Foreign Language Teaching.* Amsterdam: Benjamins, 213–239.

Siemen, P., Lüdeling, A. & Müller, F. H. (2006): FALKO – Fehlerannotiertes Lernerkorpus des Deutschen. In: *Proceedings of Konvens* 2006, Konstanz, 130–138.

Skehan, P. (1996): Second language acquisition research and task-based language instruction. In: Willis, J. & Willis, D. (Eds.): *The Challenge and Change in Language Teaching*. Oxford: Heineman.

Skehan, P. (1998): Task-Based Instruction. In: *Annual Review of Applied Linguistics* 18, 268–86.

Skehan, P. & Foster, P. (1997): Task Type and Task Processing Conditions as Influences on Foreign Language Performance. *Language Teaching Research* 1, 185–211.

Skehan, P. (2009): Modelling Second Language Performance: Integrating Complexity, Accuracy, Fluency, and Lexis. In: *Applied Linguistics*, 30/4: 510–532.

Spada, N. & Lightbown, P. (1999): First language influence and development readiness in second language acquisition. *The Modern Language Journal* 83, 1–21.

Stern, C. & Stern, W.: *Die Tagebücher 1900–1918*. (Elektronische Abschrift der unveröffentlichten Tagebücher aus dem Nachlass, von Wener Deutsch u. a.u. a. in Text-Dateien erfasst.) Nijmegen: Max-Planck-Institut für Psycholinguistik, verfügbar in der Datenbank CHILDES.

Thielmann, W. (2007): Fallstudie: Kasus in Sprachtheorie und Sprachvermittlung. In: *Zielsprache Deutsch* 34, 11–34.

Tomasello, M. (2003): *Constructing a Language: A Usage-Based Theory of Language Acquisition*. Harvard: Harvard University Press.

Tracy, R. (1986): The Acquisition of Case Morphologie in German. In: *Linguistics: An Interdisciplinary Journal of the Language Sciences* 24, 47–78.

Turgay, K. (2011): The Second Language Acquisiton of the German Case in the Prepositional Phrase. In: *Zeitschrift für Germanistische Linguistik* 39, 24–54.

Vágó, I. (2007): Nyelvtanulási utak Magyarországon. In: Oktatáskutató és -fejlesztő Intézet (Hrsg.) Vágó, I. et al. (Red.): *Fókuszban a nyelvtanulás.* Budapest, 134–174. http://regi.ofi.hu/tudastar/fokuszban-nyelvtanulas/vago-iren-nyelvtanulasi (Zugriff am 29.12.2015)

Vágó, I. (2007): Lernwege im Fremdsprachenuterricht in Ungarn. http://www.goethe.de/ins/hu/bud/pro/BKD/Lernwege.pdf (Zugriff am 29.12.2015)

Vágó, I. & Vass, V. (2005): Az oktatás tartalma. http://ofi.hu/vago-iren-vass-vilmos-5-az-oktatas-tartalma (Zugriff am 29.12.2015)

Wigglesworth, G. (1997): An investigation of planning time and proficiency level on oral test discourse. *Language Testing* 14, 85–106.

Wode, H. (1988): *Einführung in die Psycholinguistik: Theorien, Methoden, Ergebnisse.* Ismaning: Hueber.

Wolfe-Quintero, K., Inagaki, S. & Kim, H.-Y. (1998): *Second Language Development in Writing: Measures of Fluency, Accuracy, and Complexity.* Honolulu, HI: University of Hawai'i, Second Language Teaching and Curriculum Center.

Young, R. & Bayley, R. (1996): VARBUL analysis for second language acquisition research. In: Bayley, R & Preston, D. (Eds.): *Second Language Acquisition and Linguistic Variation.* Amsterdam: Benjamins.

Zaki, H. & Ellis, R. (1999): Learning vocabulary through interacting with a written text. In: Ellis, R. (Ed.): *Learning a Second Language Through Interaction.* Amsterdam: Benjamins, 153–169.

Online-Ressourcen

http://www.linguistik.hu-berlin.de/institut/professuren/korpuslinguistik/forschung/falko (Zugriff am 29.12.2015)
http://www.uclouvain.be/en-cecl-lindsei.html (Zugriff am 29.12.2015)
http://www.uclouvain.be/en-cecl-icle.html (Zugriff am 29.12.2015)
https://www.uclouvain.be/en-cecl-locness.html (Zugriff am 29.12.2015)

Abkürzungsverzeichnis

Bezeichnung	Beschreibung
Akk.	Akkusativ
CAF	Accuracy, complexity, fluency
cFA	computergestützte Fehleranalyse
CHILDES	Child Language Data Exchange System
CLC	Computer Learner Corpora
COS	Cannonical Order Strategy
CP	C-Test Punkte
DaF	Deutsch als Fremdsprache
DaM	Deutsch als Muttersprache
DaZ	Deutsch als Zweitsprache
DE	Datenerhebung
DiGS	Deutsch in Genfer Schulen
eFTu	Error-free T-units
ESF	European Science Foundation
EPA	Erweitertes Partizipialattribut
F1	*Fischfang*-Text 1
F2	*Fischfang*-Text 2
F3	*Fischfang*-Text 3
FA	Fehleranalyse
FALKO	Fehlerannotiertes Lernerkorpus des Deutschen als Fremdsprache
Fem.	Femininum
FörMig	Förderung von Kindern und Jugendlichen mit Migrationshintergrund
FSU	Fremdsprachenunterricht
Gen.	Genitiv

GGLLC	Giessen-Göttingen Local Learner Corpus of English
HS	Hauptsatz
ICLE	International Corpus of Learner English
IFS	Initialisation-Finalisation Strategy
ILA	Interlanguage-Analyse
Inf.	Infinitiv
K1	*Konditorei*-Text 1
K2	*Konditorei*-Text 2
K3	*Konditorei*-Text 3
KIA	Kontrastive Interlanguage Analyse
LOCNESS	Louvain Corpus of Native English Essays
LW	Lehrwerk
Mask.	Maskulinum
MLU	Mean Length of Utterance
Neutr.	Neutrum
Nom.	Nominativ
NP	Nominalphrase
NS	Nebensatz
NYEK	Nyelvi előkészítős képzés – Fremdsprachliches Propädeutikum für Schüler
OOA	Obligatory occasion analysis
Pl.	Plural
PP	Präpositionalphrase
Prp.	Präposition
PT	Processability Theory
SCS	Subordinate Clause Strategy
Sg.	Singular
SILL	Strategy Inventory for Language Learning
SK	Selbstkorrektur(en)

SLA	Second Language Acquisition
SuS	Schülerinnen und Schüler
SVO	Subjekt Verb Objekt
TU	T-unit
VSO	Verb Subjekt Objekt
ZISA	Zeitspracherwerb italienischer und spanischer Arbeiter

Tabellenverzeichnis

Abbildungsverzeichnis

Anhang A: Weitere Auswertungen

Tabelle A1: DaF-Korpusgröße nach der Datenerhebungszeit

Datenerhebungszeit	Subkorpora	Summe Wörter	in Prozent vom Gesamtkorpus
Anfang des ersten Erhebungsjahres	*Fischfang* I.	1516	12,9
Ende des ersten Erhebungsjahres	*Konditorei* I.	1986	16,9
Ende des zweiten Erhebungsjahres	*Fischfang* II.	2202	18,7
Ende des zweiten Erhebungsjahres	*Konditorei* II.	2318	19,7
Ende des dritten Erhebungsjahres	*Fischfang* III.	1854	15,9
Ende des dritten Erhebungsjahres	*Konditorei* III.	1871	15,9
	DaF-Korpus	11747	100,0

Tabelle A2: Verteilung der Lernertexte nach den Sprachniveaus

Sprachniveau	Subkorpus *Fischfang*	Subkorpus *Konditorei*
21-30 CP	*Fischfang* I. (F1)	Kein Text
46-55 CP	*Fischfang* I. (F1) *Fischfang* II. (F2) *Fischfang* III. (F3)	*Konditorei* I. (K1) *Konditorei* II. (K2) *Konditorei* III. (K3)
71-80 CP	*Fischfang* II. (F2) *Fischfang* III. (F3)	*Konditorei* II. (K2) *Konditorei* III. (K3)

Tabelle A3: Subkorpora im ungarischen DaF-Korpus nach dem Sprachniveau

	21-30 CP	46-55 CP	71-80 CP
Gesamte Wörterzahl von den *Fischfang-* und *Konditorei*-Texten	708 Wörter	2306 Wörter	1331 Wörter
Gesamtzahl von den *Fischfang-* und *Konditorei*-Texten	8 Texte	19 Texte	10 Texte

Tabelle A4: C-Test-Punkte der ungarischen DaF-SuS nach der Erhebungszeit

	C-Test-Punkte am Anfang des ersten Erhebungsjahres	C-Test-Punkte am Ende des ersten Erhebungsjahres	C-Test-Punkte am Ende des zweiten Erhebungsjahres	C-Test-Punkte am Ende des dritten Erhebungsjahres
Streuung ohne ID 13	18	26	29	31
Mittelwert	31,13	49,2	58,2	60,73
Median	30	50	58	65
Varianz	73,81	61,41	122,15	159,51
SD	8,59	7,84	11,05	12,63

Tabelle A5: SILL-Werte der ungarischen DaF-SuS

ID	Gedächt-nisstrate-gie (A;9)	Kogniti-ve Strate-gie (B;14)	Kompen-sations-strategie (C;6)	Meta-kognitive Strategie (D;9)	Affektive Strategie (E;6)	Soziale Strategie (F;6)
1	23	47	21	30	17	20
2	16	23	15	17	10	12
3	29	42	15	38	6	21
4	17	43	19	26	14	17
5	20	39	18	28	16	15
7	23	51	26	40	13	20
8	23	36	19	27	8	16
10	15	34	13	14	6	10
11	25	40	19	28	11	20
12	24	52	20	27	13	23
13	22	56	20	33	13	20
14	20	43	15	32 Eine Frage o.A.	12 Eine Frage o.A.	23
15	23	52	10	38	20	23
16	25	46	18	37	19	26
18	21	45	22	32	8	15

Tabelle A6: Verteilung der SK nach der Datenerhebungszeit und Bildergeschichte: Relation der gesamten SK mit der gesamten Segmentzahl

	Anfang des ersten Erhe-bungsjah-res	Ende des ersten Er-hebungs-jahres	Ende des zweiten Erhe-bungsjah-res	Ende des zweiten Erhe-bungsjah-res	Ende des dritten Erhe-bungsjah-res	Ende des dritten Erhe-bungsjah-res
	Fischfang I.	*Kondito-rei* I.	*Fischfang* II.	*Kondito-rei* II.	*Fischfang* III.	*Konditorei* III.
Quotient (ΣSK / Σ Seg-ment)	0,2	0,22	0,22	0,26	0,29	0,34

Anhang B: Bildergeschichten

Quelle: plauen, e. o. (Ohser, Erich) 2000

Abbildung B1: Zurück zur Natur (Kurztitel hier: *Fischfang*)

Die Bildergeschichte wurde als Elizitierungsinstrument bei den deutschen und ungarischen Probanden verwendet (s. Kap. 7.2).

Bildergeschichten *[Forts.]*

Quelle: plauen, e. o. (Ohser, Erich) 2000

Abbildung B2: Erziehung mit angebrannten Bohnen (Kurztitel hier: *Konditorei*)

Die Bildergeschichte wurde als Elizitierungsinstrument bei den deutschen und ungarischen Probanden verwendet (s. Kap. 7.2).

Bildergeschichten *[Forts.]*

Quelle: plauen, e. o. (Ohser, Erich) 2000

Abbildung B3: Jagdeifer und Reue (Kurztitel hier: *Jagd*)

Die Bildergeschichte wurde als Elizitierungsinstrument bei den ungarischen Probanden verwendet (s. Kap. 7.2).

Anhang C: Lernertexte DaF

Text: *Fischfang* 1 (exempl. Auswahl aus dem L1-Ungarisch-Korpus)
ID 11 (DaF)

Der Fisch

Ein Großvater und ihr mit Enkel gehen zu dem See. Sie finden einen Fisch. Der Großvater fragt ihr Enkel: - Was machen wir mit dem Fisch? Der Enkel sagt: - Meine Meinung: kochen wir der Fisch.

Der Großvater und der Enkel gehen nach Hause. Sie kochen der Fischsuppe. Der Großvater will der Fisch putzen, dann der Enkel sagt ihr Großvater: - Ich habe schlechte Laune. Ich will nicht der Fisch kochen, sondern bringen wir der Fisch zu dem See.

Der Großvater und der Enkel gehen nach dem See. Sie kommen der Fisch zurück. Aber dann kommt ein groß Fisch und er ißt der klein Fisch. Jetzt schon wirklich haben sie schlechte Laune.

Meine Meinung

Ich denke, daß der Fisch müssen essen. Denn der Fisch hat so auch gestorben.

Text: *Konditorei* 1 (exempl. Auswahl aus dem L1-Ungarisch-Korpus)
ID 11 (DaF)

Ein schlechtes Essen

An einem Tag kochten der Opa und mit seinem Enkelkind.
Dabei deckte das Enkelkind das Tisch. Wann das Essen
fertig war, aßen sie es. Aber die Suppe schmeckte dem Enkelkind
nicht und es wollte nicht essen. Der Opa wurde sehr böse, deshalb
aß das Kind die Suppe. Aber das Kind gab die ganze Teller mit der Suppe dem
Hund. Der Opa wurde böser. Aber wenn er sah, dass der Hund die
Suppe nicht essen, dann bemerkte er, dass die Suppe wirklich schlecht
ist. So gingen sie lieber in eine Konditorei, wo sie frisches aßen

Text: *Fischfang* 2 (exempl. Auswahl aus dem L1-Ungarisch-Korpus)
ID 11 (DaF)

das Angela – a horizizal

~~Die Angel~~
Das Angeln

Eines Tages ging Opa und sein Enkel angeln. Sie hatten Glück, sie nahmen un Fisch aus. Sie entschieden, ~~von das Fisch zu kochen~~ dass sie das Fisch kochen. ~~Aber~~ Aber, wenn Opa das Fisch aufputzen möchte, sein Enkeln weinte. Er möchte das ~~Fis~~ kleine Fisch nicht mehr kochen. Deshalb er und sein Opa brachte das Fisch zurück,* in den See.* Nach un paar Tagen sie gingen ~~was~~ wieder ~~zum~~ See. Sie möchten ~~seinen~~ Freund sehen. ~~u~~ ~~doch plötzlich~~ Das kleine Fisch schwamm im See. Aber, plötzlich kam ein grosser Fisch, und ~~Dieser~~ dieser Fisch ~~fraß~~ ~~auf~~ das kleine. Der Opa und sein Enkel war sehr traurig

* und ~~°~~ werfen sie das Fisch ~~in den See~~ zurück.

Ich glaube, es würde besse, wenn sie das Fisch in einem ~~einer~~ streamen * lagen. So ~~könnten sie~~ können sie das Fisch immer sehen und das Fisch würde nicht gefressen.

Text: *Konditorei* 2 (exempl. Auswahl aus dem L1-Ungarisch-Korpus)
ID 11 (DaF)

√Schreien*

r Knochen

Das Mittagessen

Eines Tages kochte Opa das Mittagessen. ~~aus~~ ~~über dem Topf~~
~~fliegt~~ ~~schwarz~~ Wann es fertig wurde, ~~deckte~~ deckte der Enkel
~~das~~ den/der T Tisch. Sie begann essen. Aber das Mittagessen schmeckte dem
Enkel nicht. Er möchte es nicht essen. Aber seine Opa sagte:
~~Das~~ Du musst es essen! So aß der Enkel ein bisschen. Aber das
Essen war wirklich ~~sehr~~ ~~total~~ ~~schwach~~ schrecklich. Deshalb gab
der Enkel sein Essen dem Hund. Der Opa war sehr böse. Sie
~~schrie~~ ~~musst~~ schrie mit seinem Enkel, und das Kind weinte.
~~Dann~~
~~Dabei~~ der Hund roch das Essen. Er ~~schmeckte~~ auch, aber ~~es~~
                         probierte
auch ihm ~~schmeckte~~ nicht. ~~Deshalb~~ Wenn der Opa es sah,
            schmeckte
warf er das ganze Essen in den Mühl. Und sie gingen in die
Konditorei. Der Opa und sein Enkel aßen Eis, der Hund bekam
einen Knochen.

Nach diesem Fall probierte der Opa nicht mehr kochen. Lieber gingen
sie in ein Restaurant.

Text: *Fischfang* 3 (exempl. Auswahl aus dem L1-Ungarisch-Korpus)
ID 11 (DaF)

Einmal war, wo nicht war ein Großvater und sein Enkel.
An einem schönen Tag gingen der Großvater und sein Enkel zu einem
See Sie wollen angeln. Sie hatten Erfolg, weil ein Fisch
wurde empfangen. Sie entschieden, dass sie eine feine Suppe machen werden.
So sie gingen nach Hause und begannen den Fisch putzen. Aber
der Enkel beleidigte den Fisch, und
Thomas, denn der Enkel hieß so, wollte den Fisch nicht
mehr essen. Thomas und sein Opa brachten den Fisch zurück
zum See. Der Fisch freute sich sehr. Aber, als er in
den See geworfen wurde, kam ein großer Fisch und fraßte
den kleine. Wenn der große Fisch den kleine nicht gefressen
hatte, hätte nun Märchen weiter gedauert.

Text: *Konditorei* 3 (exempl. Auswahl aus dem L1-Ungarisch-Korpus)
ID 11 (DaF)

[Handschriftlicher Lernertext:]

Ein schlechtes Essen

An einem Tag war die Oma nicht zu Hause, so der Großvater
musste kochen. Er konnte nicht, aber er probierte das. Dabei
der Enkel, Thomas passte auf seinen Opa auf. Er war ~~schon~~ noch schon
sehr hungrig, als das Essen fertig war, ~~setzten~~ saßen sie zum
Tisch. Thomas roch das Essen, aber es hatte ein komisches Aussehen.
Sie wollte es nicht essen, deshalb gab es den Hund. Der Opa
war sehr böse. Er schimpft mit seinem Enkel. Thomas wurde
sehr traurig, ~~da~~ er ~~~~ begann zu weinen. Dann der Hund auch
fraß das Essen nicht. Der Opa sah es, und er ~~~~ bat sich
um Entschuldigung ~~~~ entschieden, ~~~~ in einer Konditorei zu
gehen. Thomas und sein Opa ~~~~ aßen bis, der Hund bekam einen
Knochen

Anhang D: Lernertexte Ungarisch

Text: Jagd (exempl. Auswahl aus dem L1-Ungarisch-Korpus)
ID 11 (L1 Ungarisch)

A vadászat

Egy szép napon a nagypapa és az unokája úgy döntöttek, hogy vadászni mennek. Elindultak az erdőbe. Az unoka egyszer csak meglátott egy nyuszit amafelé ugrándozni. Gyorsan hívta a nagypapáját: "Nagypapa, gyere gyorsan, itt van egy nyuszi!" A nagypapa pedig nem habozott, azonnal meghúzta a ravaszt. A nyuszi a földre dőlt, a kis fejecskéjéből dőlt a vér. Ez a látvány elszomorította őket. De mit volt mit tenni a nyuszit haza kellett vinni. Igaz, illően megnyuzták, a nyuszit, s más meglőnitek amit tettek. De legalább finom vacsorájuk volt.

Véleményem

Véleményem szerint A nagypapa és az unokája vadászat előtt még nagyon boldogok voltak. Azonban, amikor meglőtték a nyuszit és látták ahogy meghal megváltozott a hangulatuk és megszomorodtak. Ha tudták volna, hogy így meghozza őket a vadászat, nem mentek volna el.

Anhang E: Lernertexte DaM

Text: *Fischfang* (exempl. Auswahl aus dem L1-Deutsch-Korpus)
ID 1 (Vergleichsgruppe DaM)

An einem schönen, sonnigen Tag gehen Herr Meier und sein Sohn Maxi an einen Teich, um Fische zu fangen. Sie haben einen großen Köscher und einen Eimer mit. Herr Meier läßt den Köscher in das Wasser. Als er ihn wieder rausholt, hat sich ein schöner, großer Fisch in dem Netz verfangen. Maxi ist ganz aufgeregt vor Freude und sagt zu seinem Vater: „Können wir den Fisch mit nach Hause nehmen und ihn dann essen?" Herr Meier hat nichts dagegen. Munter gehen die beiden los. Maxi schaut immer wieder in den Eimer, um zu sehen, ob der Fisch noch lebt. Zu Hause angekommen legt Herr Meier den Fisch auf den Tisch und holt ein großes Messer, um den Fisch zu schlachten. Doch da bekommt Maxi plötzlich ein schlechtes Gewissen: „Du, Papi, können wir den Fisch wieder zurückbringen? Er tut mir so leid, und ich möchte ihn nicht essen!" Der Vater zögert einen Moment, ist dann aber einverstanden. Also legen sie den Fisch wieder in den Eimer mit dem Wasser, und machen sich auf den Weg zum Teich. Als sie an der Stelle angekommen sind, an der sie den Fisch gefangen haben, holt der Vater kräftig aus und wirft den Fisch samt dem Wasser in den Teich zurück. Maxi ist sehr erleichtert, denn er wollte nicht, dass der Fisch stirbt. Kurz bevor sie losgehen wollen, sehen sie einen riesigen Fisch mit großen, spitzen Zähnen, langsam nähert es sich dem kleinen Fisch, der fröhlich im Wasser rumschwimmt. Plötzlich reißt der große Fisch seinen Mund auf, und frisst den kleinen Fisch. Traurig gehen Vater und Sohn nach Hause.

Text: *Konditorei* (exempl. Auswahl aus dem L1-Deutsch-Korpus)
ID 5 (Vergleichsgruppe DaM) *

Der Vater kochte für seinen Sohn, der dies
skeptisch beobachtete, da es so aussah als
würde dem Vater das Essen nicht ganz
gelingen. Als sie sich schließlich grimmig
zum Essen niederließen, verweigerte der
Junge die Nahrungsaufnahme: es schmeckte ihm
nicht. Sein Vater wurde wütend. Schließlich
reagierte der Junge trotzig und gab dem
Hund sein Essen. Der Vater schimpfte den
Jungen, während der Hund seine Nase
über dem Napf rümpfte. Als der Hund
den Napf schließlich sogar verächtlich
wegstieß – das Essen schmeckte nichtmal
ihm – wurde auch dem Vater klar dass
seine Suppe ungenießbar war. So kam es,
dass auch er seine Suppe mit gutem
Gewissen wegschüttete und den Jungen
auf ein leckeres Stück Kuchen in
die Konditorei einlud. Und auch der
Hund bekam was Gutes: einen
großen, leckeren Knochen.

* Der Anhang F-H steht unter www.waxmann.com/buch3391 zur Verfügung.

 **MEHRSPRACHIGKEIT**

HERAUSGEGEBEN VON WILHELM GRIESSHABER
UND JOCHEN REHBEIN

Nähere Informationen zu den Büchern
und weitere Bände finden Sie unter
www.waxmann.com